JN117143

障害法 ［第2版］

Disability Law

菊池馨実
（*Kikuchi Yoshimi*）

中川　純　　　　編著
（*Nakagawa Jun*）

川島　聡
（*Kawashima Satoshi*）

成文堂

第2版へのはしがき

　2015年に初版が刊行されて以来、6年以上の歳月が過ぎた。幸いにも、多くの方に本書をお読みいただいたおかげで、今般、第2版を刊行する運びとなった。まずは読者の皆様に篤く御礼申し上げたい。

　本書刊行後、2016年12月に日本障害法学会が設立されるなど、障害法の研究は進化を遂げている。またこの間、関連諸分野で少なくない制度改正が行われた。そこで第2版では、各著者の責任でこれらをフォローしながら、できるだけアップ・トゥー・デートなものになるよう心がけた。ただし、本書の編集方針や構成は初版とまったく変わっていない。

　本書が広く読まれ、障害法の発展に寄与しうるものとなれば幸いである。

　第2版の刊行にあたって、初版に引き続き成文堂の田中伸治氏には、各著者とのやりとりなど、さまざまにお骨折りいただいた。ここに記して感謝申し上げたい。

2021年11月

編者一同

初版のはしがき

　近時、障害の問題を法律学の分野において体系的・理論的に考察すること
への関心が高まっている。その背景には、障害者自身の政策形成過程への参
画、「保護の客体から権利の主体へ」の障害者観の転換、障害者権利条約を
はじめとする国際的・国内的な障害法制の飛躍的な発展などがあるものとみ
られる。

　このような今日的状況の下で、障害法を体系的に学ぶことのできる教科書
として編まれたのが本書である。本書の特色は、既成の各実定法分野を横断
した新しい法分野の樹立を目指すものである点に加えて、障害を考察対象と
する諸学問（障害学、リハビリテーション学、障害者福祉論など）に新しい一
分野を加えるものである点にも示されているということができる。

　障害法は、障害をもっている人びとの生活に密接なかかわりをもつ法分野
であることは疑いを入れない。ただし、自分自身高齢になって介護を必要と
する可能性や、家族や親戚、友人が何らかの障害をもつに至る可能性まで含
めて考えた場合、障害という現象は非常に多くの人びとの人生にかかわりを
もつと言って過言でない。

　障害をもっている人びと、障害に関わっている人びとは、さまざまな社会
的障壁に直面することで、日常生活又は社会生活において制限を受けうる。
こうした生活制限を改善し、共生社会の実現を図ることが現代社会の大きな
課題である。では、こうした観点に照らして、障害法はどのような機能を実
際に果たしているのか、また将来にわたって果たすべきなのか。本書は、こ
れらの問いを考える際の手がかりを読者に提供するために、障害法にかかわ
る基本的知識と学界での最先端の議論をわかりやすく紹介し、検討すること
を意図している。

　本書は、編者のひとりである菊池が代表者を務めた日本学術振興会科学研
究費助成事業（基盤研究(A)、研究課題番号22243005、「自律論・差別論・正義論
を基盤とした障害者法学の構築」）による、３年間（2010年度〜2012年度）の共

同研究の成果の一部である。この共同研究のメンバーを中心に組織された本書の執筆陣は、専攻分野を異にする法学研究者及び法律実務家15名からなる。各執筆者は、本書で、憲法、民法、差別禁止法、労働法、教育法、社会保障法、国際人権法などの法分野のうち、自己の専門領域である法分野における障害の問題を中心に取り上げ、それぞれ執筆にあたった。

　本書を読み進められる際には、特に次の２点に留意していただきたい。第１に、障害の概念の多義性である。本書において、障害（ディスアビリティ）という文言は、手足の欠損や視力の喪失など心身の機能障害（インペアメント）の意味で用いられる場合もあれば、そうでない場合もある。障害の意味は文脈に応じて変わりうる。第２に、障害法の学際性である。障害法の特徴として、先に触れた法分野横断性のほかに、法学以外の諸学との学際性も挙げられる。なかでも重要なのが障害学であり、その基本的な視点たる障害の社会モデルである。

　本書は、１章から３章までの総論と、４章から10章までの各論からなる。障害法の基本概念を理解するには１章を、国内障害法の全体像を把握するには２章を、国際障害法の全体像をとらえるには３章を、それぞれ参照していただきたい。体系的に学ぶためには、これらの総論を読んだ後に各論を読み進めるのがよいかもしれない。ただし、１章から10章までの各章はそれぞれ独立・完結した内容となっているので、どの章からでも読者の関心に応じて読み進めることができる。

　本書を編纂するにあたっての工夫として、読者が各章の大まかな概要を把握できるように、各章の冒頭に「本章のねらい」を配した。また、障害法のより深い理解に資するため、各章にコラムを置いた。このほか、本書の理解の一助となるよう、キーワードをゴシック体にする、各章の記述の関連性を相互にリファーする等の配慮を行った。

　本書が読者として念頭に置くのは、障害法に関心のあるすべての人びとである。法学部・法学研究科・ロースクールの学生・院生はもちろんのこと、社会福祉専攻の学生・院生、法律・福祉分野の実務家をはじめ、多くの人びとに本書を紐解いていただければ幸いである。なお本書では、テキストとい

う性格上、簡潔な、あるいは基礎的な記述にとどめている部分もある。より深く、専門的に学びたいという方には、各章の末尾に掲げた参考文献にあたっていただくことをお勧めしたい。

　本書は、法律学の独立の一分野としての障害法の確立にむけたささやかな試みである。それでも本書が、障害法の発展に少しでも寄与しうるものとなれば、編者、著者にとって望外の喜びである。

　本書の刊行にあたって、成文堂の田中伸治氏には、数度にわたる執筆者間の検討会への参加をはじめとして、本邦初の障害法のテキストとしての体裁を整えるため、さまざまに貴重なアドバイスをいただいた。そのご尽力に対し、心より敬意を表するとともに、感謝を申し上げる。

2014年11月

編者一同

目　　次

第1章　障害法の基本概念　　　川　島　　聡・菊　池　馨　実

第2章　日本の障害法　　　　　　　　中　川　　純・新　田　秀　樹

第3章　国連と障害法　　　　　　　　　　　川　島　　聡

第4章　障害と憲法　　　　　　　　　　　　尾　形　　健

第5章　障害と民法　　　　　　　上 山　　泰・菅 富美枝

第6章　障害と差別禁止法　　　　　長谷川　　聡・長谷川　珠子

第7章　障害と労働法　　　　　小　西　啓　文・中　川　　　純

第8章　障害と教育法　　　　　今 川　奈 緒・織 原　保 尚

第9章　障害と社会保障法　　　　　福島　　豪・永野　仁美

第10章　障害と刑事司法 池原　毅和

目　　次

コラム一覧

凡　例

1　判　例

判例集・判例収録誌の略称は，次の例によるほか、一般の慣例に従う。

例）最大判昭48・4・4刑集27巻3号265頁：最高裁判所大法廷判決昭和48年4月4日
　　最高裁判所刑事判例集第27巻第3号265頁以下

最大判（決）	最高裁判所大法廷判決（決定）
最一判	最高裁判所第一小法廷判決
最二判	最高裁判所第二小法廷判決
最三判（決）	最高裁判所第三小法廷判決（決定）
高判	高等裁判所判決
地判（決）	地方裁判所判決（決定）
支判（決）	支部判決（決定）
民録	大審院民事判決録
民集	最高裁判所民事判例集
刑集	最高裁判所刑事判例集
集民	最高裁判所裁判集民事
行集	行政事件裁判例集
裁時	裁判所時報
判時	判例時報
判タ	判例タイムズ
労判	労働判例
賃社	賃金と社会保障

2　法令・条約

2-1　法令名の略語、通称は、次の例による。これ以外は、各年版の六法全書（岩波書
　　店、三省堂、有斐閣）又は大方の慣用に従う。

介保	介護保険法
介保令	介護保険法施行令
学教	学校教育法
学教令	学校教育法施行令

精神	精神保健及び精神障害者福祉に関する法律（精神保健福祉法〈通称〉）
知的障害	知的障害者福祉法
特別児童扶養手当法	特別児童扶養手当等の支給に関する法律
発達障害	発達障害者支援法
バリアフリー新法	高齢者、障害者等の移動等の円滑化の促進に関する法律
民訴	民事訴訟法

2-2　国外法令名と条約名の通称（訳名）は、次の例によるほか、大方の慣用に従う。

アメリカ合衆国憲法	Constitution of the United States
イタリア共和国憲法	Costituzione della Repubblica Italiana
一般平等取扱法	Allgemeine Gleichbehandlungsgesetz（AGG）［独］
刑法典	Code pénal［仏］
国連憲章	国際連合憲章Charter of the United Nations
子どもの権利条約	児童の権利に関する条約Convention on the Rights of the Child
自由権規約	市民的及び政治的権利に関する国際規約International Covenant on Civil and Political Rights
社会権規約	経済的，社会的及び文化的権利に関する国際規約International Covenant on Economic, Social and Cultural Rights
社会法典	Sozialgesetzbuch（SGB）［独］
障害者教育法	Individuals with Disabilities Education Act（IDEA）［米］
障害者権利条約	障害者の権利に関する条約Convention on the Rights of Persons with Disabilities
障害をもつアメリカ人法	Americans with Disabilities Act（ADA）
女性差別撤廃条約	女子に対するあらゆる形態の差別に関する条約Convention on the Elimination of All Forms of Discrimination against Women
人種差別禁止法	Race Relations Act 1976［英］
人種差別撤廃条約	あらゆる形態の人種差別の撤廃に関する国際条約International Convention on the Elimination of All Forms of Racial Discrimination

性差別禁止法	Sex Discrimination Act 1975［英］
1995年障害者差別禁止法	Disability Discrimination Act 1995（DDA）［英］
1982年憲法	Constitution Act, 1982［加］
大韓民国憲法	대한민국 헌법
ドイツ連邦共和国基本法	Grundgesetz für die Bundesrepublik Deutschland
2010年平等法	Equality Act 2010［英］
フランス第四共和制憲法	La Constitution de la Quatrième République
フランス第五共和制憲法	La Constitution de la Ve République
労働法典	Code du travail（仏）

第1章　障害法の基本概念

川　島　　聡・菊　池　馨　実

━━━━━━━━━━ 本章のねらい ━━━━━━━━━━

　この章では，本書全体の導入として，障害法の基本概念を読者に紹介する。障害法という言葉は，障害に関する法を意味するが，障害に関する法の研究を目的とする学問分野を意味することもある。後者を障害法学という場合がある。

　第 1 節では，障害法の対象である障害と障害者の概念を論じる。その際に，障害学という新しい研究分野の基本的な視点（障害の社会モデル）を踏まえることにする。また，障害者像を微視的・中間的・巨視的という 3 つの次元で捉える。

　第 2 節では，障害法の範囲と体系と法源を取り上げることで，障害法を法的文脈に位置づけて，障害法の輪郭を浮びあがらせる。

　第 3 節では，まず，障害法の理念を障害者権利条約と障害者基本法の中に求める。その上で，そこで抽出された理念を憲法上の規範概念のレベルで捉えることにする。その際に検討する憲法の条文は，第13条（自立，自律），第14条（平等権），第25条（生存権）である。

　第 4 節では，障害法の方法論的アプローチを整理する。第 1 は，既に存在する法の解釈論である。第 2 は，あるべき法を論じる立法論である。第 3 は比較法論である。第 1 と第 2 の方法論は，第 3 の方法論と組み合わせることで有益なものになりうることを指摘する。

1　障害と障害者の概念

　日本には、行政法、労働法、経済法、環境法がそうであるように、障害法という名の法律自体は存在しない。本書では、障害に関する法のことを**障害法**（disability law）という（**コラム1-1**）。**障害法学**（disability legal studies）とは、障害に関する法を対象とする法律学の一分野をいう。「学」を付けずに、障害法学を障害法という場合もある。

　従来、障害は、医学、保健学、リハビリテーション学、心理学、社会保障

- - - - - - - - - - - - - コラム1-1 　障害法と障害者法 - - - - - - - - - - - -

　「障害法」と「障害者法」という2つの用語のうち、本書は講学上の概念として「障害法」を採用している。「障害法」という用語は「障害に関する法」を意味する。「障害」とは、(1)人の機能障害、(2)機能障害のある人をとりまく社会的障壁、(3)機能障害のある人が置かれた不利な状態、を意味する言葉である（本章1-1(2)参照）。これに対応させれば、「障害者法」は「障害者に関する法」を意味し、「障害者」は(1')機能障害のある人、(2')社会的障壁に直面している機能障害のある人、(3')不利な状態に置かれた機能障害のある人、を意味することになろう。

　「障害法」と「障害者法」をこのように定義する限りでは、両者は基本的に重なり合う概念であり、両者を互換的に用いても特に差し支えはないだろう（よって、「障害法」は「障害者に関する法」を含意する、と言っても問題はないだろう）。では、なぜ本書が「障害法」という用語を採用したのかと言えば、①障害学の提起する、「障害」（disability）の概念の医学モデルから社会モデルへの転換が、法の研究において基本的な重要性を有すること、②英米では、本書で扱う法分野を一般に"persons with disabilities law"と言わずに"disability law"と言うこと、等を考慮に入れたからである。

　「障害法」は、「障害に関する法」を一般的に総称した講学上の用語であり、法令上の用語ではない。本書の各章で、「障害法」という言葉が用いられる場合、その具体的な意味内容は文脈によって異なりうる。ただ、一般に本書が「障害法」に言及する場合、主として念頭に置いているのは、「障害者の日常生活と社会生活に密接に関わる実定法」である（本章2-1参照）。そのような実定法には、障害者のみを対象とする実定法（例、障害者基本法、身体障害者福祉法、知的障害者福祉法等）と、障害者をも対象とする一般の実定法（例、憲法、民法、刑法等）が含まれる。

法学、社会福祉学、障害者福祉論、特殊教育学などで、それぞれの問題関心に応じて、研究と教育の対象とされてきた。しかし近年では、諸外国と日本における障害差別禁止法の導入、障害者権利条約の成立など、障害をめぐる法的環境が急激に変化してきた。そうした急激な変化のなか、既成の枠にとらわれず法分野横断的・学問分野横断的に、障害と法との関係を根底的に問い直し、障害に関する法の理論的・体系的な研究をめざす、新しい学問分野（障害法学）を構築する必要性と重要性が著しく増している。

　障害法の研究にあたっては、まず、障害法の対象である障害と障害者の概念を論ずる必要がある。この点で、特に重要となるのが**障害学**（disability studies）の視点である。障害学とは、英米において1960年代から1970年代にかけて登場し、障害者自身の政治的運動と学術的営為とが融合しながら発展してきた研究分野である。障害学は、障害者の主張を重視して、障害者の置かれている社会的、政治的、経済的に不利な状態に着目し、その改善に学問的に貢献する役割を担っている。

1-1　障害の概念

(1)　障害のモデル

　障害学が依拠する基本的な視点は**障害の社会モデル**である（コラム1-2）。社会モデルは、障害者の置かれている不利な状態の原因を、機能障害と社会的障壁との相互作用に求めた上で（社会モデルの形式的側面）、特に社会的障壁の問題性を強調する視点である（社会モデルの実質的側面）。たとえば、あるレストランの店員が、視覚障害をもつ来店客に墨字のメニューを手渡したとしよう。その来店客は、墨字を読めないので、そのメニューに記載された情報を入手できなかった。この場合、情報の入手不能という不利益の原因として、墨字のメニューを手渡した店員の行為（社会的障壁）の問題性を強調するのが、社会モデルである。

　社会モデルは、**障害の医学モデル**（障害の個人モデル）に対抗する視点である。医学モデルとは、障害者の経験している不利な状態の原因を、機能障害に還元させる視点である（医学モデルの形式的側面）。それゆえ、当然、医

━━━━━━━━━━ コラム1-2　英米の社会モデル ━━━━━━━━━━

　障害学の基本的な視点は、障害の社会モデル（social models of disability）である。障害の社会モデルは単一のものではない。社会モデルは複数存在する。代表的な社会モデルとして英国のものと米国のものが知られている。どちらも医学モデルに対抗するモデルである。

　英国社会モデルは、「障害」（disability）が生じる前提条件として、機能障害（impairment）の存在を観念しているにもかかわらず、「障害」と機能障害とはまったく無関係である（「障害」は、機能障害とは無関係に、社会（的障壁）のみから生じる）というテーゼを掲げている。これに対して、米国社会モデルは、機能障害と社会的障壁との相互作用で「障害」が生まれるという構造をとり、社会的障壁の問題性を特に強調する。ただ、英国と米国のどちらの社会モデルも、問題の所在を社会的障壁に置いている点では変わりはない。

　このような因果関係の側面に関する違いのほかに、次のように用語法の側面に関しても英米に違いがある。しばしば英国社会モデルでは、「障害」（disability）は、機能障害を有する者の置かれた不利な状態（disadvantage）のみならず、その原因である社会的障壁（social barrier）をも意味する。すなわち、英国社会モデルは、原因（社会的障壁）と結果（不利な状態）の両方を「障害」と名付けている。これに対して、しばしば米国社会モデルでは、「障害」という言葉は、機能障害を有する者の経験する不利な状態（結果）のみを意味し、社会的障壁（原因）を意味しない。

　障害者権利条約における障害の概念が米国社会モデルを採用しているという理解は比較的広く受け入れられている。また、海外の障害法の研究論文が社会モデルに言及する場合は、米国社会モデルを意味していることが多い。以上に鑑みて、本書も社会モデルを米国社会モデルの意味で用いている。ただし、用語法の側面を扱うと議論が複雑になるため、あえて本章では因果関係の側面に限定して社会モデルという言葉を用いる。

学モデルは機能障害の問題性のみを強調する（医学モデルの実質的側面）。先の例を用いれば、情報の入手不能という不利益の原因として、墨字のメニューの読解を不可能にさせる視覚障害の問題性をもっぱら強調するのが、医学モデルである。

　以上のように整理される障害のモデル（**図表1-1**）の要所は、問題の所在をどこに置くかである。問題の所在を社会的障壁に置く視点が社会モデルであり、個人の機能障害に置く視点が医学モデルである。障害者の不利益という問題に接近する視点として、かつては医学モデルが支配的であった。しかし今日、社会モデルは、障害者権利条約（2006〈平成18〉年成立）と障害者基本法（2011〈平成23〉年改正）に採用されるなど急速に支持を集めている。

図表1-1：障害のモデル

```
障害のモデル ─── 医学モデル ─── 形式的側面：機能障害→不利な状態
                          └─ 実質的側面：機能障害の問題性を強
                                         調
            └─ 社会モデル ─── 形式的側面：機能障害と社会的障壁
                                         →不利な状態
                          └─ 実質的側面：社会的障壁の問題性を
                                         強調
```

出所：筆者作成

　そもそも、ここでいう「モデル」とは理論のことではなく、視点（物の見方）を意味する。社会モデルのひとつの基本的な意義とは、私たちが社会的障壁の問題性を特に強調する視点（社会モデル）に立つことで、従来の支配的な視点（医学モデル）からでは得ることが難しい有意義な知見を、効果的に獲得しやすくなるところにある（いわゆるヒューリスティック・デバイス）。先の例で言うと、私たちは、墨字のメニューを手渡した店員の行為の問題性を強調する視点（社会モデル）に立つことで、たとえば視覚障害者の情報入手を可能にさせる合理的配慮の法整備（**第6章**）が必要であるとの知見を直観的に得やすくなるのである。

(2) 障害の概念の多義性

　障害（disability）の概念は多義的であるが、3つの異なる意味で用いられる（**図表1-2**）。まず、(A)障害は心身の機能障害（impairments）を意味する場合がある。機能障害とは、たとえば手足の欠損や視力の喪失を含め、普通とみなされていない心身の特徴のことをいう。ただ、そもそも機能障害の意味内容は、時代と地域によって異なり、社会的、文化的に構築されうるものだということに注意する必要がある（**機能障害の社会構築性**）。

　次に、(B)障害は、機能障害を有する者をとりまく社会的障壁（societal barriers）を意味することがある。たとえば、「障害物競走」の文脈で用いられる障害という言葉は、ある種の社会的障壁を意味する。社会的障壁は、きわめて広い概念で、物理面の障壁（段差など）、人びとの意識面・態度面の障壁（偏見、差別行為、虐待行為など）、情報面の障壁（点字、手話通訳などの欠如）、制度面の障壁（障害福祉サービスの不十分な配備体制、欠格条項など）を含みうる（障害者対策推進本部『障害者対策に関する新長期計画』（1993〈平成5〉年）参照）。

　また、(C)障害は、機能障害を有する者が置かれた不利な状態（disadvantage）を意味することがある。ここでいう不利な状態は、後述する生活制限（障害者の日常生活・社会生活が相当な制限を受ける状態）と同様の概念である。そして、先述したとおり、機能障害のある者（例、車椅子を利用している肢体不自由のある者）が経験している不利な状態（例、建物の利用不能）の原因として、機能障害（例、肢体不自由）の問題性を強調するのが医学モデルであり、社会的障壁（例、建物の段差）の問題性を強調するのが社会モデルである。

図表1-2：障害の概念の多義性

```
障害 ──────── (A)  機能障害
        ├───── (B)  社会的障壁
        └───── (C)  不利な状態（生活制限）
```

出所：筆者作成

　講学的に、障害法とは障害に関する法であるという場合の障害の概念は、

(A)(B)(C)の３つの意味合いを含みうる。また同様に、障害法学とは障害に関する法を対象とする法律学の一分野であるという場合の障害の概念も、(A)(B)(C)の３つの意味合いを含みうる。

　古典的障害法は、(C)の意味での障害（不利な状態）を改善するために、(A)の意味での障害（機能障害）を予防し克服することを特に重視していた。しかし現代的障害法は、(C)の意味での障害（不利な状態）を改善するために、(B)の意味での障害（社会的障壁）を除去することを特に重視している。さらに、それと共鳴し合いながら、(B)の意味での障害（社会的障壁）の除去に関する研究も今日急速に深化し、本書もこれを重視している。

　このような障害法の構造転換の背景には、障害者運動の活性化と人権思想の普及がある。また関連して、その背景には、社会モデルをはじめとする障害学の問題関心を法学分野で真剣に受け止める必要性と重要性に対する認識の深化がある。

(3)　障害の法的概念

　実定法における障害の概念（障害の法的概念）は、基本的に次のような２つの形態をとる。(X)「障害＝機能障害」という形態（障害基２条１号、障害福祉別表、障害福祉則別表５号、精神５条、発達障害２条１項）と、(Y)「障害＝生活制限を伴う機能障害」という形態（障害福祉別表、障害福祉則別表５号、健医発1133号、厚労省・知的障害児（者）基礎調査）である（**図表1-3**）。

　ここでいう機能障害は、前記の(A)の意味での障害にあたる。そして生活制限は、たとえば「継続的に日常生活又は社会生活に相当な制限を受ける状態」（障害基２条１号）、「日常生活が著しい制限を受ける程度」（障害福祉別表、健医発1133号）等を総称した言葉である。生活制限は、前記の(C)の意味での障害にあたる。

　我が国における障害の法的概念は、(X)と(Y)の形態が混在しながら種々の法律・政令・省令・通達等の中で定められているため、複雑な様相を呈している。

　以上のことを確認した上で、ここからは、障害の種類と程度に着目して、

図表1-3：障害の法的概念

```
障害 ──────┬──── (X)　機能障害
           │
           └──── (Y)　生活制限を伴う機能障害
```

出所：筆者作成

障害の法的概念の特徴をより具体的に描き出すことにする。

　障害法は障害をさまざまな種類に区別する。たとえば、障害法は、「障害」の種類として、身体障害、知的障害、精神障害（発達障害を含む）、他の機能障害（難病等を含む）を挙げる（障害基2条1号）。また、障害法は、「身体上の障害」の種類として、視覚障害、聴覚障害、肢体不自由、心臓機能障害等を挙げたり（障害福祉別表）、「発達障害」の種類として、自閉症、学習障害、注意欠陥多動性障害等を挙げたり（発達障害2条）する。

　しばしば、障害法は障害の程度（障害等級）も定める。その際、障害法は、障害の程度を次の3つの観点から特定する。まず、障害法は、障害の程度（例、視覚障害1級）を、機能障害の状態（例、視力0.01以下）から判断する（障害福祉則別表5号）。また、障害法は、障害の程度（例、心臓機能障害1級）を、生活制限の状態（例、自己の身辺の日常生活活動の極度の制限）からも判断する（障害福祉則別表5号）。そして障害法は、障害の程度（例、精神障害1級）を、機能障害の状態（例、高度の症状の統合失調症）と生活制限の状態（例、身辺の清潔保持ができない）の両方から判断することもある（健医発1133号）。

　概して社会保障・社会福祉の文脈で、障害等級が上がれば（例、3級→1級）、障害者の得られる給付額・各種便益も増加することになる（ただし、障害等級は、障害年金、労災保険、障害者手帳で異なる）。これに対して、障害等級は、差別禁止・虐待防止の文脈では基本的に問題とならない。なぜなら、障害者差別解消法や障害者虐待防止法の下では、どのような障害等級であっても、障害者に対して差別をしてはならないし、虐待をしてはならないからである。

1-2　障害者の概念

⑴　障害者の法的定義

　実定法における障害者の定義（障害者の法的定義）もきわめて複雑であるが、先に述べた障害の法的概念とほぼ対応して、基本的には、次のような2つの形態をとる。⒜障害者の法的定義の中に機能障害を含めるけれども生活制限を含めない形態（障害福祉4条、精神5条）と、⒝障害者の法的定義の中に機能障害と生活制限の両方を含める形態（障害福祉4条、障害基2条1号、障害雇用2条1号、発達障害2条2項）である（**図表1-4**）。

　⒜の例として、精神保健福祉法5条は、「この法律で『精神障害者』とは、統合失調症、精神作用物質による急性中毒又はその依存症、知的障害、精神病質その他の精神疾患を有する者をいう」と定め、生活制限の概念に言及していない。身体障害者福祉法4条は、「『身体障害者』とは、別表に掲げる身体上の障害がある18歳以上の者であつて、都道府県知事から身体障害者手帳の交付を受けたものをいう」と定める。そして同法別表は、「身体上の障害」として、たとえば永続的な0.1以下の視力（機能障害）を挙げる。この場合、「身体上の障害」の中に生活制限の概念は含まれていない。

　⒝の例も、実のところ、同法別表にみられる。なぜなら同法別表は、「身体上の障害」として、「心臓、じん臓又は呼吸器の機能の障害その他政令で定める障害で、永続し、かつ、日常生活が著しい制限を受ける程度であると認められるもの」も挙げているからである。この場合、「身体上の障害」の中には機能障害と生活制限の両概念が含まれている。また、発達障害者支援法2条2項は、「『発達障害者』とは、発達障害を有するために日常生活又は社会生活に制限を受ける者をい」うと定め、機能障害と生活制限の両概念に言及している。

　我が国における障害者の法的定義は、以上のように⒜と⒝の形態が混在しながら種々の法令の中で定められているため、複雑な様相を呈しているが、⒝の形態をとるのが一般的である。

　なお、近時、「障害者」の表記の代わりに、「障がい者」（岩手県・北海道の条例、「障がい者制度改革推進本部」（2009年（平成21年）〜2012年（平成24年））

図表1-4：障害者の法的定義

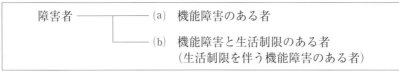

出所：筆者作成

等）や「障碍者」等の表記がすすんで用いられることがある。その理由とし
て、「障害者」という表記が「有害者」等を連想させることが挙げられる。
だが、その一方で、社会的障壁（前記の(B)の意味での障害）に直面している者
であるとの意味合いを強調して、むしろ「障害者」の表記を支持する立場も
ある。

(2)　生活制限の原因

　伝統的に、障害（者）の法的概念は生活制限の原因を機能障害のみに求め
てきた（医学モデル）。たとえば、障害法は、心臓機能障害1級を「心臓の機
能の障害により自己の身辺の日常生活活動が極度に制限されるもの」と定め
ており、生活制限の原因を心臓の機能の障害に求める（障害福祉則別表5号）。
また障害法は、発達障害者とは「発達障害を有するために日常生活又は社会
生活に制限を受ける者」を意味すると定めており、生活制限の原因を発達障
害に求める（発達障害2条2項）。2011（平成23）年改正前の障害者基本法も、
障害ゆえに生活制限を受ける者を障害者だと定義し、医学モデルを採用して
いた。

　だが今日では、生活制限の原因を機能障害のみに求めない障害者の法的定
義が現れている。その代表例が2011（平成23）年改正の障害者基本法2条1
号である。同号によれば、障害者とは「身体障害、知的障害、精神障害（発
達障害を含む。）その他の心身の機能の障害（以下「障害」と総称する。）があ
る者であつて、障害及び社会的障壁により継続的に日常生活又は社会生活に
相当な制限を受ける状態にあるものを」意味する（障害虐待2条1項、障害差
別解消2条1号も参照）。ここでいう社会的障壁は、「障害がある者にとつて

日常生活又は社会生活を営む上で障壁となるような社会における事物、制度、慣行、観念その他一切のもの」（障害基 2 条 2 号）を意味し、前記の(B)の意味での障害にあたる。

　このような障害者基本法における障害者の定義は、「継続的に日常生活又は社会生活に相当な制限を受ける状態」（生活制限）の原因を、機能障害と社会的障壁の両方に求めているという意味で、社会モデルの形式的側面を採用している。さらに、障害者基本法の理念・目的・基本原則などに鑑みれば、同法における障害者の定義は、社会的障壁の問題性を特に強調する社会モデルの実質的側面をも採用している、と解すべきであろう。

　以上をまとめると、障害者の法的定義の中には、医学モデルに沿って、生活制限の原因を機能障害のみに求めるものもあれば、社会モデルに沿って、生活制限の原因を機能障害と社会的障壁に求めるものもある（**図表1-5**）。このような意味で、障害者の法的定義には医学モデルと社会モデルが混在している。

図表1-5：生活制限の原因

生活制限の原因 ── 機能障害（医学モデルの形式的側面）

機能障害と社会的障壁（社会モデルの形式的側面）

出所：筆者作成

(3)　障害者像の多次元性

　日本の障害者数は、内閣府『障害者白書』（令和 2 年版）によると、身体障害者は436万人（34人）、知的障害者は109万4,000人（9人）、精神障害者は419万3,000人である（（　）内の数字は人口1,000人当たりの人数）。複数の障害を有する者がいるため単純に合計はできないが、国民の7.6%程が何らかの障害を有している（**図表1-6**）。このことから分かるように、障害者は国民のうちのわずかな数を占める存在だと言える。

　ただし、障害者とは国民の約7.6%を占める者たちであると簡単に要約できないほどに、障害者像は複雑である。ここでは、多様な装いをみせる障害者像を構造的に捉えるために、障害者像を微視的（micro）、中間的（meso）、巨視的（macro）という 3 つの次元で分析的に区別しよう（**図表1-7**）。

図表1-6：障害者数（推計値）

	総数	在宅者 （外来患者）	施設入所者 （入院患者）
身体障害児・者	436万人	428.7万人	7.3万人
知的障害児・者	109.4万人	96.2万人	13.2万人
精神障害者	419.3万人	389.1万人	30.2万人

出所：内閣府『障害者白書』（令和2年版）を基に筆者作成。外来患者と入院患者は精神障害者の場合。

　微視的次元では、障害者個人の障害（機能障害）は、多様性、可変性、普遍性という3つの特徴をもつものとして観念される。障害の種類は多様であり（例、視覚障害、聴覚障害、肢体不自由、統合失調症、気分障害、高次脳機能障害）、障害の程度（例、1級、2級、3級）も多様である。そして障害の程度は、時の経過とともに変容しうる。さらに、だれもが人間である以上は障害をもちうるという意味で、障害は人間の普遍的な特徴である（障害のユニバーサルモデル）。

　中間的次元では、比較的類似している障害（機能障害）の種類別に、さまざまな障害者小集団が存在する。ただ、同種の障害（例、視覚障害）を有する人びとの間であっても、障害の程度（例、全盲、弱視）は異なりうるのであり、障害の程度別に障害者小集団が存在する。また、ある障害（例、視覚障害）を有する人びとが、別の障害（例、聴覚障害）を重複して有する場合があり、ひとつの障害者小集団（例、盲ろう者）を形成することもある。そして、このような種類別・程度別・単複別の障害者小集団の構成員が経験する不利の態様は、社会的障壁との関係で、類似の傾向をみせることがある。

　巨視的次元では、さまざまな小集団からなる、包括的な障害者集団（少数者集団）が、いわゆる非障害者集団（多数者集団）との関係で、立ち現れる。包括的な障害者集団は、日本の場合、先に述べたように人口の約7.6％を占めるにとどまるが、世界保健機関（WHO）の統計では、世界人口の約15％（10億人以上）を占める。ちなみに、障害者差別禁止・障害者権利運動の文脈では、包括的な障害者集団は、長年にわたる抑圧的な差別（社会的障壁）に

直面して、歴史的・政治的・構造的に不利を被ってきた少数者集団として観念されることがある（障害のマイノリティモデル）。

　ここで、障害者像に関して2点付言しておきたい。第1に、微視的・中間的・巨視的な次元において障害者（個人・小集団・集団）の経験する不利の態様は、性別、年齢、人種等と複合（交差）することによって、大きく異なりうる。このことは、しばしば複合差別という文脈において議論されている。第2に、中間的次元において、聴覚障害者はろう者と呼ばれることがある。ろう者の定義は一意的ではないが、たとえば、ろう者は手話を「言語」として用いる文化的なマイノリティだとされる。

図表1-7：障害者像の多次元性

```
障害者像 ─────── 微視的次元：障害者個人
                      （障害の多様性・可変性・普遍性）

             ─── 中間的次元：障害者小集団
                      （種類別・程度別・単複別）

             ─── 巨視的次元：障害者集団
                      （↔非障害者集団）
```

出所：筆者作成

　以上を踏まえた上で、ここからは、障害者像の多次元性と障害法との関係を述べることにする。

　一般に、障害問題は、中間的次元と巨視的次元において、社会問題、政治問題として認識されることで、法的対応が図られる。大まかに言えば、日本の障害法は、戦後から今日にいたるまでの間に、中間的次元において特徴づけられる時代を経て、中間的次元と巨視的次元の両方において特徴づけられる時代へと移り変わってきた（**第2章**）。

　戦後の障害法は、身体障害者福祉法（1949〈昭和24〉年）と精神衛生法（1950〈昭和25〉年）と精神薄弱者福祉法（1960〈昭和35〉年）という3つの個別法に象徴的に見られるように、身体、知的、精神という3障害別に**中間的次元**で具現化した。それに伴い、3障害別に障害者手帳が整備されるようになった。身体障害者手帳は身体障害者福祉法（1949〈昭和24〉年）、療育手帳

は厚生省通知（1973〈昭和48〉年）、精神障害者保健福祉手帳は精神保健福祉法（1995〈平成7〉年）に基づいて制度化された。

　これに対して、**巨視的次元**における障害法の具現化は、1993（平成5）年改正の障害者基本法を端緒とする。「心身障害者対策の総合的推進を図ることを目的とする」心身障害者対策基本法（1970〈昭和45〉年）にいう心身障害者は、医療を要する精神障害者を含んでいなかったが、その改正法として1993（平成5）年に誕生した障害者基本法は、医療を要する精神障害者を障害者の定義の中に明確に位置づけた。加えて、2005（平成17）年に成立した障害者自立支援法（後の障害者総合支援法）は、身体・知的・精神の3障害に関する福祉サービスを一元化した。障害者雇用促進法も、1960（昭和35）年に成立した当初は、身体障害者のみを対象としていたが、その後何度も改正を重ねて知的障害者と精神障害者も対象に加えた。このように3障害を束ねるという意味で、障害法は巨視的次元において具現化してきた。

　以上のように中間的次元と巨視的次元の両方で形成される障害法の対象者は、国民の7.6％程であるが、潜在的には、すべての者となりうる。なぜなら、だれもが人間である以上は、障害を当然もちうるからである（**微視的次元**）。たとえば、現時点では障害を有していない者も、もし事故にあって障害をもち労災認定を受けることになれば、障害法の対象者に含まれるだろう。また、その人には障害者総合支援法が適用されるし、不当な差別的取扱いを受けた場合には、障害者差別解消法が適用される。この意味で、障害法とは万人を対象としうる普遍的な法である。

　2011（平成23）年7月に厚生労働省は、がん、脳卒中、心臓病、糖尿病の4大疾病に精神疾患を加えて、5大疾病という考えを打ち出した。高齢化が進み、医療技術が急速に進歩している現代社会では、だれもが5大疾病に関連した障害をもちうる。このような観点からみても、現代社会において障害法は大変重要な役割を担っていると言えよう。

2　障害法の法的位置づけ

　障害法を学ぶにあたっての中核となる障害及び障害者概念に関する上記の理解を前提として、本節では障害法の輪郭を描くことにしたい。障害法の範囲と体系について述べた後、法源を取り上げる。

2-1　障害法の範囲

　障害法は、憲法・民法・刑法・商法のように、その名を冠した単一の法典が存在する実定法分野ではない。むしろ障害法は、行政法・労働法・経済法・環境法のように、共通の対象（障害）を扱う諸法令を集合した実定法分野である。そのため、障害法を主題とする本書では、本来であれば、すべての実定法分野にまたがって、障害に関する法制度や、そこに生じうる様々な法律問題を横断的に考察することが必要となる。ただ、そうだとしても、漫然とすべての関係法令を検討の俎上に載せるべきではなく、優先順位を置くべきであろう。具体的に何が優先的に取り上げるべき法分野に該当するかについては、人によって見方が分かれうるものであり、いまだ定説はない。ただし、国連の障害者権利条約や我が国の障害者基本法で掲げられている諸事項が、ひとつの有力な手がかりになることは間違いない。

　障害者権利条約に定める諸事項の概観は**第3章**に委ねるとして、ここでは障害者基本法について見てみよう。同法は、障害者を「継続的に日常生活又は社会生活に相当な制限を受ける状態にある」者と規定し（2条）、医療・介護等（14条）、年金等（15条）、教育（16条）、療育（17条）、職業相談等（18条）、雇用の促進等（19条）、住宅の確保（20条）、公共的施設のバリアフリー化（21条）、情報の利用におけるバリアフリー化等（22条）、意思決定支援・相談体制整備等（23条）、経済的負担の軽減（24条）、文化的諸条件の整備等（25条）、防災及び防犯（26条）、消費者としての障害者の保護（27条）、選挙等における配慮（28条）、司法手続における配慮等（29条）、国際協力（30条）といった諸事項を定めている。

　このような障害者基本法の規定などに鑑みて、本書では障害者の日常生活と社会生活に密接に関わる法分野を優先的に考察する。個々の法分野の観点から言えば、本書で扱う障害法の範囲は、わが国の最高法規である憲法のほか、国際人権法、民事法（成年後見法を含む）、差別禁止法、労働法、社会保障法、教育法、刑事法の諸分野に及ぶ。なかでも国際人権法と差別禁止法が含まれている点が特徴的だといえよう。前者は、我が国に障害法の基礎となる国内法的基盤が存在しない中で、憲法に次ぐ国内的効力がある障害者権利条約の観点からこれを構築する意義が大きいこと、また後者は、そうした条約の国内的実施等を通じて形成されつつある障害法分野の有力な法的手法のひとつが差別禁止アプローチであることを示唆する。

2-2　障害法の体系

　こうした多岐にわたる法分野を前にして、障害法はどのような体系をなすものと捉えるべきだろうか。この点については、さしあたり2つの考え方がありうる。

　まず、障害者の生活をとりまく法制度のうち重要と思われるものにつき、その内容やそこに生じうる法的論点を取り上げ、プラグマティックに考察する、という考え方がありうる。たとえば、差別禁止法の母国であるアメリカでは、すでに障害法（Disability Law）のテキストやケースブックがいくつも存在し、相当数のロースクールにおいて、講義や臨床法学教育（リーガル・クリニック）の一環として、障害法が取り上げられている。そもそもアメリカのロースクールでは、障害者のほかにも、女性やLGBTの人びと（Sexuality and Gender Law）、高齢者（Elder Law）、子ども（Children's Law）、貧困者（Poverty Law）など、社会的に不利な立場に置かれることの多い特定のカテゴリーの人びとの権利擁護をめざす教育と研究が広くみられる。こうした実務法曹的あるいは実践的な視点からみた場合、障害法そのものの理論的基礎を明らかにすることへの関心は相対的に低くならざるを得ない。

　これに対し、実定法学の独立した一分野として障害法（学）の定立を目指す以上、一定の理論的な基礎（総論的検討）が必要であるとの考え方もあり

うる。これは、明治期以来、大陸法の影響を受け、最初に総則を置き体系的に条文を配置するパンデクテン方式の法体系と法的思考に慣れ親しんだ我が国の法学界にとっては、比較的馴染みやすい思考様式である。

　さしあたり本書は、司法制度改革の一環としてアメリカ型ロースクール教育を導入した我が国において前者のアプローチに有用性があることを認めながらも、既存の実定法体系との関係で障害法を理論的に位置づける必要性があることや、障害法が法学以外の学問分野にも重要な視座を提供する可能性を秘めていることなどから、後者のアプローチの重要性を強調しておきたい。

2-3　障害法の法源

　障害法は、基本的に、我が国の法制度を対象とするものである。そうである以上、障害法の存在形式（法源）として取り上げるべき項目は、他の法分野の場合と基本的に異なるところはない。

(1)　憲　　　法

　憲法は国の最高法規である（98条１項）。したがって、憲法条項に反する法律、命令等は効力を有しない。障害法で主として問題となるのは、国民の権利及び義務に係る諸規定である（10条−40条）。このほか、障害者に対する租税等の賦課との関係で租税法律（条例）主義（84条）、地方公共団体による障害施策の展開との関係で地方自治に係る規定（92条−94条）などが関連性をもつ。

　憲法学説では、戦後長い間、障害者が正面から取り上げられることは稀であった。しかし、最近、憲法14条の差別禁止規定に合理的配慮の概念を読み込もうとする試みをはじめ、障害分野において憲法解釈論が活性化しつつある。それとともに最近では、阪神バス事件（神戸地尼崎支決平24・４・９労判1054号38頁）や成年被後見人選挙権判決（東京地判平25・３・14判時 2178 号3頁）など興味深い憲法判断もみられる（**第４章**）。

⑵　条　　約

　憲法が「日本国が締結した条約及び確立された国際法規は、これを誠実に遵守することを必要とする」(98条2項) と規定するように、条約等は (国際障害法のみならず) 国内障害法の法源となる。

　日本が締結した人権条約として、たとえば自由権規約、社会権規約、女性差別撤廃条約、子どもの権利条約、人種差別撤廃条約も障害者に当然適用されうるが、障害分野の条約として最も重要なのは障害者権利条約である。この条約は、自由権と社会権を総合的に定めるとともに、合理的配慮の否定を含む差別を禁止している。そして、この条約は、社会権に関して、国は漸進的達成義務に服するが、即時適用義務に服する部分もあるとの規定 (4条2項) を置いている (**第3章**)。

　我が国では、障害法制の国内法的基盤が乏しかったこともあり、障害者権利条約等の国際法規の考察が重要な課題である。同条約の批准に向けた政府内での取組みは、障害者基本法改正 (2011〈平成23〉年)、障害者雇用促進法改正 (2013〈平成25〉年)、障害者差別解消法制定 (同年) などの大きな推進力となった。

⑶　法　　律

　国会の制定する法律は、障害分野を規律する最も重要な法形式である。障害法という統一的な法典が存在するわけではなく、障害分野には複数の実定法領域 (民事法、労働法、教育法、社会保障法など) にまたがる多数の法律が混在している。一般に、法解釈の余地が少なく技術的性格の強い法規になるほど (社会保障法や教育法など、行政主体と私人の間を規律する公法的規範に多い)、具体的な規律を法律よりも下位の法規範に委ねる部分が大きくなる傾向がみられる。

　各省庁が障害分野に関連して所管している法律として、内閣府は障害者基本法等、文部科学省は学校教育法等、厚生労働省は障害者総合支援法や障害者雇用促進法等、財務省は所得税法等、国土交通省はバリアフリー法等、総務省は身体障害者利用円滑化法等を、それぞれ所管している。たとえば心神

喪失者等医療観察法のように、複数の省庁（法務省と厚生労働省）がひとつの法律を共管する場合もある（内閣府平成25年度障害者施策に関する基礎データ集「図表65：各省庁別にみた主な障害者施策一覧」〈内閣府HP〉参照）。

　なお、法令の名称は、後に改題されることがある。たとえば、「心身障害者対策基本法」（1970〈昭和45〉年制定）は1993（平成5）年改正時に「障害者基本法」、「優生保護法」（1948〈昭和23〉年）は1996（平成8）年改正時に「母体保護法」、「身体障害者雇用促進法」（1960〈昭和35〉年制定）は1987（昭和62）年改正時に「障害者の雇用の促進等に関する法律」（通称、障害者雇用促進法）、「障害者自立支援法」（2005〈平成17〉年制定）は2012（平成24）年改正時に「障害者の日常生活及び社会生活を総合的に支援するための法律」（通称、障害者総合支援法）に、それぞれ改題された。「精神衛生法」（1950〈昭和25〉年制定）は、1987（昭和62）年改正時に「精神保健法」に改題され、さらに1995（平成7）年改正時に「精神保健及び精神障害者福祉に関する法律」（通称、精神保健福祉法）となった。

⑷　政令・省令・告示

　上述のように法律は、技術的性格が強くなるにつれ、詳細の規律を下位規範である**政令**（施行令など）や**省令**（施行規則など）に委ねる割合が大きくなる。政令・省令は、行政機関が発する国民の権利義務を規律する命令（**法規命令**）であり、基本的に、行政主体と私人との関係を規律する効果をもつ。法規命令のうち、法律の委任に基づく命令（**委任命令**）については、その委任の範囲を超えたか否かが問題となる。

　政令・省令は、障害分野においても重要な意義をもつ。たとえば学校教育法施行令改正（平成25年政令第244号）では、特別支援学校に原則就学するという仕組みを改め、総合的観点から就学先を決定する仕組みを採用した（**第9章**）。また、近時の障害者雇用促進法施行令の改正により、障害者の法的雇用率は、国・地方公共団体2.3％、教育委員会2.2％、民間企業2.0％（2013年（平成25年）4月施行）から、国・地方公共団体2.5％、教育委員会2.4％、民間企業2.2％（2018年（平成30年）4月施行）へと，それぞれ0.2％ずつ上が

った（**第8章**）。

　公の機関が意思決定又は事実を一般に公に知らせる形式として**告示**がある（行組14条1項）。告示は法規命令としての性格を有することもある。

(5)　条例・規則

　地方公共団体は法律の範囲内で**条例**を制定することが可能である（憲94条）。また、地方公共団体の長は、その権限に属する事務に関し、法令に違反しない限りにおいて**規則**を定めることができる（自治15条1項）。地方公共団体の委員会も、法律の定めるところにより、法令又は地方公共団体の条例・規則に違反しない限りにおいて、その権限に属する事務に関し、規則を定めることができる（自治138条の4第2項）。

　他の分野がそうであるように、障害分野においても国の取り組みに先んじて、先進的な条例が設けられてきた。たとえば、鳥取県手話言語条例（2013〈平成25〉年10月8日）や石狩市手話基本条例（同年12月19日）のような手話条例のほか、障害差別禁止条例を制定する自治体が、「障害のある人もない人も共に暮らしやすい千葉県づくり条例」（2006年）を端緒として増えてきている。

(6)　通達・要綱など

　行政主体と私人との関係を規律するにあたって、法律・条例の根拠がない場合、あるいは抽象的な根拠しかない場合、通達・要綱・内規といった**行政規則**で詳細が定められることが多い。こうした行政規則は、行政機関相互を拘束する内部効果をもつにとどまり、法規命令とは異なり外部効果をもたない（国民の権利義務に直接関係しない）ものとされてきた。しかしながら、根拠となる法律の定めや要綱等の規定の仕方などによっては、行政規則に基づく行為が外部的な効果をもつこともありうる。たとえば、知的障害者を対象とする療育手帳の交付決定は、通知（昭和48年9月27日厚発児156号）に基づき行われている措置であるが、裁判例（東京高判平13・6・26裁判所ウェブサイト）によれば、国民の権利義務関係に変動を及ぼす行政庁の一方的意思表

示である行政処分とされている。

(7)　不 文 法

　判例（最高裁判決）は、紛争が生じた場合、先例として重要な法源となりうる（下級審裁判所を事実上拘束する）。下級審裁判例も、従来先例のなかった法律問題に法的判断を示すことで、重要な意義をもつことがある。

　このほか、ごく限られた場面においてではあるが、慣習法や条理（法の一般原則）が適用される場合もありうる。たとえば、代読裁判第1審判決（岐阜地判平22・9・22判時2099号81頁）は、「障害者に障害補助手段を使用するように強制することが許されないことは条理上当然である」とした。

　なお、判決を契機として法制度が改廃・新設されることがある。たとえば、一連の学生無年金障害者訴訟を契機として特別障害給付金制度が創設され（**第7章**）、成年被後見人選挙権判決（東京地判平25・3・14判時 2178 号3頁）の後に公職選挙法等が一部改正された（**第4章**）。

3　障害法の理念

3-1　条約と法律

　障害法の理念は、障害者権利条約と障害者基本法の中に見出すことができる。権利条約は、保護の客体から人権の主体へと**障害者観の転換**を図り、国家が障害者による人権全般の完全かつ平等な享有を確保し、障害者の尊厳を尊重することを目的に据える（1条）。また、権利条約は、一般原則として、(a)固有の尊厳、個人の自律（自ら選択する自由を含む。）及び個人の自立の尊重、(b)無差別、(c)社会への完全かつ効果的な参加及び包容、(d)差異の尊重並びに人間の多様性の一部及び人類の一員としての障害者の受入れ、(e)機会の均等、(f)施設及びサービス等の利用の容易さ、などを定める（3条）。このような権利条約の目的と一般原則は、障害者基本法の理念・目的・基本原則に反映されている。

　障害者基本法は、「全ての国民が、障害の有無にかかわらず、等しく基本

的人権を享有するかけがえのない個人として尊重されるものであるとの理念」に言及する（1条）。この理念は、障害者が保護の客体ではなく人権の主体であることを意味する。障害者基本法は、この理念にのっとり、「全ての国民が、障害の有無によつて分け隔てられることなく、相互に人格と個性を尊重し合いながら共生する社会を実現する」ことを目的とする（1条）。ここでいう**共生社会**は、**障害者を包容する社会**（inclusive society）の概念と重なり合い、**ノーマライゼーション**の概念（「障害者を特別視するのではなく、一般社会の中で普通の生活が送れるような条件を整えるべきであり、共に生きる社会こそノーマルな社会であるとの考え方」障害者基本計画〈平成14年12月〉）とも親和的である。

　障害者基本法は、かつては障害者の福祉の増進を法目的としていたが、この文言は2011（平成23）年改正によって削除され、新たに共生社会の実現を法目的に据えることになった。この変更は、むろん障害福祉施策自体を軽視するものではなく、古典的な障害福祉施策に随伴してきた弊害（保護の客体としての障害者への不適切な処遇）を除去するとともに、平等な人権主体として尊厳と自律（自立）を尊重しながら障害者を包容する社会（共生社会）を実現するとの上位概念の下で、障害福祉施策を含む障害政策全体を再定位することをめざすものだと言える。

　障害者基本法は、基本原則として、第1条に定める共生社会の実現は、主に次の3つの事項を重んじながら図られなければならない、と定める（3条）。すなわち、①あらゆる分野の活動における参加の機会の確保（同条1号）、②どこで誰と生活するかの選択の機会の確保と、地域社会における共生の確保（同条2号）、③意思疎通手段の選択の機会の確保と、情報の取得又は利用のための手段の選択の機会の拡大（同条3号）、である。さらに、障害者基本法は、他の基本原則として、合理的配慮義務の不履行を含む障害差別を禁止する（4条）。

　以上でみた諸概念（人間の尊厳、個人の自律・自立、社会参加・包容社会〈共生社会〉、差別禁止、機会平等）は、人権思想に裏づけられた今日の障害法の理念を構成している。社会モデルに立脚し障害者を人権主体に据える障害法

は、これらの理念を実現する機能を果たす。

　もっとも、伝統的に障害法は、**パターナリズム、優生思想、社会防衛思想**などを背景に、医学モデルに立脚し障害者を保護の客体に据えて、これらの理念を阻害する機能を果たしてきた（この機能は今日でも顔をのぞかせることがある）。たとえば、障害を理由とする不当な欠格条項は障害者の社会参加を妨げる障害法制度である。先にも述べたように、この欠格条項のひとつである、成年被後見人の選挙権・被選挙権を制限する旧公職選挙法11条１項１号を違憲とした下級審判決（東京地判平25・３・14判時 2178 号３頁）が出され、法律改正と結びついた（**第４章**）。日本の障害児教育制度も、きわめて長い間、共学（共生社会）ではなく別学（分離社会）を原則としてきた。この原則も最近改められた（**第９章**）。さらに、優生思想や社会防衛思想の影響を大きく受けた障害法制の例として、人里から離れた土地に設置された精神科病院での社会的入院を促す法的根拠となった関係法令や、「優生上の見地から不良な子孫の出生を防止する」ことを目的とした旧優生保護法（1948〈昭和23〉年制定、1996〈平成８〉年改正）などが挙げられる。

3-2　憲　　　法

　以上で述べたような、障害者権利条約と障害者基本法にみられる規範的価値概念を、ここでは国法の最高法規である憲法上の規範概念のレベルで捉えることにする。

　第１は、個人の自立ないし自律である。すべて国民はかけがえのない個人として尊重されなければならない（憲13条）。このことは障害の有無にかかわらず、だれにでも当然に妥当する。のみならず、すべての個人は人格的に自立（自律）した存在として、尊厳を重んじられなければならない。このことは、障害者を施策の名宛人であり保護されるべきもの（客体）として捉えるのではなく、独立した権利主体として捉える見方へと意識的に転換を図ることを意味している。こうした捉え方の法理念的基盤は、自己決定権の根拠規定とされる憲法13条に求めることができる。ここにいう**自立**とは、障害者が種々の施策を通じて自己の選択する場所において尊厳ある生活を営むこと

ができる状態におかれることを意味している。また**自律**とは、障害者が主体的に自らの生き方を追求できることを意味し、自立の人格的側面（人格的自立）と言ってもよい。このように、障害者の主体性や自立（自律）といった規範的価値の重視は、後述する平等や生存権といった他の法理念の基盤ともなるものであり、きわめて重要である。2011（平成23）年の障害者基本法改正が、「障害者の福祉を増進する」という法の目的を前述のように改正したのも、この法律が自律（自立）という法理念をいっそう尊重するに至ったことを意味している。

　第2に、障害者施策のあり方を考えるにあたっては、規範的価値概念としての平等も重要である。平等に関しては、憲法14条1項が「すべて国民は、法の下に平等であって、人種、信条、性別、社会的身分又は門地により、政治的、経済的又は社会的関係において、差別されない」と定める。通説・判例によれば、平等の要請は、事柄の性質に即応した合理的な根拠に基づくものでないかぎり、差別的な取扱いをすることを禁止する趣旨とされている（最大判昭48・4・4刑集27巻3号265頁など）。このように、憲法14条1項の下で、国が合理的差別（合理的な別異処遇）をすることは許容されると解されてきた。これに対し、同項の下で、国は**合理的配慮**（合理的な別異処遇）をすることを義務づけられているとの考え方が登場している（**第4章**）。このような考え方は、機会の平等を実質的に確保するという観点から、憲法上の平等概念は、「同様の者たちを異なって扱ってはならない」という原則とともに、「異なる者たちを同様に扱ってはならない」という原則をも採用すべきである、ということを意味する。

　第3に、障害者が日常生活と社会生活を営んでいく上で、基礎的な部分は必要な財源を講じた上で法的に保障されなければならない。こうした規範的価値は、我が国憲法構造の下では、憲法25条の**生存権**保障（とりわけ同条1項にいう「健康で文化的な最低限度の生活」保障）に直接関わる。ここでいう生存権保障の内容には、所得（金銭）の保障のみならず、医療・介護・福祉・補装具等のサービス・現物の保障も広く含まれる。障害者の福祉増進を法目的としていた2011（平成23）年改正前障害者基本法のように、従来の生存権

アプローチは、ともすれば障害者を保護されるべきもの（客体）として捉えがちであり、その主体性を十分尊重しない傾向がみられた。先に述べたように、今日こうした見方は改められる必要があるが、国家による障害者各人の固有のニーズに応じた生活の基礎的な部分の保障義務、それに対する障害者の法的権利という点で、こうした広い意味での生存権保障が果たすべき今日的役割はなお重要である。社会参加、包容社会（共生社会）という観点も踏まえれば、ここにいう生活の基礎的な部分の保障は、すべて憲法25条により直接保障されるかはともかくとして、公共施設・情報・文化芸術活動へのアクセスや、防災・防犯時の配慮なども含めて広く捉えていく必要がある。

4　障害法の方法論

　障害に関する法制度を独立した法律学の考察対象とする場合、どのような方法論的アプローチがありうるだろうか。以下では、3つの観点から述べておきたい。

4-1　法解釈アプローチ

　法学固有の方法論としては、まず法解釈学（既に存在する法の解釈論）を挙げることができる。法解釈技術は、典型的には裁判の場において発揮される。裁判所による法の解釈により、法律の文言の意味内容が確定され、不明確であるがために法的紛争を生ぜしめた障害者の法的権利の有無・内容が（最終的には最高裁判所によって）明確化される。

　また法律は、**裁判規範**として重要であるだけでなく、障害者を取り巻く行政機関・企業・団体・個人などの従うべき**行為規範**としても重要な役目を果たす。この点につき障害法の分野では、差別禁止等の新しい理念の下で新しい法律の制定及び改正が相次いでいるものの、その意味内容が明らかでないことも多い。たとえば、「必要かつ合理的な配慮」「負担が加重でないとき」（障害差別解消7条2項、8条2項）、「必要な措置」「過重な負担」（障害雇用36条の2、36条の3）といった不確定概念は、我が国の法体系全体との整合性

や、法律の文言の通常の用語法を尊重した法の解釈作業を不可欠とする（**第6章**）。この点、我が国では、行政庁による具体的なガイドライン（要領、指針など）が行為準則として重要な意味をもつことが多い。ただし、こうした解釈基準の設定も、あくまで行政解釈にとどまるのであって必ずしも法の客観的に正当な解釈であるとは限らない。

　さらに、法令に違反した行為の法律効果（たとえば、当該行為が無効となるのか、損害賠償法上の違法を基礎づけるにとどまるのか）も明確でない場合があり、こうした場面でも法解釈技術が重要な役割を果たすことになる。

4-2　法政策アプローチ

　近時、障害に関わる法分野は大きく変転している。このことは、既存の条文の解釈にとどまらず、法律の制定や改廃のあり方についての規範的な議論（あるべき法を論じる立法論）の必要性を示すものである。

　もとより、特定の制度や政策のあり方は、法的視点からのみ決せられるものではない。我が国の経済・財政・政治・社会・文化など様々な観点を踏まえた上で、総合的にそのあり方が検討される必要がある。学問的にも、経済学・財政学・政治学・社会学など法学以外の社会諸科学からのアプローチが期待されるほか、とりわけ障害法においては、障害の社会モデルに典型的に示されるように、**障害学**が重要な視点と知見を提供してきた。

　ただし、すべての法制度は我が国憲法体制の下にあり、かつ既存の他の法制度との整合性が求められることから、白地のキャンバスに自由に絵（法制度）を描くわけにはいかない。この意味で、解釈論的手法を用いた立法論又は政策論が一定の重要な意味をもつのである。

4-3　比較法アプローチ

　障害法制のあり方を検討するにあたっては、日本国内における議論や経験の蓄積が乏しいことから、他国の法制度との比較法的考察も非常に重要であり、有益な知見を提供してくれる。既に我が国では、アメリカ・イギリス・ドイツ・フランスなどの障害法制の紹介・分析がなされてきた（たとえば、

平成23年度内閣府委託報告書「障害者差別禁止制度に関する国際調査」参照）。

　また、各国が障害者権利条約上の義務を履行するために、どのように同条約を解釈し国内法を整備しているかの考察も、我が国の解釈論と立法論にとって示唆に富むものとなる（たとえば、平成25年度内閣府委託報告書「障害者権利条約の国内モニタリングに関する国際調査」参照）。

　ただし、**4-2**で述べたこととも関連して、法制度はその国固有の法体系の一部を構成し、社会・経済・文化などの基盤の上に成り立っている以上、ある国の優れた法制度の一部を切り取って無批判的に日本への「輸入」を図るといった安易な態度は慎まなければならない。

文献紹介

　日本には、法学の研究者を中心に執筆された、本書のような包括的かつ総合的な障害法のテキストは存在しない。障害法制や障害思想などの概要を理解するには、障害者福祉のテキストを繙くことも有益であろう。いくつも良書はあるが、たとえば佐藤久夫・小澤温『障害者福祉の世界』（有斐閣、第5版、2016年）を手に取っていただきたい。障害法自体の理論は、河野正輝『障害法の基礎理論』（法律文化社、2020年）に向き合うべきである。

　障害法は法分野横断的である。憲法や民法など個別の法分野に即して障害法を学びたい人は、まず関心のある本書の章を読み進めてほしい。その上で、より専門的に学びたい人は、各章の末尾に掲載されている参考文献や、日本障害法学会（2016年12月10日設立）の学会誌『障害法』（2020年に第4号刊行）などにあたっていただきたい。この学会誌は、オンラインジャーナルで本学会HP（https://disability-law.jp/）から閲覧可能である。

　障害法は学問分野横断的でもある。障害学の問題意識などを受け止めて、障害と法の関係を多角的に検討するにあたり、松井彰彦・川島聡・長瀬修編著『障害を問い直す』（東洋経済新報社、2011年）、川越敏司・川島聡・星加良司編著『障害学のリハビリテーション－障害の社会モデルその射程と限界』（生活書院、2013年）、これらの書籍の中で参照されている諸文献が役に立つであろう。

　障害法にみられる障害者観の転換（保護の客体から人権の主体への転換）を

広く深く考える際に参照すべき論稿は数多くあるが、ここでは『講座 障害を
もつ人の人権』全3巻（有斐閣）を挙げておきたい（第1巻〈河野正輝・関川
芳孝編、2002年〉、第2巻〈荒木兵一郎・中野善達・定藤丈弘編、1999年〉、第
3巻〈河野正輝・大熊由紀子・北野誠一編、2000年〉）。

（かわしま・さとし／きくち・よしみ）

第2章　日本の障害法

中　川　　純・新　田　秀　樹

―――――――――――――――― **本章のねらい** ――――――――――――――――

　本章の「1　日本の障害法の歴史」では、日本における障害法の歴史について概説する。といっても、もとより障害法といったまとまった法領域がもともと形成されていたわけではなく、障害（者）に係る医療、福祉、教育、雇用といった個別の分野ごとに、それぞれの時代において対応しなければならない行政的或いは政治的ニーズに応える形でのアドホックな対応が長らく繰り返されてきたというのが実情である。それが障害者権利条約の批准に向けての動きを一つの契機として、漸く総合的な観点から捉え直されるようになってきた。本節では、そうした障害法の発展のプロセスについて述べる。プロセスは連続的なものであり、特定の時点で何か明確な線が引けるわけではないが、本節では、その背景となる考え方の変化も踏まえてこれを一応4つの時期に区分し、それぞれの時期の制度創設・改正等の動向を「排除と隔離の時代」、「保護と更生の時代」、「自立支援と参加の時代」、「共生と包摂の時代」というタイトルの下に見ていくこととしたい。なお、障害児の教育に係る歴史については**第8章**の「1　障害児教育法制の歴史的変遷」で詳述されるので、基本的にそちらを参照されたい。

　また、本章の「2　日本の障害者法の構造と現状」では、日本における障害者政策の現状がどのようなものとなっているかについて概観していきたい。前節で述べるような歴史を経て、現在の日本の障害者政策は大きな転換期にあるといわれている。2000（平成12）年に入ってから、支援費制度や障害者自立支援法によりサービス提供方式を変更したこと、就労移行に対する支援を強化したこと、認定就学者に対する普通学校での就学可能性を高めたことなど大きな変化がみられる。さらに近時、国連の障害者権利条約の批准に向けて、障害者

基本法や障害者雇用促進法の改正、障害者総合支援法や障害者差別解消法の制
定などがおこなわれている。障害者政策が概ねポジティブな方向にある一方
で、障害者政策を俯瞰でみれば、あたかも建て増しを重ねた建物のように、複
雑かつ一貫性のない制度設計になっている。本節では、**第4章**以下の各章の序
論を兼ねて、そうした日本の障害者政策の実情と問題点のアウトラインを示
し、読者の認識を深める手がかりを提供したい。

1　日本の障害法の歴史

1-1　排除と隔離の時代（明治期から第2次世界大戦敗戦〈1945年〉直後頃まで）

　近代日本における最初の救貧立法である**恤救規則**（1874〈明治7〉年制定）
の対象には、障害者も**「廃疾」**者という形で含まれていたが、実際に同規則
による給付を受けた者は僅かであった。その後、金融恐慌（1927〈昭和2〉
年）や世界恐慌（1929〈昭和4〉年）による社会不安に対応する形で、1929
年に恤救規則に代わり**救護法**が制定された。同法は、障害者も救護の対象と
したが、それは障害に起因する生活困窮者として救貧対策の対象としたので
あり、障害者福祉独自の観点からの施策が展開されたわけではない。

　もっとも、**傷痍軍人**については、日露戦争後の1906（明治39）年に廃兵院
法（1934〈昭和9〉年に傷兵院法に改称）が制定されて以来、医療・看護の提
供その他の特別な援護策が実施された。

　一方、精神障害者については、医療或いは公衆衛生面からの対応が中心と
なってきた点で、社会福祉の枠組の中で施策が展開されてきた身体障害者や
知的障害者とはやや異なる取扱いがなされてきた。第2次世界大戦（1939
〈昭和14〉年～1945〈昭和20〉年）前は、精神障害者に対する法律としては、
精神病者監護法（1900〈明治33〉年制定）と精神病院法（1919〈大正8〉年制
定）が存在したが、これらは家族の患者保護責任を強く求めるものであった。

　このように、戦前の日本における障害者福祉施策は、傷痍軍人等に対する

ものを別にすれば、僅かに救護法に基づく救貧施策の一環として行われていたに過ぎなかった。また、特に精神障害者に対する施策は、障害者を一般の社会生活から排除し、特定の施設や家庭内に隔離しようとの考え方が強く表れていたと言える。

1-2　保護と更生の時代（身体障害者福祉法制定〈1949年〉頃から国際障害者年〈1981年〉頃まで）

　第2次世界大戦後、戦傷病による身体障害者が急増した一方で傷痍軍人に対する特別な施策はGHQ（連合国軍最高司令官総司令部）の指示で廃止されたことから、こうした状況に対応するため、1949（昭和24）年に**身体障害者福祉法**が制定され、救貧施策から独立した一般的な障害者福祉施策がスタートした。また、その2年前の1947（昭和22）年には**児童福祉法**が制定され、18歳未満の障害児に対する福祉施策が開始されている。もっとも、当時の障害者福祉施策は、障害児・者の「援護・保護」と、障害者の職業能力の回復・付与による経済的な自立という意味での「**更生**」を主たる目的とするものであった。このため、職業的更生の可能性に乏しい重度障害者は、施策の対象から除かれた。この「更生」という言葉は、**リハビリテーション**（rehabilitation）を邦訳したものとされるが、リハビリテーションという言葉が、職業面・経済面のみならず肉体面・精神面・社会面も含めた全人間的な復権という意味合いを本来はもつことからすると、更生の意味が矮小化されたことは否めない。また、この2つの法律は、行政庁の**措置**（**委託**）による福祉サービスの提供という、戦後半世紀以上続いた社会福祉法制の基礎構造も形作ることとなった。

　1950年代後半になると日本は高度経済成長期に入り、各種社会保障制度も整備・充実が図られた。障害者福祉の分野では、特に重度障害者への社会的支援が強化されるとともに、1960（昭和35）年に**精神薄弱者福祉法**（1998〈平成10〉年の法改正により**知的障害者福祉法**に改称）が制定され、精神薄弱者（現在の「知的障害者」）についても、個別法に基づく福祉サービスの提供（保護と更生）が行われるようになった。その背景には、児童福祉法の対象となっ

ていた知的障害児が成人になりつつあったこともある。さらに、同年には、身体障害者の雇用の促進を図るための**身体障害者雇用促進法**も制定された。また、その前年の1959（昭和34）年には国民年金法が制定されて、拠出制の障害年金と無拠出制の障害福祉年金が設けられ、障害者の所得保障についても一定の改善が見られた。

　このように障害者に対する制度・施策は徐々に整備されてきたが、福祉施策の多くは障害種別の縦割りであり、また、その重点は施設による対応に置かれていた。そして、結果的に障害者に対する各種施策やその担当組織の分立を招くこととなったため、障害者施策の総合的な推進を図ることを狙いとして、1970（昭和45）年には**心身障害者対策基本法**が制定され、心身障害者施策における国・地方公共団体の責務や心身障害の予防・福祉施策についての基本的事項が定められた。

　一方、精神障害者については、戦後の1950（昭和25）年に精神障害者の医療と保護を行うことを目的とした**精神衛生法**が制定されたが、同法が都道府県に精神病院の設置を義務付けたこともあり、その後、日本では、精神病院における入院治療に重点を置いた対応が長らく続けられることとなった。

1-3　自立支援と参加の時代（国際障害者年〈1981年〉頃から障害者自立支援法制定〈2005年〉頃まで）

　「完全参加と平等」をテーマとした1981（昭和56）年の**国際障害者年**とこれに続く**「国連・障害者の十年」**を一つの契機として、日本の障害者福祉施策は、施設への入所を中心としたものを見直して、在宅福祉の推進や社会参加の促進に力が注がれるようになる。その背景には、**ノーマライゼーションの理念**（障害者についても、一人の市民としてできる限りノーマルな生活を送れるよう、その権利を等しく保障すべきとの考え方）の浸透や自立概念の深化（職業的な更生を柱とした経済的自立から、障害者自身の主体的な関与・参加による日常的・経済的・社会的生活全般の自立・安定へ）があった。

　1982（昭和57）年に、総理府に設置された国際障害者年推進本部が「障害者対策に関する長期計画」を策定した。1984（昭和59）年には身体障害者福

■■■■■■■■■■ コラム2-1　措置から契約へ ■■■■■■■■■■

　措置（或いは措置委託）とは、市町村等の行政庁（措置権者）が、自らの判断・決定により、在宅福祉サービスや福祉施設への入所を必要とする者に対して、それらのサービスの提供（或いは社会福祉法人等への提供委託）を行う仕組みのことである。行政庁が相手方の申請を必要とせず職権でサービス提供の可否・内容等を決定する職権主義にその特徴があり、その費用は、公費（租税）のほか、利用者本人と家族（扶養義務者）からの所得に応じた費用徴収（徴収者は行政庁）により賄われる。

　この措置（委託）制度は、行政がサービスを受ける必要性の高い人に優先的にサービスを提供し実質的な公平（結果の公平）を守る仕組みとしては優れているが、反面、①利用者の権利の保障が不十分、②利用者がサービスを選択できない、③所得調査があるため、サービス利用への心理的抵抗感を伴う、④サービス提供者間の競争原理が働かず、サービスの内容が画一的になりがちといった問題があるとされた。このため、1990年代に入ると、サービスの提供体制が充実してきたこともあって、社会福祉分野では、1997（平成9）年の介護保険法の制定を皮切りに「措置から契約へ」の流れが強まり、障害者福祉サービスの提供も支援費制度により、基本的に契約による提供に切り替えられたのである。

　契約によるサービス提供は、利用者がサービス提供事業者を選んで直接サービス利用契約を結ぶ仕組みなので、利用者によるサービス選択の範囲が広がるというメリットがあるとされる。しかし、同時に、それは、利用者自身の判断と責任により利用するサービスを決めなければならないことを意味するから、障害者が適切にサービスを選択し確実に利用できるようにするためには、良質な福祉サービスが十分に供給されるとともに、利用者がサービス提供事業者と対等の立場で契約できるように公的な支援を強化しその権利を守ること（利用者の権利擁護）がいっそう重要となる。

祉法が改正され、「身体障害者の自立と社会経済活動への参加を促進する」

旨を同法の目的とした。続く1985（昭和60）年には国民年金法が改正されて**障害基礎年金**制度が創設され、障害者の所得保障が大きく進展した。1987（昭和62）年には、身体障害者雇用促進法が「障害者の雇用の促進等に関する法律」（**障害者雇用促進法**）に改められ、身体障害者だけでなく精神薄弱者（現在の「知的障害者」）や精神障害者もその対象とされた。そして、1990（平成2）年の老人福祉法をはじめとする福祉関係八法改正による障害者の在宅福祉サービスの法定化及び身体障害者福祉行政の市町村への一元化を経て、1993（平成5）年には障害者対策推進本部（国際障害者年推進本部を改組）において「障害者対策に関する新長期計画」が策定されている。また、この年には、障害者施策の理念の変化を反映させる形で、心身障害者対策基本法が**障害者基本法**に改められ、「障害者の自立とあらゆる分野の活動への参加促進」などの理念を規定するとともに、同法の対象となる障害の範囲を「身体障害、精神薄弱又は精神障害」というように精神障害を明示する形で明確にし、さらに、障害者の日の設定や国による障害者基本計画の策定等について規定した。このほか、同年には「身体障害者の利便の増進に資する通信・放送身体障害者利用円滑化事業の推進に関する法律」が、翌1994（平成6）年には「高齢者、身体障害者等が円滑に利用できる特定建築物の建築の促進に関する法律」（通称**ハートビル法**）が制定され、情報面・移動面における障害者の**アクセシビリティ**（**利用可能性**）保障への制度的対応も開始された。

　また、精神障害者についても、1980年代に入ると漸く精神障害者に対する医療と福祉を総合的に捉える考え方が強まり、看護職員が入院患者を死亡させた宇都宮精神病院事件（1984〈昭和59〉年）を契機として、精神障害者の人権尊重やノーマライゼーションの理念に配慮した法改正が1987（昭和62）年に行われた。この改正では、法律の名称が精神衛生法から**精神保健法**に改められ、また、精神障害者社会復帰施設も法定化されている。さらに、1995（平成7）年には「精神保健及び精神障害者福祉に関する法律」（**精神保健福祉法**）に改称され、法の目的に「（精神障害者の）自立と社会経済活動への参加の促進」が明記されるとともに、精神障害者保健福祉手帳制度が創設されるなど、医療と福祉の総合化、入院中心の制度から社会復帰を目指す制度へ

の転換が進められることとなった。

同じ1995（平成7）年に、「障害者対策に関する新長期計画」を具体化するため、障害者対策推進本部が「**障害者プラン～ノーマライゼーション7か年戦略～**」を策定した。同プランは、保健福祉分野にとどまらず、雇用、教育、生活環境などの幅広い分野について、障害者施策を総合的・効果的に推進していくことを目指すものであった。そして、こうした流れは社会福祉基礎構造改革にも引き継がれ、2000（平成12）年の「社会福祉の増進のための社会福祉事業法等の一部を改正する法律」による身体障害者福祉法など8法律の改正では、①措置から契約（支援費制度）への移行、②地域で生活する障害者の自立を支援する事業の社会福祉事業としての法定化、③知的障害者福祉及び障害児福祉に係る権限の都道府県から市町村への委譲などが行われた。同年には、「高齢者、身体障害者等の公共交通機関を利用した移動の円滑化の促進に関する法律」（通称**交通バリアフリー法**）も制定されている。また、その前年の1999（平成11）年には、障害者本人の自己決定の尊重やノーマライゼーションといった新たな理念と本人の保護という従前からの理念の調和を図る見地から、民法など成年後見関連の4法律の改正・制定が行われ、新たな**成年後見制度**が成立した。

2002（平成14）年には従前の計画・プランを引き継ぐ形で、新たな障害者基本計画と新障害者プランが策定されている。一方、契約による福祉サービスの提供をめざした**支援費制度**が2003（平成15）年から施行されたが、①精神障害者が制度の対象外、②市町村による支援費の支給要否判定のばらつき、③市町村ごとのサービス提供体制や財政力の格差の顕在化といった多くの問題に加え、サービス利用量の急増による多額の財源不足が生じたため早々に破綻をきたし、2005（平成17）年には障害者自立支援法が制定されて同法の自立支援給付制度に取って代わられることとなった。

1-4　共生と包摂の時代（障害者自立支援法制定〈2005年〉頃から現在まで）

これまで述べてきたとおり、歴史的には、障害者に対する施策は、身体障害・知的障害・精神障害の3区分の枠組みを前提としつつ、その時々におい

て支援の必要性の高い人たちやニーズに対し個別的に対応する形で順次整備されてきた。これに対し、**障害者自立支援法**は、身体障害者・知的障害者・精神障害者の3障害（者）を対象として、①障害（者）の種別ではなく、サービスの機能に着目したサービス提供システムの一元化、②サービス提供主体の市町村への一元化、③障害者の就労支援に係るサービスの強化、④サービス利用のための手続や基準の透明化・明確化、⑤国の費用責任の明確化などをめざして、自立支援給付や地域生活支援事業を行った点では、障害者施策の前進として評価できる面もあった。

　しかし、自立支援給付の利用者負担を原則1割の定率負担（いわゆる応益負担）としたことが過重な負担として障害者やその家族の激しい反発を招き、その廃止を目指して、裁判を含む抗議活動等が展開された。また、他方では、2006（平成18）年の第61回国際連合総会で採択され、2008（平成20）年5月に発効した「障害者の権利に関する条約」（障害者権利条約）がいわば外圧を与える形で、日本の障害者施策・制度全般の見直しを促した。日本は2007（平成19）年9月に同条約に署名したが、その批准に当たって国内法制の整備が必要となったのである。

　そうした中、2009（平成21）年9月に発足した鳩山民主党内閣は、「障害者の権利に関する条約（仮称）の締結に必要な国内法の整備を始めとする我が国の障害者に係る制度の集中的な改革を行い（中略）障害者施策の総合的かつ効果的な推進を図るため」に障がい者制度改革推進本部（及びその下部組織たる障がい者制度改革推進会議）を設置して改革案の検討を進め、2010（平成22）年6月に、①障害者基本法の改正、②障害者差別禁止法の制定、③障害者総合福祉法（仮称）の制定を柱とする**「障害者制度改革の推進のための基本的な方向について」**を閣議決定した。これに基づき、2011（平成23）年には障害者基本法の大幅な改正が行われ、社会モデルを意識した障害者の定義の見直し、障害者政策委員会の設置などが規定された。同法の1条及び3条では、障害者の自立生活と地域社会へのインクルージョン（包摂・包容）の保障について規定した障害者権利条約19条を意識しつつ、①全ての障害者の社会参加の機会が確保されること、②全ての障害者は、どこで誰と

生活するかについての選択の機会が確保され、地域社会における他の人々との共生が妨げられないことなどを旨とした「相互に人格と個性を尊重し合いながら共生する社会」の実現が謳われている。また、2013（平成25）年には、国・地方公共団体・事業者における障害を理由とする差別の禁止、社会的障壁の除去の実施についての必要かつ合理的な配慮の実施等を内容とする「障害を理由とする差別の解消の推進に関する法律」（**障害者差別解消法**）が制定された。これは、2004（平成16）年の改正で導入され2011（平成23）年の改正で敷衍された障害者基本法における差別禁止規定の具体化・実質化を意図したものといえ、2015（平成27）年には、同法に基づく「障害を理由とする差別の解消の推進に関する基本方針」が閣議決定された。さらに、2013（平成25）年には、障害者雇用促進法が改正され雇用分野における障害者差別の禁止に関する具体的規定が設けられるとともに、東京地方裁判所の違憲判決を受ける形で、有権者から成年被後見人を除外していた公職選挙法の規定が改正され、後見を受けている知的障害者や認知症高齢者の選挙権が復活した。

　障害者自立支援法についても、これを廃止し新法を制定する方向での検討がいったんは進められ、2010（平成22）年には新法制定までの暫定的措置として同法についてのかなり大幅な見直しが行われ応能負担も復活した。そして、2011（平成23）年8月には、政府の「障がい者制度改革推進会議総合福祉部会」が新法（**障害者総合福祉法**）制定に向けての提言を取りまとめたが、政府提案により2012（平成24）年に成立した障害者自立支援法の改正法は、法律の名称こそ「障害者の日常生活及び社会生活を総合的に支援するための法律」（**障害者総合支援法**）に改めたものの、内容的には総合福祉部会の提言した「障害者総合福祉法の骨格」とはかけ離れた障害者自立支援法の部分的な改正に止まった。そして、これが障害者福祉に関する現行基本法となり、その後、障害者の地域生活のさらなる支援等をめざした数次の改正を経て現在に至っている。

　以上のような法的整備を経て、2014（平成26）年1月に日本は障害者権利条約に批准した。

　このほか、この時期の主な法改正としては、累次の障害者雇用促進法の改

正による障害者の雇用機会の漸進的拡大、発達障害者支援法の制定（2004〈平成16〉年）による法的支援対象としての発達障害者の明示とその後の改正（2016〈平成28〉年）による支援の拡充、「特定障害者に対する特別障害給付金の支給に関する法律」の制定（2004〈平成16〉年）によるいわゆる学生無年金障害者等に対する一定の所得保障の実施、ハートビル法と交通バリアフリー法を発展的に統合させた「高齢者、障害者等の移動等の円滑化の促進に関する法律」（通称バリアフリー新法）の制定（2006〈平成18〉年）、障害者虐待の防止等を促進するための「障害者虐待の防止、障害者の養護者に対する支援等に関する法律」（障害者虐待防止法）の制定（2011〈平成23〉年）、難病患者に対する医療費助成の法定化等を行った「難病の患者に対する医療等に関する法律」の制定（2014〈平成26〉年）、ユニバーサル社会の実現に向けた施策の総合的・一体的推進を目的とした「ユニバーサル社会の実現に向けた諸施策の総合的かつ一体的な推進に関する法律」（ユニバーサル社会実現推進法）の制定（2018〈平成30〉年）、さらに成年被後見人等に係る様々な欠格条項を見直すための2019（令和元）年の法改正（令和元年法律第37号）などを挙げることができる。

　また、障害児教育に関しては、2006（平成18）年の学校教育法の改正による盲・聾・養護学校制度の特別支援学校制度への転換、同年の教育基本法の改正による障害者が障害の状態に応じて十分な教育が受けられるよう支援すべき国・地方公共団体の責務の明確化、2013（平成25）年の学校教育法施行令の改正による普通学校と特別支援学校の選択の考え方の変更、2018（平成30）年の学校教育法等の改正による障害のある児童生徒等の学習上の困難低減のためのデジタル教科書の使用の容認など一定の見直しが行われた。

2　日本の障害法の構造と現状

2-1　障害者の定義
(1)　制度ごとで異なる障害者の定義
　身体の一部がうまく機能しないことや精神的な疾患により、社会生活を送るうえで不都合が生ずることがある。これは、身体的または精神的な機能障害という個人の問題というだけではなく、その個人が生活する環境との関係で生じているといってよいだろう。しかし、このような生活上の不都合や不利益は程度の差はあれ、誰にでも生じている。障害法の領域で「障害者」という場合、不都合を受けている個人すべてをさすのではなく、障害者施策の対象を意味している。障害者関連法規が、それぞれの障害者の定義をおいている。以下では、わが国における主要な「障害者」の定義についてみていくこととしたい。

(2)　障害者の主要な定義
①　障害者基本法
　障害者基本法は、日本における障害政策の基本理念、基本方針、政策枠組についてさだめた法律である。この法律によると、「障害者」とは、「身体障害、知的障害、精神障害（発達障害を含む。）その他の心身の機能の障害（以下「障害」と総称する。）がある者であつて、障害及び社会的障壁により継続的に日常生活又は社会生活に相当な制限を受ける状態にあるもの（2条1号）」をいう。**社会的障壁**とは、「障害がある者にとつて日常生活又は社会生活を営む上で障壁となるような社会における事物、制度、慣行、観念その他一切のものをいう（2条2号）」とされている。「その他の心身の機能の障害」には障害者手帳の有無にかかわらず難病等もふくまれるとされる。同じ定義が障害者差別解消法においても採用されている（2条1号・2号）。
　社会的障壁により「相当な制限を受ける状態にある」者を障害者とする考え方は、**障害の社会モデル**的な発想に基づいているといえよう。政府は、社

会モデルを重視し、障害は個人の心身機能の障害と社会的障壁の相互作用によって創り出されるものであり、社会的障壁を取り除くのは社会の責務であるという姿勢をとっている（障害の社会モデルについて詳しくは、第1章1、第2章コラム2を参照のこと）。

- - - - - **コラム2-2　「社会モデル」的「障害者」の定義とその実情** - - - - -

　障害者基本法および障害者差別解消法における「障害者」の定義は、「障害の社会モデル」を踏まえたものであるといわれている（障害の社会モデルについて詳しくは第1章1を参照のこと）。その理由は、「社会的障壁」という用語から明らかなように外部的要因を考慮するところにある。この定義は、社会モデルに基づいているようにみえるが、実際には少し異なったものとなっている。第1に、これまでの経緯を踏まえると、上記の法律でいう「障害者」は、基本的に手帳基準（＋α）への該当性を意味し、医学的見地に基づくものと考えられる。第2に、社会的障壁を考慮する際の具体的なアセスメント基準が示されていない。一方、障害者総合支援法は、障害福祉サービスの領域で障害支援区分を設け、ケースマネジメントに基づきサービスを提供する仕組みとなっている。このような仕組みは、脱医学モデルの傾向を示し、障害者の意向や外的な要因から発生する問題をサービス量や内容に反映するものという評価が可能であるかもしれない。しかし、そもそも障害者手帳を有していないと介護サービスを申請できないことから、依然として医学モデルを基本としているといえよう。

　同じような状況は他国にもみられる。たとえば、タイでは国連障害者権利条約の批准に際して、2007年に障害者エンパワメント法を改正し、障害者を（機能）障害のために「日常生活または社会参加に一定の制約を有し、通常人と同様に日常生活または社会参加を可能にする支援を必要としている個人」とした。タイ政府の障害者エンパワメント局によれば、この定義は、社会モデルに基づくものであるという。しかし、この法律の適用対象は、日本の障害者手帳に類似する登録証（カード式）を有している個人となっている。また、「日常生活または社会参加に一定の制約を有」することを査定するアセスメント基準

も今のところ存在していない。日本の障害者差別解消法などと同じ状況であるといえよう。

　一方、社会モデル的な観点を法律の適用対象としての障害者の定義に導入しようとしている例がある。台湾では、かつて日本と同様に医学的見地に基づく基準による障害者手帳（手冊（カード式））を採用していたが、2012年から、WHOのICF（国際生活機能分類）を参考に、「活動の参加および社会生活の影響」を加味した判断基準を導入している。しかし、障害者か否かの判断は、行政主導で実施されており、障害者が受け身な立場であること、機能障害（損傷）を重視して、主観的なニーズが軽視される傾向にあること、障害者の背景、意思、社会的特殊性を考慮しえないことが指摘されており、未だ医学モデルから抜け出せていないといわれている。また、実際には、従来から障害者手帳を有してる個人については追加の資料や査定もなく、手帳が更新されている。外部的要因を考慮する認定基準を設定することの難しさ、査定への人的コストや時間の大きさなどがその背景にあると考えられる。

②　身体障害者

　身体障害者福祉法は、身体障害者を「別表に掲げる身体上の障害がある18歳以上の者であつて、都道府県知事から身体障害者手帳の交付を受けたものをいう（４条）」と規定している。別表に掲げられる障害には、①視覚障害、②聴覚障害、③平衡機能障害、④音声機能・言語機能・そしやく機能の障害、⑤肢体不自由、⑥心臓機能障害、⑦じん臓機能障害、⑧呼吸器機能障害、⑨ぼうこう・直腸の機能障害、⑩小腸機能障害、⑪ヒト免疫不全ウイルスによる免疫機能障害、⑫肝臓機能障害、がある。障害の等級は、その程度が最も重度なものを１級とし、数が大きくなるごとに軽度となる。６級までに**身体障害者手帳**が交付される（障害等級は７級まであるが、単独で７級相当の障害には手帳が交付されない）。そのうち１・２級を重度、３級・４級を中度、５・６級を軽度としている。

　身体障害者および精神保健福祉手帳は、都道府県、指定都市または中核市

が障害の認定をおこなうが、交付申請は福祉事務所または市役所で受け付けている。申請に際しては、記入書類、指定医師の診断書・意見書、写真、マイナンバーが必要となる。

③　知的障害者

知的障害者福祉法は、知的障害者の定義をおいていない。厚労省「知的障害児（者）基礎調査」によれば、知的障害とは、知的機能の障害（IQ70まで）が発達期（18歳まで）にあらわれ、日常生活に支障が生じているため、なんらかの特別の援助を必要とする状態にあるものをいう。知的障害者の定義がないことから、知的障害者福祉法は、手帳についても規定していない。ただし、法律による手帳の交付に代わって、厚生省の通知「療育手帳制度の実施について（1973〈昭和48〉年）」にもとづいて、都道府県知事と政令指定都市の長が手帳を発行している。

知的障害者の手帳は、都道府県・政令指定都市によって、その名称や障害程度の区分の方法にちがいがある。知的障害者の手帳の名称は、**療育手帳**が一般的であるが、交付をおこなう地方自治体によって愛の手帳、愛護手帳、みどりの手帳などと異なっている。また、障害の程度の区分の方法は、「A（重度）」、「B（重度以外）」としている自治体や1級から3級または4級としている自治体などさまざまである。重度の知的障害があるとされるのは、等級が「A」または、1級（最重度）または2級（重度）と判定された場合である。

④　精神障害者

精神保健福祉法は、精神障害者を、「統合失調症、精神作用物質による急性中毒又はその依存症、知的障害、精神病質その他の精神疾患を有する者をいう（5条）」と規定している。この定義には、知的障害も含まれているが、**精神障害者保健福祉手帳**は知的障害者には交付されない（45条）。厚生省保健医療局長通知（1995〈平成7年〉年）は、精神障害者保健福祉手帳の対象となる精神疾患と等級（1級〜3級）をさだめている。精神保健福祉法の障害等級に重度の設定はない。

⑤　**発達障害者**

　4障害を対象とした福祉関係法のうち最もあたらしく成立したのが、**発達障害者支援法**である。この法律で発達障害とは、「自閉症、アスペルガー症候群その他の広汎性発達障害、学習障害、注意欠陥多動性障害その他これに類する脳機能の障害であってその症状が通常低年齢において発現するものとして政令で定めるもの（2条1項）」をいう。また、発達障害者とは、「発達障害がある者であって発達障害及び社会的障壁により日常生活又は社会生活に制限を受けるものをいい、発達障害児とは、発達障害者のうち18歳未満のもの（2条2項）」をいう。発達障害者そのものを対象とする手帳はないが、発達障害者は、都道府県・政令指定都市によって、療育手帳等を取得できる場合がある。また、知的障害をともなわない発達障害のある者には、精神障害者保健福祉手帳を取得できる場合がある。

⑶　**障害者手帳・等級とその汎用**

　障害者手帳を保持していることによって、所得税の控除、住民税の所得控除、NHK受信料の減額、博物館などの公共施設の利用料の割引、公共交通機関の料金の割引などのサービスを受けることができる。また、障害者手帳の保持が、障害者に対する公的なサービスなどを受ける上で要件となっている。たとえば、特別支援学校や障害者職業能力開発校へ受験する場合、原則として手帳を有している必要がある。補装具・義肢の交付も身体障害者手帳の保持が要件となっている。障害者総合支援法の障害福祉サービスを受ける場合にも原則として障害者手帳を有していなければならない。このような制度設計から、日本で障害者という場合、障害者手帳または療育手帳を保持している個人とする見方が一般的となっている（障害者手帳について詳しくは、第9章1を参照のこと）。

　手帳の等級は、さまざまな制度に汎用されている。たとえば、身体障害者についてみれば、身体障害者福祉法の障害者の定義（身体障害者福祉法別表）と類似する規定が、障害者雇用促進法（障害者雇用促進法別表）にもみられる。また、身体障害者障害程度等級2級は、国年年金法施行令および厚生年

金法施行令による障害年金等級1級に、身体障害者程度等級3級は、障害年金等級2級と同じ内容となっている。

　障害者手帳の保持を障害者施策の対象の要件とし、それを汎用する制度設計（いわゆる、**手帳（中心）主義**）は、給付による施策を提供する上で一応合理性があるものといえる。その理由として、第1に、医学的見地により適用対象とされた個人が実際に障害者政策の支援やサービスを必要としている場合が多いこと、第2に医学的見地からの判断は、客観性が保たれており、不満が出づらいこと、第3に日本全国どこでも画一的な基準で判定されることから公平さを担保しやすいこと（ただし、精神、知的障害に関しては認定基準が地域によって異なることがあることが指摘されている）、第4に手続が比較的容易で、認定に時間がかからず、行政コストが少なくてもすむこと、などがあげられる。しかし、各施策の目的や内容はさまざまであるにもかかわらず、適用対象が類似しているという制度設計の下では、必要としている個人にサービスが適用されず、サービスがあまり必要でない個人に付加的にサービスが提供されるという状態を生み出す可能性がある。

⑷　障害者の定義の未来像

　障害者政策を有機的に機能させるには、政策構想全体の中で個別の施策を適切に位置づけ、それぞれの目的に合わせて障害者を定義づける必要がある。たとえば、労働力人口世代の障害者に対して、就労し、自立生活を実現するという目的の下で、それを実現するための就労移行・定着のための支援、就労移行期における所得保障、就労意欲を高めるためのインセンティブを高める支援などの各施策を有機的に組み合わせる制度設計が必要であると考えられよう。このような制度設計のもとで、支援を必要とする個人が、そのニーズに応じてサービスなどを適切に利用できるようにするために、また目標に向けてそれらを組み合わせ、順調にステップアップできるようにするために、それぞれの障害者の定義を考える必要がある。

2-2　障害者差別禁止と合理的配慮

　国連の障害者権利条約の批准に向けて、法整備が進められてきたが、その最も重大な課題が障害者差別禁止の法制化、特に合理的配慮の義務化であった。障害者基本法は2004（平成16）年の改正で差別禁止条項を加えたが、障害者権利条約の批准に向けて、2011（平成23）年の改正によってそれらの条項を拡充した。2013（平成25）年には、障害者差別解消法が制定され、また障害者雇用促進法に差別禁止条項が加えられた。

　障害者基本法は、国や地方公共団体等に対して、障害を理由として差別が存在しないように障害者施策をすすめることを求めている。一方、障害者差別解消法は、行政機関等および事業者が、その事務又は事業を行うに当たり、障害を理由として障害者でない者と不当な差別的取扱いをしてはならないとしている。**障害者雇用促進法**は、事業主に対し、採用前の場面である募集、採用における平等取扱い、及び採用後の場面である賃金、教育訓練、福利厚生などにおいて障害を理由とする不利益取扱いを禁止している。差別の禁止に加えて、これらの法律は、社会インフラ、社会制度、職場環境や労働条件などが障害者の社会参加を妨げる場合に、そのような社会的障壁を除去すること、いわゆる**合理的配慮**を提供することを義務づけている（わが国における障害者差別禁止法制について詳しくは第6章3を参照のこと）。

2-3　雇用をめぐる障害者施策

(1)　障害者に対する2つの就労施策

　障害者に対する就業について施策は、**一般就労移行支援**と**就労系障害福祉サービス**（「福祉的就労」）の領域に分けられる。一般就労移行支援とは、職務遂行能力を有すると考えられる障害者が一般労働市場で就労することを支援することをいう。一方、就労系障害福祉サービスは、一般労働市場での就労が困難な障害者に対して職業訓練や就労の場を提供することをいう。障害者自立支援法以前においては、授産施設（福祉工場、小規模（共同）作業所を含む）がその役割を担ってきた。

⑵　一般就労移行支援

　障害者に対する一般就労移行支援施策の中心は、**障害者雇用率制度**である。障害者雇用率制度とは、一般企業や国、地方公共団体に、法定で定める障害者雇用率（法定雇用率）に相当する人数以上の障害者の雇用を義務づける制度である。法定雇用率は、一般企業において2.3％（2021（令和3）年）となっている。また、実雇用率も2000（平成12）年の1.49％から2020（令和2）年に2.15％となり、順調に上昇している（障害者雇用率制度については第7章2を参照のこと）。実雇用率の伸長は、**特例子会社**の増加や大企業が企業の社会的責任（CSR）の観点から障害者雇用に積極的に取り組んでいることを要因としている。

⑶　就労系障害福祉サービス

　障害者総合支援法は、就労系障害福祉サービスとして、**就労移行支援事業、就労継続支援事業A型**および**就労継続支援事業B型**を設けて、障害者に対する多様な就労ニーズに対応するとともに、一般就労への移行を支援する体制を充実させた。就労継続支援事業B型は、一般就労が困難と判断された障害者に就労の場や生産活動の機会を提供している。一方、就労継続支援事業A型は、就労移行支援事業などによっても一般就労に結びつかなかった障害者に対し雇用契約に基づき就労の機会を提供するものである。**就労移行支援事業**は、在宅または一般企業での就労を希望する障害者に個別支援計画に基づいて支援をおこなう（就労系障害福祉サービスについては第7章7を参照のこと）。

　就労系障害福祉サービスと一般就労移行に対する支援は、従来分断されている印象があったが、現在では全体として一般就労に向かう政策へ転換している。

2-4　障害者の所得保障の現状

⑴　自立生活と工賃・賃金の低さ

障害を有しているとしても個人は自らの就労に対する報酬により生活する

ことが望ましい。障害者が一般企業やＡ型事業所で就労する場合、雇用契約が締結され、原則として最低賃金が保障される。しかし、Ａ型事業所で就労する場合でも、障害者の労働時間が20〜30時間であることが多いため、平均賃金月額は78,975円（2019（令和元）年）となっている。一方、Ｂ型事業所で就労する場合、最低賃金が保障されておらず（賃金に対し、Ｂ型事業所における就労の対価を**工賃**という）、2019（令和元）年の平均工賃の月額は、16,396円となっている。Ａ型・Ｂ型事業所での就労所得は、自立生活を可能にする金額とはいえず、家族に経済的に依存せざるをえない状況にある（障害者に対する賃金と工賃について詳しくは第7章3および9を参照のこと）。

(2)　障害者に対する所得保障制度：障害年金と生活保護

　就労による所得が高くない場合でも、社会保障制度などによる給付を受給しながら生活を送ることが可能である。障害者の所得を支援する主要な制度のひとつが**障害年金**である。20歳以前に比較的重い障害（障害年金等級1級または2級）を有するにいたった個人は、20歳になったときから障害基礎年金を受給できる。障害基礎年金2級の支給額は、月額にすると約65,000円である。また、一般企業などで雇用され、厚生年金の被保険者であったときに障害を有するようになった者は、障害厚生年金を受給できる。

　もうひとつが**生活保護**である。生活保護制度は、生活に困窮する個人に対し、その困窮の程度に応じて必要な保護をおこない、自立を助長することを目的とするものである。生活困窮状態にある障害者が、生活保護を受給して自立生活を送っている例は少なくない。しかし、生活保護は、世帯単位で支給決定がなされること、資産と能力の活用が条件とされることから、障害者であっても、受給が簡単に認められるわけではない。たとえば、障害のため就労が困難な場合や就労所得が多くない場合でも、家族に所得があるときには受給が認められない（障害者に対する所得保障については第9章2を参照のこと）。

2-5　障害福祉サービス支給方式

⑴　障害者に対する福祉サービス支給方法の変遷

　障害者が社会生活を送るためにはサービスを受けることが不可欠な場合がある。障害者が利用するサービスについて、2003（平成15）年以前は市町村が**措置制度**に基づき決定していた。2006（平成18）年に施行された障害者自立支援法は、自己決定に基づくサービス利用を実現しようとすると同時に、これまで障害種別ごとに異なっていたサービス体系の一元化、障害の状態を示す基準である「障害程度区分」の導入、支給決定におけるケースマネジメントの活用を図った。また、市町村の財源確保のために、国が費用の2分の1を負担する仕組みを導入した。

　2012（平成24）年には、**障害者総合支援法**が成立した。障害者総合支援法は、基本的に障害者自立支援法の内容を引き継ぐものとなっている（障害者総合支援法に基づくサービス給付のしくみについて詳しくは第9章1-3を参照のこと）。措置制度から支援費制度、障害者自立支援法、障害者総合支援法への流れは、障害者の個別のニーズに応じたかたちでサービスを受けられる体制へ対応を示すものとなっている。

⑵　障害者のニーズを反映したサービスへ

　障害者総合支援法では、市町村が**障害支援区分**認定に基づき、障害福祉サービス（自立支援給付）の支給決定をおこなう。その手続きは、手帳を保持する障害者が、市町村の窓口に申請をおこなうことにより始まる。それによって障害支援区分の認定の手続きが開始される。障害支援区分とは、障害者等の障害の多様な特性その他の心身の状態に応じて必要とされる標準的な支援の度合を総合的に示すものとして厚生労働省令で定める区分（1級から6級（6級が最も支援の必要性が高い））をいう。通常、障害支援区分認定がなされた後で、支給決定の手続きが開始される。支給決定の手続きでは、まず障害者が指定特定相談支援事業者（以下「相談支援業者」）との間で作成したサービス等利用計画案（またはセルフプラン）を市町村に提出する。市町村は、申請者の障害支援区分、サービス等利用計画案を前提に、市町村の支給

決定（審査）基準との適合性、さらに審査会の意見などを踏まえて、支給決定をおこなう。支給決定を受けた障害者は、決定された内容に基づいて、介護サービスなどを提供する事業者を選択し、契約する（実態としては、相談支援事業者がサービス等利用計画案の作成過程でホームヘルプサービスの事業者に対しサービス提供に関して内諾を受けている場合もある）。このようなケースマネジメントが導入されたことにより、障害者のニーズをより反映したかたちでのサービス支給が可能となっている（障害者福祉サービスの利用について詳しくは第9章1-4を参照のこと）。

　介護サービスなどに障害者の意向が反映されやすくなったとはいえ、障害者の自立生活のニーズが満たされたわけではない。このようなニーズの充足を求めて、重度障害者が公的支援の下で一人暮らしを実現するため24時間介護を求める訴訟が提起されている。

2-6　障害児の学校選択

　かつて障害児は原則として養護学校などに就学することとなっていた。このような政策の下で障害児が就学したい学校、学級で就学できない状況が発生していた。2000年代に入ってから、障害児教育施策は少しずつインクルーシブな方向に向かっている。2002（平成14）年の学校教育法施行令の改正によって、障害のある児童であっても普通学校で適切な教育を受けることができる「特別な事情」がある場合には、例外的に普通学校での就学を認める**認定就学者制度**が導入された。2013（平成25）年からは、障害児であっても普通学校での就学を原則としつつ、教育委員会が特別支援学校での就学をさせることが適当であることを認める場合に、特別支援学校での就学を認める**認定特別支援学校就学者制度**にあらためられている。また、2007（平成19）年から、教育委員会の就学指導委員会には専門家および親の意見聴取をおこなうことが義務づけられている。また、2012（平成24）年の中教審のワーキンググループ報告によれば、国や地方公共団体は**基礎的環境整備**を行い、学校は、その状況に応じて、合理的配慮を提供するとされている（障害児の就学先決定について詳しくは第8章2および3を参照のこと）。

我が国の障害児就学政策は、インクルーシブな方向に向かっていると評価できるとはいえ、学校選択に関しては、障害児やその保護者の意向と、就学環境を踏まえた適正な教育の提供を目指す教育委員会の決定との間でいまだに対立がある。

2-7　障害者と成年後見制度

(1)　障害者の民法上の権利能力と成年後見制度

障害者は、認知機能の問題から、事理弁識能力が低下していることがある。すべての自然人には権利能力が認められるが、事理弁識能力が低下した障害者に非障害者と同一の取扱いを求めると、障害者にとって不利益となることがある。たとえば、事理弁識能力が低下した障害者に非障害者と同じような契約締結能力があるとする場合、悪徳リフォーム業者などとの契約も正当なものとされてしまう場合がある。

事理弁識能力が低下している障害者を非障害者と同様に取り扱うことに問題があることは従来から認識されており、民法はかつて禁治産宣告制度を定めていた。禁治産宣告制度は、家庭裁判所が心神喪失の常況にある個人に禁治産宣告、心神耗弱の常況にある個人に準禁治産宣告をおこなう制度である。これにより、たとえば後見人は禁治産者のおこなった法律行為を取り消すことができ、また包括的な法定代理権が与えられた。この制度は、使い勝手が悪いこともり、介護保険制度の開始にあたってより実情にあった成年後見制度を運用する必要性が高まった。そこで、2000（平成12）年にあたらしい制度に改正されることとなった。あたらしい成年後見制度では、法定後見制度について従来の「禁治産」、「準禁治産」に変えて、**後見、保佐、補助**を設け、さらに**任意後見制度**を創設した（新しい成年後見制度について詳しくは第5章2を参照のこと）。

(2)　成年後見制度の問題点

成年後見制度は、さまざまなニーズに応えるために設計がなされている。結果としての利用件数は、禁治産宣告制度の下では少なかったのに対し、成

年後見制度が導入されてからは飛躍的に増えている。加えて、審理期間の短縮化、鑑定料の低下、第三者後見の増加など、法律の目的に合った結果をもたらしているといえる。しかし、成年後見制度は、いまだ過干渉のリスクがあること、任意後見制度に悪用される可能性の余地があることなどの問題を抱えている。

2-8　障害者と刑事司法

⑴　障害者と刑事手続

事物の是非、善悪を弁別し、かつそれに従って行動する責任能力が低下している障害者、特に知的障害者が刑事手続に置かれるとき、問題が発生することがある。一般に知的障害者は、記憶に問題があり、また自分の体験と他人の体験を区別して供述することも困難なことがある。また、誘導尋問に乗りやすいといわれている。結果として実際におこなった行為よりも、重い犯罪をしたものとされるなど、障害者が不利益を被る場合がある（障害者の犯罪と刑事手続については第10章3を参照のこと）。たとえば、障害者が見張り役や盗品を換金する役割を担っていることがあるが、その際非障害者の正犯を幇助（ほうじょ）しているだけであるにもかかわらず、障害者だけが窃盗罪で逮捕されることがある。このような特性は、障害者の犯罪について適正な捜査の大きな妨げとなっている。

⑵　障害を有する受刑者と施設内処遇、更生保護

近時、刑事施設において**処遇困難者**の増加が深刻な問題となっている。この処遇困難者には高齢者のほか、障害者も含まれている（障害者と刑事施設については第10章4を参照のこと）。このような現状に対し、プライベート・ファイナンス・イニシアティブ（PFI）刑務所においてバリアフリー化された刑事施設で障害者などに処遇をおこなう**特化ユニット**が設置されている。また、刑事施設から出所予定の障害者に、保護観察所と連携しながら福祉サービスを受けられるようにする地域生活定着支援事業などが実施されている。加えて、障害、高齢、病気などの受刑者のために刑事施設に**ソーシャル**

ワーカーを配置するなど福祉との連携に取り組んでいる。

　刑事施設においては薬物依存症やアルコール依存症だけでなく、知的障害、発達障害、精神障害を有する個人が少なくないといわれている。ソーシャルワーカーの配置を増やしていることはこのような状況に対応するうえでは効果的であるといえる。しかし、受刑者の個別の状況に応じて対応ができるほどの数の専門職が配置されているわけではない。また、障害を有する受刑者、出所者に対する支援が十分ではなく、出所後に働く場所も、行き場所もないまま、**累犯**に陥るという負のスパイラルを生み出している。

参 考 文 献

　障害者に係る個別の制度や政策の沿革を述べた文献は散見されるが、障害法という概念自体が未だ形成途上にあるため、同法に係る福祉・雇用・所得保障・教育・生活環境を始めとする幅広い領域の法制度の発展を網羅的にカバーした著作はあまり見当たらない。ここでは、河野正輝『障害法の基礎理論』（法律文化社、2020年）のほか、厚生省五十年史編集委員会編『厚生省五十年史』（（財）厚生問題研究会、1988年）と内閣府編『障害者白書』各年版を挙げておく。

（なかがわ・じゅん／にった・ひでき）

第3章　国連と障害法

川　島　聡

=== **本章のねらい** ===

　障害者は、第2次世界大戦の終結後も、優生思想、社会防衛思想、パターナリズムが強く残る中にあって、諸国の社会福祉・医療保健分野の法と政策において保護や恩恵や措置の客体として扱われてきた。新憲法を戦後獲得した日本も、その例外ではない。しかし、特に1980年代から、日本の障害政策は、保護の客体から人権の主体への障害者観の転換とともに、少しずつ変容していった。その背景のひとつに、国連障害政策の影響がある。

　国連障害政策は、その成立した当初は、国際人権法との関係が希薄であった。たとえば、国際人権章典（世界人権宣言と国際人権規約）において障害問題は著しく軽視されていた。しかし、国連障害政策は、1980年代に入る頃から、人権の国際化と障害者運動の国際化という2大潮流を背景に、国際人権法との結びつきを強めていくことになる。そして特に21世紀に入る頃から、国

連において「障害問題は人権問題である」、「障害者の権利は人権である」とい
う理解がより一層深まった。その結果、2006（平成18）年に国連総会で障害者
権利条約が採択されるまでになった。

　本章では、まず、国際障害政策の歴史的展開を、国際人権法との接点に着目
して概観する。次に、そのひとつの到達点である障害者権利条約の概要を描く
ことにする。これらの論述を通じて本章では、障害分野の国際人権法の中核を
占める障害者権利条約に対する理解を深め、この条約と日本との関係を考える
際の手がかりを読者に提供したい。

1　国連障害政策の史的展開

　1945（昭和20）年に国連が成立してから三四半世紀がたった。国連障害政
策は、その成立当初は国際人権法との接点が希薄であった。しかし、両者は
1970年代から少しずつ接点をもちはじめるようになる。

　以下においては、国際人権法との接点という観点から、国連障害政策の史
的展開を「萌芽期」（障害者権利宣言）、「進展期」（国際障害者年、世界行動計
画、機会均等規則）、「変革期」（障害者権利条約）に分けて説明する（後掲の**図
表**も参照）。

1-1　萌芽期（1945年〜1975年）

　第1回国連総会（1946〈昭和21〉年）で採択された決議58（I）は、身体障
害者のリハビリテーションに言及するものであった。これを皮切りに、それ
から20年程の間に国連で採択された障害関連決議のほとんどは、リハビリテ
ーションと関連していた。ひとことでいえば、1960年代までの国連障害政策
は、リハビリテーションを基軸に据えた社会開発分野の国際援助政策として
位置づけられる。

　このように国連でリハビリテーション分野の技術援助協力が重視されたの
は、次のような理由による。まず、第2次大戦後に戦傷者が急増した。ま

た、医療技術の進歩、交通事故の増加等を背景に、障害者の数が世界的規模で増加した。それらの結果、障害者の社会復帰を目的とするリハビリテーション施策が国際的な関心事項となった。特に、戦後急速に独立をなしとげた途上国にとって、近代的な医療技術の導入、リハビリテーション施設の設置、専門家の養成等は、緊要の課題であった。そこで国連は、各国政府の要請に応じるかたちで、リハビリテーション分野の国際援助協力を行ってきたのである。

　このような国連障害政策の法的基盤を最初に与えたのが、国連経済社会理事会が1950（昭和25）年に採択した「身体障害者の社会的リハビリテーション」と題する決議309E（XI）である。また、1952（昭和27）年に第8回社会委員会（後の社会開発委員会）は「身体障害者のリハビリテーションのための国際調整計画」を承認する決議を採択した。1965（昭和40）年には、国連経済社会理事会が「障害者のリハビリテーション」と題する決議1086K（XXXIX）を採択した。これらの決議は、初期の国連障害政策の主要分野がリハビリテーションにあることを端的に示している。

　国連障害政策の新たな展開は1970（昭和45）年前後からはじまる。まず、この時期に人権と社会開発への国際的関心が高まってきたことを受けて、1969（昭和44）年に国連総会で**社会進歩と開発に関する宣言**が採択された。この宣言は、障害者の福祉と権利の保護に言及し（11条(c)）、「障害者が障害を理由に差別されない社会的条件を創出する」と規定し（19条(d)）、これまでに国連総会で採択された宣言の中では初めて、障害者差別を撤廃する必要性を明確に認めた。

　1971（昭和46）年には**知的障害者権利宣言**（精神遅滞者権利宣言）が成立した。この宣言は、その名のとおり知的障害者の権利を定めたものであるが、いくつか難点がある。そのひとつが、「知的障害者の権利の一部又は全部を制限し又は否定することが必要になる場合」（7条）という文言である。

　この宣言に続いて1975（昭和50）年に**障害者権利宣言**が採択された。この宣言は国連史上初めて、すべての障害者を対象にその権利を謳うものであった。たしかに、この宣言も、上記の知的障害者権利宣言7条の規定を精神障

害者に援用する旨を定めたという意味では、課題を残している（4条）。しかし、この宣言が、あらゆる障害者を対象に権利を謳うことで、社会開発分野の国際協力を中心に形成されてきた国連障害政策に、真正面から国際人権法の視点を刻み込んだ歴史的意義は否定できない。

国連障害政策の「萌芽期」とは、それが国際人権法との接点をもたないという意味での長い冬に終わりを告げて、すべての障害者の権利に関する宣言を獲得する1975（昭和50）年までの時代をいう。これに続く「進展期」は、人権の国際化と障害者運動の国際化という2大潮流を背景に国連障害政策が国際人権法との接点をさらに進めていく時代である。

なお付言すれば、国連障害政策は、成立当初からリハビリテーションとともに障害予防にも実質的に大きな関心を寄せていた。ただし、障害予防は、1975（昭和50）年に「障害者のリハビリテーションと障害予防」と題する国連経済社会理事会決議1921（LVIII）が採択されるまでは、リハビリテーションとならぶ国連障害政策のひとつの独立した柱として国連の決議の上では明確に位置づけられなかった。

1-2　進展期（1976年〜2000年）

障害者権利宣言の採択後、国連障害政策において人権の視点はますます強まることになる。その端緒となったのが、**国際障害者年**（1981〈昭和56〉年）と題する一連の総会決議である。この題名の決議は、1976（昭和51）年から1981（昭和56）年まで毎年総会で採択された。計6回採択された決議には、いくつかの重要な変更点がある。

第1に、国際障害者年は、当初は英語で"International Year for Disabled Persons"と記され、障害者の「ための」（for）もので、障害者の主体性を考慮に入れていなかった。しかしその後、それは"International Year of Disabled Persons"に修正され、「ための」が「の」（of）となり、障害者の主体性を重視するものに変わった（**主体性**）。第2に、国際障害者年のテーマは、当初は「完全参加」だけであったが、「平等」という言葉が後に加わり、「完全参加と平等」となった（**平等参加**）。第3に、「障害を個人と環境との関係とし

て捉えるべきだ」という表現が後の決議に含まれた（**社会モデル**）。これらの
諸点は、「進展期」以後の国連障害政策において重視されることになる。

　国際障害者年のテーマである「完全参加と平等」を達成するための具体的
な長期計画として、1982（昭和57）年に**障害者に関する世界行動計画**（世界
行動計画）が採択された。これにより、障害予防、リハビリテーション、機
会均等化という国連障害政策の新たな3大領域が打ち出された。そして、世
界行動計画を実施するための時限的枠組として、**国連障害者の10年**（1983
〈昭和58〉年～1992〈平成4〉年）が設定された。この10年の期間について、
後になって国連事務総長は、意識はたしかに高まったが、実際の行動は伴っ
ていなかった、と報告している。そのため、この10年を「意識向上の10年」
ということがある。このことを踏まえて、1990年代以降の国連障害政策の主
要な課題になったのが「意識向上から行動へ」という標語である。

　国連障害者の10年の間には、障害者権利条約（障害者差別撤廃条約）の作
成が2回試みられた（1987〈昭和62〉年、1989〈平成元〉年）。しかし、その
試みは失敗に終わり、代わりに法的拘束力のない国際文書として、**障害者の
機会均等化に関する基準規則**（機会均等規則）が1993（平成5）年に採択され
た。この規則は、「意識向上から行動へ」という当時の課題に対して、法的
拘束力のない文書をもって応えようとする、当時の国際社会の姿勢を示すも
のである。要するに、「進展期」の国連障害政策は、障害予防・リハビリテー
ション・機会均等化のうち特に機会均等化を強調したことで、国際人権法
との接点を一段と強めた時期だといえる。

　国連障害者の10年の期間には、以上とは別の観点から、国連障害政策と国
際人権法との接点がみられた。すなわち、従来中心的な役割を果たしてきた
社会開発系の国連機関（社会開発委員会）のみならず、人権系の国連機関（国
連人権委員会、人権小委員会）も、障害問題に取り組むようになったのであ
る。たとえば、日本の精神医療と人権侵害の状況が、1980年代半ばに人権小
委員会において告発されたことは、よく知られている（**宇都宮病院事件**）。

　また、1980（昭和55）年に人権小委員会は、特別報告者にエリカ＝イレー
ネ・ダエスを指名した。その報告『精神病を理由に拘禁された者の保護に関

する原則、指針及び保障』は1986（昭和61）年に刊行された。1991（平成3）年には、国連総会で**精神病者保護と精神保健改善に関する原則**（精神保健原則）が採択された。さらに、人権小委員会が1984（昭和59）年に特別報告者に指名したレアンドロ・デスポイの報告『人権と障害者』は、1993（平成5）年に国連から刊行された。

　加えて、国連の専門機関の活動として、たとえば世界保健機関（WHO）の総会（2001〈平成13〉年）で国際生活機能分類（ICF）が採択されたり、スペイン政府とユネスコ共催の「特別なニーズ教育に関する世界会議」（1994〈平成6〉年）で「万人のための教育」を謳ったサラマンカ声明が採択されたりした。また、国際労働機関（ILO）は、1983年に**障害者の職業リハビリテーション及び雇用に関する条約**（第159号）と同勧告（第168号）を採択した。

1-3　変革期（2001年～2014年）

　新しい世紀に入ると、障害者運動のさらなる活性化もあり、国連障害政策と国際人権法との接点が飛躍的に増すことになる。その結果、従来にない重要な動向として、法的拘束力のある包括的な障害関係文書、すなわち障害者権利条約が成立した。この条約は、障害分野の国際人権法の中核文書として位置づけられ、国際人権法の対象を障害者にまで実質的に拡張しうる意義をもつ。

　障害者権利条約が作成された背景には2つの事情がある。第1に、それまでに国連で採択された障害関係文書は法的拘束力をもたなかった。先にみたように国連においては、1970年代以降、知的障害者権利宣言、障害者権利宣言、世界行動計画、精神保健原則、機会均等規則といった、障害者を直接対象とする文書が成立した。これらは、いずれも形式的に法的拘束力をもたず、障害分野の国際人権法としての実効性を欠いていた。

　第2の事情として、それまでに国連で採択されていた**7つの主要人権条約**（社会権規約、自由権規約、人種差別撤廃条約、拷問等禁止条約、女性差別撤廃条約、子どもの権利条約、移住労働者権利条約）は、障害者の存在をなおざりにしていた。たしかに子どもの権利条約には、障害と障害児に関する規定が盛

り込まれた（2条、23条）。また社会権規約委員会は、「障害のある人びと」
と題する一般的意見5号（1994〈平成6〉年）を採択した。しかし、そうい
った取組みは、障害者の人権保障全体からみれば、ごく小さな影響力しかも
たなかった。

　以上のように、障害関係文書と主要人権条約のどちらも、障害者の人権を
保障するための法的枠組としては不十分であった。言い換えれば、国連は障
害者の人権に関して一定の取組みをしたにもかかわらず、依然として障害者
は世界のいたるところで人権侵害を受けている、ということである。それゆ
え、8番目の主要人権条約として、障害者権利条約を作成する必要性が国際
社会で広く認められることになった。では実際に、どのような経緯で、この
条約は国連において作成されたのだろうか。

　障害者権利条約の作成の端緒となったのは、総会決議56/168（2001〈平成
13〉年）による**特別委員会**（アドホック委員会）の設置である。特別委員会の
下で本格的な条約交渉が開始されたのは、第3回会期（2004〈平成16〉年5
〜6月）からである。その交渉のたたき台とされた条約草案が、いわゆる**作
業部会草案**（前文と本文25カ条）である。これは、政府とNGO（障害者団体）
と国内人権機関の各代表（計40名）からなる作業部会によって2004（平成16）
年1月に作成された。作業部会草案をたたき台とした政府間交渉は、第6回
会期（2005〈平成17〉年8月）まで行われた。この会期の後、2005（平成17）
年10月に特別委員会議長ドン・マッケイは、この間の交渉の成果をとりまと
めた**議長草案**を公表した。

　議長草案をたたき台とした交渉が第7回会期（2006〈平成18〉年1〜2月）
で行われ、その成果として**修正議長草案**が採択された。そして、修正議長草
案を土台に第8回会期（同年8月）で条約交渉が引き続き行われた結果、条
約本体と選択議定書の文案について政府間の基本合意が得られた。その後に
微修正が加えられ、これらは第61回国連総会で採択された（同年12月）。い
ずれの文書も2007（平成19）年3月30日に署名に開放され、2008（平成20）
年5月3日に発効し、今日、締約国によって実施されている。「変革期」の
国連障害政策とは、2001（平成13）年に総会決議56/168が採択されたときか

ら、この条約が効力をもって実施されている今日までの期間をいう。

　この条約の交渉過程に関して特記すべきは、国連障害政策の中では最も大々的に障害当事者が積極的に参加し関与したことである。特別委員会は、たしかに国際約束を策定する政府間交渉の場である。しかし、「**われらを抜きに我らのことを決めてはならない**」（Nothing About Us Without Us）という障害当事者の主張は、条約交渉の大原則として基本的に承認され支持された。そして、障害者権利条約4条、33条、34条等に明記されているように、障害者（団体）の参加はこの条約の実施過程においても決定的に重要な意味をもつことになる。当事者参加は、この条約の正当性と実効性を担保するために、条約自体が内在させている制度的なしかけなのである。

2　障害者権利条約の概要

　本節では、障害者権利条約を権利条約と略記する。権利条約の概念は、広い意味と狭い意味に分けられる。本体と選択議定書を併せて権利条約と言うこともあれば（広い意味）、本体のみを権利条約と言うこともある（狭い意味）。

　権利条約の本体は、前文と本文50カ条からなる。この締約国が自由な選択で締結できる選択議定書は、前文と本文18カ条からなり、個人通報制度と調査制度を定める。

　以下においては、広い意味での権利条約（本体と選択議定書）を対象に据えて、①目的、②一般原則、③国家の義務、④国際的実施、⑤日本との関係、を述べる。

2-1　目　　　的

　権利条約1条は、「この条約は、すべての障害者によるすべての人権及び基本的自由の完全かつ平等な享有」の促進・保護・確保を目的とする、と定める。この規定が示唆するように、権利条約は、障害者が、世界人権宣言と国際人権規約に定める**既存の人権**を実質的にひとしく享受しうることをめざしており、**新しい人権**を創設するものではない。そのため、権利条約全体を

通じて、「平等な享有」「差別なしに」「他の者との平等を基礎として」等の文言が用いられている。このようにして権利条約は、保護の客体から人権の主体への障害者観の転換を徹底して図っている。

権利条約1条は、次のように障害者の概念も定めている。「障害者（persons with disabilities）には、長期的な身体的、精神的、知的又は感覚的な機能障害（impairments）であって、様々な障壁との相互作用により他の者との平等を基礎として社会に完全かつ効果的に参加することを妨げ得るものを有する者を含む」。この障害者の概念は社会モデルの形式的側面を採用している。というのも、本条は、障害者の平等な社会参加は機能障害と障壁との相互作用によって妨げられ得る、と定めているからである。さらに、権利条約の目的・一般原則などに鑑みれば、この障害者の概念は、社会的障壁の問題性を特に強調する社会モデルの実質的側面をも採用している、と解すべきであろう。障害者基本法（2011〈平成23〉年改正）に定める障害者の定義は、このような権利条約1条の障害者の概念に沿うように、社会モデルを採用している（第1章）。

なお、権利条約前文(e)は次のように障害の概念を定めている。締約国は、「障害（disability）が、機能障害を有する者とこれらの者に対する態度及び環境による障壁との間の相互作用であって、これらの者が他の者との平等を基礎として社会に完全かつ効果的に参加することを妨げるものによって生ずることを認め」る。この規定振りから分かるように、前文(e)に定める障害の概念も社会モデルを採用している、と言えよう。

2-2　一般原則

権利条約3条は一般原則を定める。一般原則は、権利条約の解釈・実施に際して常に参照されるべき基本的指針である。一般原則は、「権利条約が守るべき価値」であると同時に、「権利条約を支えるべき価値」でもある。一般原則のうち人権全般にとって特に重要なのは、(a)固有の尊厳、個人の自律（自ら選択する自由を含む。）及び個人の自立の尊重、(b)無差別、(c)社会への完全かつ効果的な参加及び包容、(d)差異の尊重並びに人間の多様性の一部及び

人類の一員としての障害者の受入れ、(e)機会の均等、(f)施設及びサービス等の利用の容易さ、である。

尊厳は、経済的・社会的に役に立つという理由ではなく、人間であるというだけで、だれもが無条件にもっている、かけがえのない価値を意味する。

自律と**自立**は重なり合う概念で、自己決定、自己選択の自由を意味する。権利条約3条(a)は、「個人の自律（自ら選択する自由を含む。）及び個人の自立」と定める。ここでいう「自ら選択する自由を含む」は、自律のみを修飾している。これに対して前文(n)は、「個人の自律及び自立（自ら選択する自由を含む。）」と定める。ここにいう「自ら選択する自由を含む」は、自律と自立の両方を修飾している。

無差別は、障害者が差別されないこと、障害差別が禁止されていることを意味する。障害差別には、いわゆる直接差別と間接差別のみならず、合理的配慮の否定（denial of reasonable accommodation）も含まれる。

社会参加（障害者が社会に参加すること）と**社会包容**（社会が障害者を包容すること）は、表裏一体の関係にある。しばしば社会包容は「ソーシャル・インクルージョン」や「社会包摂」と表記される。社会包容と似て非なる概念が、差異を配慮しないで障害者を社会に適合させることを意味する「同化的社会統合」である。

差異の尊重は、社会が障害による差異を否定せず、あるがままにその価値を認めることを意味し、社会が**人間の多様性**に配慮すべきであることを含意する。

施設及びサービス等の利用の容易さ（アクセシビリティ）とは、障害者が、公共の施設・サービスなどを容易に利用できる程度のことをいう。この程度を高めれば、それだけ障害者の社会参加が促され、機会均等化も底あげされ、ひいては尊厳と自律（自立）の尊重も後押しされうる。

2-3　国家の義務

権利条約は国家に対してさまざまな義務を課す。4条は、条約全体に適用される一般的義務を設ける。同条2は、経済的社会的文化的権利に関して

は、国は漸進的達成義務に服するが、即時適用義務に服する部分もある、と定める。同条3は、条約実施過程において、障害者団体を通じて障害者と緊密に協議し、障害者を積極的に関与させることを締約国に義務づける。ちなみに33条3も、市民社会（障害者・障害者団体）の条約監視過程への十分な関与・参加を締約国に義務づける。

5条は、法の前の平等、法の下の平等、法の平等な保護、法の平等な利益という4つの平等を定める。また本条は、**合理的配慮**を確保するための措置を講ずるよう締約国に義務を課す（**第6章**）。

6条は障害女性、7条は障害児に関する規定である。

8条は、意識の向上に関する規定である。本条は、障害者の権利と尊厳に対する尊重を育成するための即時的、効果的かつ適当な措置をとることを締約国に義務づける。

9条は、**施設及びサービス等の利用の容易さ**（アクセシビリティ）を定める。本条は、障害者の自立生活と社会参加の可能化を目的として、障害者による物理的環境、輸送機関、情報通信等の利用の機会を確保するための措置を講ずるよう締約国に義務を課す。

10条は、生命に対する権利を定める。本条は、障害者による生命に対する権利の効果的な享有を確保するための措置を講ずることを締約国に義務づける。

11条は、危険な状況に関する規定である。本条は、武力紛争、人道上の緊急事態、自然災害の発生など危険な状況において、障害者の保護と安全を確保するための措置を講ずるよう締約国に義務を課す。

12条は、法的人格と法的能力に関する規定である。本条は、締約国は障害者が**平等な法的能力**を享有することを認める、と定める。また本条は、障害者の法的能力の行使に必要な支援措置を講ずることを締約国に義務づける（**第5章**）。

13条は、司法手続の利用の機会を定める。本条は、障害者が司法手続を利用する効果的な機会を有することを確保するよう締約国に義務を課す。

14条は、身体の自由を定める。本条は、障害者が身体の自由と安全への権

利を享有することと、自由の剥奪が障害の存在によって正当化されないことを確保するよう締約国に義務を課す（**第10章**）。

15条は、障害者が拷問や非人道的処遇等を受けることがないよう締約国に義務を課す。

16条は、家庭の内外における搾取・暴力・虐待から障害者を保護する措置を講ずることを締約国に義務づける。

17条は、障害者は、**心身がそのままの状態で尊重される権利**（a right to respect for his or her physical and mental integrity）を有する、と定める。

18条は、障害者が移動の自由、居住の自由、国籍への権利を有する、と定める。また本条は、障害児が、氏名をもつ権利、国籍を取得する権利、親を知る権利、親に養育される権利を有する、と定める。

19条は、自立生活と地域社会への包容に関する規定である。本条は、障害者が平等の選択の機会をもって**地域社会で生活する権利**を享受し、地域社会に包容されることを容易にするための措置をとるよう締約国に義務を課す。

20条は、個人の移動に関する規定である。本条は、障害者自身ができる限り自立して移動することを容易にするための措置を講ずることを締約国に義務づける。

21条は、表現の自由を定める。本条は、障害者が自ら選択する意思疎通手段を用いて表現の自由についての権利を行使できることを確保するための措置を講ずるよう締約国に義務を課す。

22条は、プライバシーの尊重を定める。本条は、障害者がプライバシー等を不法に干渉されず、そのような干渉に対する法律の保護を受ける権利を有する、と定める。ちなみに31条は、条約実施に必要な情報を収集する過程において障害者のプライバシーを保護することを締約国に義務づける。

23条は、家庭と家族の尊重を定める。本条は、婚姻・家族・親子関係等に関する障害差別を撤廃するための措置を講ずることを締約国に義務づける。

24条は、教育権に関する規定である。本条は、**障害者を包容する教育制度**の確保を締約国に義務づける（**第9章**）。

25条は、締約国は障害者が到達可能な最高水準の健康を享受する権利を有

することを認める、と定める。本条は、障害者の保健サービスの利用機会を確保するための措置をとるよう締約国に義務を課す。

26条は、**ハビリテーション**と**リハビリテーション**に関する規定である。本条は、（リ）ハビリテーションに関する包括的なサービスとプログラムの強化等を締約国に義務づける。

27条は、労働権に関する規定である。本条は、あらゆる形態の雇用に関する障害差別を禁止するための措置や、**積極的差別是正措置**を通じて民間部門の障害者雇用を促進するための措置をとるよう締約国に義務を課す（**第8章**）。

28条は、締約国は障害者が相当な生活水準への権利と社会保障への権利を有することを認める、と定める。また、本条は、これらの権利の実現を保障するための措置を講ずることを締約国に義務づける（**第7章**）。

29条は、政治的権利に関する規定である。本条は、障害者の政治的権利の保障を締約国に義務づける。また本条は、締約国は障害者の政治的・公的活動への参加を確保することを約束する、と定める。

30条は、文化的生活に参加する権利を定める。本条は、障害者による文化的作品・文化的活動の享受の機会を確保するための措置を講ずることを締約国に義務づける。

31条は、統計と資料の収集を定める。本条は、権利条約を実効的なものとする政策の実施を可能にさせる情報の収集を締約国に義務づける。

32条は、国際協力に関する条文である。本条は、国際協力が障害者を包容し、障害者に利用しやすいものであることを確保するよう締約国に義務を課す。

33条は、権利条約の国内的実施を定める。同条1は、条約実施事項を取り扱う**中央連絡先**を政府内に指定することと、政府内における**調整のための仕組み**の設置・指定に十分な考慮を払うことを締約国に義務づける。さらに、同条2は、**条約実施の促進・保護・監視のための枠組み**（適当な場合には**独立した仕組み**を含む）の指定・設置等を締約国に義務づける。

日本では、33条1に関して、次の機関が指定されている。中央連絡先は、

外務省総合外交政策局人権人道課と内閣府政策統括官（共生社会政策担当）付参事官（障害者施策担当）の二つである。調整のための仕組みは、内閣府政策統括官（共生社会政策担当）付参事官（障害者施策担当）である。そして、33条2にいう条約実施の監視については、内閣府に設置された**障害者政策委員会**が、障害者基本計画の実施状況の監視を通じて行うことになる。

2-4　国際的実施

　権利条約は、締約国の条約履行の国際的な促進・保護・監視に関する制度として、報告制度・個人通報制度・調査制度を設けている。報告制度は条約本体に定められており、個人通報制度と調査制度は選択議定書に定められている。

　これらの3つの制度において主たる役割を果たすのが、**障害者権利委員会**（以下、委員会）である。委員会を構成する委員の数は、当初は12人であったが、その後、18人となった（34条2）。委員会は、第11回会期（2014〈平成26〉年3～4月）が終わった段階で、ジュネーブの国連事務所で毎年2回のペースで開催された（後掲の**図表**参照）。委員会の委員は、個人の資格で職務を遂行し、徳望が高く、この条約の対象分野に関して能力と経験を認められた者でなければならない（同条3）。委員の選出にあたっては、ジェンダー・バランスや、障害をもった専門家の参加なども考慮に入れられる（同条4）。

　報告制度は、条約本体に設けられている制度である。個々の締約国は、条約の実施状況に関する報告を委員会に提出する。委員会は、**質問事項**（list of issues）に対する回答等も踏まえて、締約国との**建設的対話**（constructive dialogue）を通じて報告を検討し、**総括所見**（concluding observation）を採択する。この過程の要所では、市民社会（障害者団体等）も重要な役割を果たす。委員会は、第5回会期（2011〈平成23〉年4月）に締約国の報告の検討を開始した。

　また、委員会は、締約国による条約の実施の促進等のために、**一般的意見**（general comments）を採択して、条約の特定の規定と概念を明確にする役

割を果たしている。

　個人通報制度の下で、権利条約の規定が侵害されたと主張する個人や集団は、委員会に通報することができる。また、個人や集団のために第三者も、委員会に通報することができる。これまでに委員会が条約違反の**見解**（views）を示した事件として、H.M.対スウェーデン事件（第7回会期）、Nyusti & Takács対ハンガリー事件（第9回会期）、Bujdosó & five others対ハンガリー事件（第10回会期）、X対アルゼンチン事件（第11回会期）、Liliane Gröninger対ドイツ事件（第11回会期）などがある。この見解は、一般的意見や総括所見と同様、法的拘束力をもつものではない。

　調査制度の下で、委員会は、締約国が条約上の権利について重大な侵害を行った場合や組織的（系統的）な侵害を行った場合に、そのような侵害を調査することができる。ただし、選択議定書の締約国は、調査制度に関する委員会の権限を認めない旨を宣言することができる。

2-5　条約と日本

　日本政府は、2007（平成19）年9月28日に権利条約に署名し、2014（平成26）年1月20日に批准した。国連条約集（UN Treaty Collection）によれば、日本が締結した20日時点で、条約本体の締結数は141、署名数は158、選択議定書の締結数は79、署名数は92であった。

　一般に、条約の締約国は、その条約を解釈する第1次的な権限を有する。また、締約国が、条約を国内でどのように実現するかは、基本的に、その国の国内法体制に大きく左右される。日本の場合、「日本国が締結した条約及び確立された国際法規は、これを誠実に遵守することを必要とする」と定める憲法98条2項等の下で、日本が批准し公布した条約は国内的効力を有し、法体系における条約の序列は、憲法よりも下位で、法律よりも上位にある、と解されている。

　従来、日本では、様々な条約の締結に当たって国内法令が改廃、制定されてきた。権利条約の批准時にも、必要な国内法整備の集中的な検討が行われた。その端緒となったのが、鳩山連立内閣の発足（2009〈平成21〉年9月16

日）後の閣議決定による、障がい者制度改革推進本部の設置である（同年12月8日）。この本部の下に、権利条約の批准に必要な国内法整備を集中的に検討する場として設置されたのが、**障がい者制度改革推進会議**である。さらに、この推進会議の下に**総合福祉部会と差別禁止部会**が設けられた。

　推進会議と両部会での議論を踏まえて、2011（平成23）年に障害者基本法が改正され、2012（平成24）年に障害者総合支援法が成立し、2013（平成25）年に障害者差別解消法が成立した。そのほか、障害者虐待防止法（2011〈平成23〉年）、障害者優先調達推進法（2012〈平成24〉年）、成年被後見人選挙権回復改正法（2013〈平成25〉年）、改正障害者雇用促進法（2013〈平成25〉年）、学校教育法施行令一部改正政令（2013〈平成25〉年）を含む大規模な国内法整備が行われた。このような国内法整備をひとしきり終えた後、日本政府は権利条約を批准した。そして、批准日の2014（平成26）年1月20日から30日目の同年2月19日に、権利条約は日本について効力を生じた（45条2）。

　以上のような立法措置に加えて、例えば、権利条約の規定は日本の裁判所で適用されることとなろう。条約の適用方法には直接適用と間接適用があると言われており、これらの方法を用いた裁判例が従来みられる（徳島地判平8・3・15判時1597号115頁等）。直接適用とは、条約を直接適用して国家の行為と条約との整合性を判断する方法である。間接適用とは、国内法の解釈基準として条約を用いて、国内法を条約の趣旨に適合するように解釈する方法である。私人間における条約の間接適用の例として、札幌地判平14・11・11判時1806号84頁がある（**第4章**のコラムを参照）。

　なお、日本政府は、権利条約の選択議定書に署名をしていない（2014〈平成26〉年4月時点）。従来、日本政府は、司法権の独立などを理由に、他の条約についても個人通報制度を認めない立場をとっている（たとえば、女性差別撤廃条約選択議定書、自由権規約第1選択議定書）。こうした日本政府の立場が変わらない限り、日本が権利条約の選択議定書を締結することはないだろう。

図表：国連障害政策の史的展開

年　　月　　日	内　　容
1950年7月13日	身体障害者の社会的リハビリテーション決議（国連経済社会理事会）
1965年7月30日	障害者のリハビリテーション決議（国連経済社会理事会）
1971年12月20日	知的障害者権利宣言（第26回国連総会）
1975年12月9日	障害者権利宣言（第30回国連総会）
1976年12月16日	国際障害者年決議（第31回国連総会）
1977年12月16日	国際障害者年決議（第32回国連総会）
1978年12月20日	国際障害者年決議（第33回国連総会）
1979年12月17日	国際障害者年決議（第34回国連総会）
1980年12月11日	国際障害者年決議（第35回国連総会）
1981年12月8日	国際障害者年決議（第36回国連総会）
1982年12月3日	障害者に関する世界行動計画（第37回国連総会）
1982年12月3日	国連障害者の十年（1983～1992年）の宣言
1991年12月17日	精神病者保護と精神保健改善に関する原則
1993年12月20日	障害者の機会均等化に関する基準規則（第48回国連総会）
2001年12月19日	障害者権利条約特別委員会設置決議（第56回国連総会）
2002年7月29日～8月9日	障害者権利条約特別委員会第1回会期
2003年6月16～27日	障害者権利条約特別委員会第2回会期
2004年1月5～16日	障害者権利条約作業部会
2004年5月24日～6月4日	障害者権利条約特別委員会第3回会期
2004年8月23日～9月3日	障害者権利条約特別委員会第4回会期
2005年1月24日～2月4日	障害者権利条約特別委員会第5回会期
2005年8月1～12日	障害者権利条約特別委員会第6回会期
2006年1月16日～2月3日	障害者権利条約特別委員会第7回会期
2006年8月14～25日	障害者権利条約特別委員会第8回会期
2006年12月5日	障害者権利条約特別委員会第8回再開会期
2006年12月13日	障害者権利条約採択（第61回国連総会）
2007年3月30日	障害者権利条約を署名のために開放
2007年9月28日	日本の障害者権利条約署名
2008年5月3日	障害者権利条約の効力発生
2008年10月31日～11月3日	第1回障害者権利条約締約国会議
2009年9月2～4日	第2回障害者権利条約締約国会議
2009年2月23～27日	障害者権利委員会第1回会期
2009年10月19～23日	障害者権利委員会第2回会期
2010年2月22～26日	障害者権利委員会第3回会期
2010年9月1～3日	第3回障害者権利条約締約国会議
2010年10月4～8日	障害者権利委員会第4回会期
2011年4月11～15日	障害者権利委員会第5回会期
2011年9月7～9日	第4回障害者権利条約締約国会議
2011年9月19～23日	障害者権利委員会第6回会期
2012年4月16～20日	障害者権利委員会第7回会期
2012年9月12～14日	第5回障害者権利条約締約国会議
2012年9月17～28日	障害者権利委員会第8回会期
2013年4月15～19日	障害者権利委員会第9回会期
2013年7月17～19日	第6回障害者権利条約締約国会議
2013年9月2～13日	障害者権利委員会第10回会期
2013年12月4日	日本において障害者権利条約締結の国会承認
2014年1月20日	日本の障害者権利条約批准
2014年2月19日	日本について障害者権利条約発効

出典：国連HPと日本国外務省HPを参照して筆者作成

コラム3-1　条約の正文と公定訳文

　障害者権利条約の解釈時に依拠されるのは、アラビア語、中国語、英語、フランス語、ロシア語、スペイン語で書かれた**条約正文（オーセンティック・テキスト）**である（50条）。日本語は条約正文ではない。だが、日本の実務では、日本政府の作成した条約の翻訳（公定訳文）が、実際には大きな役割・意味をもっている。

　日本政府は、条約の翻訳を3回提示している。まず、最初の翻訳（2007年訳）は、政府が2007（平成19）年9月28日に条約に署名したときに、外務省のホームページで、仮訳文として公表された。

　次に、2007年訳を大幅に修正した翻訳（2009年訳）が、条約締結の国会承認に関する閣議決定に向けて、2009（平成21）年3月に国会議員に示された。このとき閣議決定は結局行われず、2009年訳が外務省のホームページに掲載されることもなかった。

　最後に、2009年訳に11カ所の修正を加えた翻訳（2013年訳）が、2013（平成25）年10月15日の閣議決定、同年12月4日の国会での条約締結承認を経た後、12月25日に外務省のホームページで公表された。そして、翌年1月20日に条約が批准されたが、それからすぐの1月22日付官報に掲載されたのも、2013年訳である。この2013年訳が、障害者権利条約の公定訳文である。

　このような公定訳文のほかに、障害者権利条約には民間訳も存在する。たとえば、川島聡＝長瀬修仮訳（2008〈平成20〉年5月30日付）がそれである。この民間訳も公定訳文もインターネットで閲覧することができる。

　なお、英語正文の条約名である"Convention on the Rights of Persons with Disabilities"は、公定訳文では「障害者の権利に関する条約」（略称：障害者権利条約）、川島＝長瀬仮訳では「障害のある人の権利に関する条約」とそれぞれ訳されている。

━━━━━━━ コラム3-2 新しい言葉と概念 ━━━━━━━

　障害者権利条約には、従来日本では馴染みのなかった新しい言葉、概念、定義が含まれている。たとえば、本文で見たように、権利条約に定める「障害（者）の概念」や「差別の定義」（合理的配慮の否定を含む）は、日本の国内法において従来理解されていたものとは異なる。ここでは、日本にとって新しい言葉や概念の例をもう少しみてみよう。

　まず、公定訳文では、9条の"Accessibility"は、「施設及びサービス等の利用の容易さ」と訳されている。ここでの「施設」は、いわゆる「障害者福祉施設」を意味せず、輸送機関、学校、住居、職場など公衆に開放・提供される屋内外の施設（facilities）を意味する。

　12条の"legal capacity"は、公定訳文で「法的能力」と訳されている。日本政府によると、12条2の「法的能力」は「権利能力」を意味し、12条3等の「法的能力の行使」は「行為能力」を意味する。

　24条には、"general education system"と"inclusive education system"という言葉がある。公定訳文では、それぞれ「一般的な教育制度」と「障害者を包容する……教育制度」と訳されている。日本政府によると、「一般的な教育制度」とは、各国の教育行政により提供される公教育を意味し、日本では文部科学省の管轄の下での制度を意味する。また、「障害者を包容する教育制度」とは、障害のある者とない者とができる限り一緒に教育を受けられるよう配慮することを意味する（平成25年12月3日外務大臣答弁）。

　19条の"particular living arrangement"は、公定訳文で「特定の生活施設」と訳されている。「特定の生活施設」という言葉は、「障害者福祉施設」のみを意味しているかのような印象を与えるが、そうではない。日本政府によると、「特定の生活施設」は、障害者が生活を送る可能性のある場所一般を意味する（平成25年12月3日外務大臣答弁）。

　9条と20条に含まれた"forms of live assistance"は、公定訳文で「人又は動物による支援」と訳されている。このような訳が採用された理由は、英語正文だけではなく、仏語正文の"des formes d'aide humaine ou animaliere"を見ると分かるだろう。

参 考 文 献

　国連障害政策が、社会開発分野の国際援助政策として生成し、次第に国際人権法との接点を強めていくという発展史を詳しく検討したものとして、川島聡「障害者の国際人権保障の歴史的展開(1) ～（5・完）」『手話コミュニケーション研究』41、43、45、49、51号（2001年～2004年）がある。国連障害政策に関する資料集としては、少し前のものであるが、中野善達編『国際連合と障害者問題：重要関連決議・文書集』（エンパワメント研究所、1997年）がある。

　障害者権利条約に関しては、さまざまな文献があるが、主要論点をおさえた書籍として、例えば長瀬修・東俊裕・川島聡編著『増補改訂：障害者の権利条約と日本－概要と展望』（生活書院、2012年）、松井亮輔・川島聡編『概説　障害者権利条約』（法律文化社、2010年）、長瀬修・川島聡編著『障害者の権利条約－批准後の日本の課題』（信山社、2018年）がある。

　国際人権法の理解を深めるためには、たとえば、薬師寺公夫・小畑郁・村上正直・坂元茂樹『法科大学院ケースブック国際人権法』（日本評論社、2006年）、阿部浩己・今井直・藤本俊明『テキストブック国際人権法（第3版）』（日本評論社、2009年）、申惠丰『国際人権法－国際基準のダイナミズムと国内法との協調（第2版）』（信山社、2016年）、川島聡・菅原絵美・山崎公士『国際人権法の考え方』（法律文化社、2021年）のほか、国際人権法学会15周年記念論文集『講座国際人権法（全4巻）』（信山社）などが有益であろう。

（かわしま・さとし）

第4章　障害と憲法

尾　形　　健

=== 本章のねらい ===

　第1～3章でみたように、障害者法制をめぐる動きは、国内外において急速かつ大きな変貌を遂げつつある。本章では、そうした動きをふまえつつ、わが国憲法体制において、障害者をめぐる権利保障等についてどのような問題が議論され、あるいは法的紛争として争われたかについて、障害者立法の各規定にも言及しながら、概観する。まず総論的に、憲法論における障害者の位置付け

について、これまで議論された点などをふまえつつ検討する。次に、各論的に、障害者の権利保障をめぐる憲法問題について、憲法の規定との関係で問題となった裁判例等を中心に概観する。

　日本憲法学にとって、障害者の権利保障をめぐる憲法問題は、近年では精力的な研究の蓄積がみられるものの（本章「参考文献」参照）、いまだ発展途上の領域といってよいであろう。このため、本章の検討は、個別の障害者法制を扱う他章に比べ、これら諸問題を解決する指針を提供するというより、むしろ問題の所在を示すにとどまる部分が多くなる。しかし、これらに接することを通じて、わが国法体系における「最高法規」（憲法98条 1 項）である憲法と、個別の実定法との交錯ないし相互間の動態を感じとってほしい。

1　憲法と障害者

1-1　現代法における人間観と障害者

(1)　法思想における人間観の変容

　民法や刑事法などの法分野は、近代法理念を基礎としているが（**第 5 章・第10章**参照）、これらにおいて、障害者の問題に焦点が当てられるようになった契機の一つに、法理念の変容、とくに人間像の転換を挙げることができる。近代にあっては、個人を共同体から解放し、法体制における人間は、利己的・知性的・活動的で、自由かつ平等な存在として考えられた。しかし、現実との関係で、こうした想定を維持することが困難となり、現代法にあっては、より生活に密着した人間のありようが措定されることになる。つまり、権利主体の知的・経済的・社会的関係をも考慮した、「孤立した個体ではなく、社会の中なる人間、すなわち、集合人（Kollektivmensch）」が位置づけられる。そして、人間像が社会的現実へと接近してゆくにつれ、労働法などの社会法が発展してゆくことになる（ラートブルフ）。

　近代憲法の理念的基礎であった社会契約説は、自由・対等でかつ独立した存在としての人間が、社会の平穏や相互利益のために社会契約を締結するこ

とを基本的な論理としていた。ここで想定される契約当事者は、判断能力や
経済活動に従事する能力等において対等である人間（男性）であって、そこ
では、現実の人間——女性・高齢者、そして障害者——が当事者として排除
されている。しかし、こうした想定では、現実の人間の必要性等は副次的に
のみ考慮されるにとどまるおそれがあり、これらの人々の利益が適切に位置
づけられないという問題も生じうる（ヌスバウム）。憲法論にとっての障害者
の位置付けについても、こうした大きな歴史的展開と深く関わっていると
ころがある。

　最近では、障害学や諸外国の障害差別禁止法理などを参照し、社会構造を
意識した現代法における障害者像の把握も試みられている。たとえば、「偏
頗的な社会構造」における障害者の法的不利益について「合理的配慮」の観
点を憲法論として織り込むことで救済等を図ろうとする立場（杉山有沙）や、
機能障害と社会的障壁との相互作用により「社会参加を妨げられ、構造的に
生活上の不利益を受ける、規範的標準から除外された社会的地位としての障
害（者）」（「従属的劣位（subordination）としての障害（者）」）という捉え方
（河野正輝）などがある。

(2)　現代憲法における障害者

　こうして、現実の人間のありように配慮した憲法のあり方が模索される
が、障害者との関係でいえば、各国の憲法典には、障害者の権利を明示的に
保障しようとするものがある。例えば、フランス第五共和制憲法（1958年憲
法）前文は、第四共和制憲法（1946年憲法）前文に言及するが、そこでは、
「年齢、肉体的又は精神的状態、及び経済状況のために労働することができ
なくなったすべての者」に対する、適切な生活扶助を公から受ける権利を宣
言している（1946年憲法前文第11段）。カナダの憲法（1982年憲法法律）は、身
体的障害を理由とする差別を禁止しつつ、精神的・身体的障害等によって不
利な状況にある者・集団について、その状況を改善することを目的とする法
制度等を認めている（15条）。同法はさらに、訴訟手続における通訳の補佐
を受ける権利を保障しているが、そこには、聴力障害者である当事者や証人

も含まれている（14条）。ドイツ連邦共和国基本法は、平等原則について、障害を理由とする不利な取扱いを禁止する定めをおいている（3条3項）。イタリア共和国憲法は、事故・病気・障害等の場合に生活上必要な手段が与えられる権利や、身体障害者等の教育・職業訓練を受ける権利を定めている（38条2項・3項）。大韓民国憲法も、身体障害者等に対する国家の保護を定める（34条5項）。

　一方、憲法典では障害者の権利保障を定めないものの、立法府による制定法によってその保障を確保しようとする場合もある。アメリカ合衆国憲法は、法の平等な保護を定めているが（修正14条1節等）、それは、元々は人種差別（奴隷制）を念頭においたものであり、障害者に対する平等保障は必ずしもその視野に入っているわけではなかった。しかし、1990（平成2）年に、立法府（連邦議会）は、憲法上の平等保護を実施する権限等に依拠し、「障害をもつアメリカ人法」（Americans with Disabilities Act: ADA）を制定した。同法は、雇用関係における差別禁止や使用者に対する合理的配慮義務の要請、あるいは公的サービス等に関する差別禁止など、障害者の法的保障を広範にカバーしている。

1-2　憲法における障害者

　憲法は、生存権や労働者の権利（25・27・28条）を規定しており、大きな歴史的展開の文脈でいえば、近代法の措定した人間像にとどまらず、現実の人間のありように配慮した憲法典といえるが、障害者の権利については明示的な文言をおいていない。しかし、すべて国民は個人として尊重され（13条前段）、かつ、法の下に平等であることを宣言し（14条1項）、国民の生活への権利を保障し、国として生活保障の施策を推進すべきことを定めていること（25条）からすると、障害者の権利を保障することも、その射程においているといってよいであろう。そして、**障害者基本法**や**障害者差別解消法**、そして障害者雇用促進法等、国会が制定する障害者施策の基礎をなす法律を通じ、障害者の権利保障に特化した観点から、憲法上の平等保障や社会権的保障をさらに推進しようとする構図が読みとれる。つまり、現在の憲法下にあ

っては、障害者の権利保障は、アメリカ的な行き方を進んでいる、ということができる（なお**第2章1**参照）。

　なお、近代憲法は、基本的に、その名宛人として国家（地方公共団体等も含む）を想定しており、憲法も、一部の規定を除き（例えば憲法18条〔奴隷的拘束からの自由〕・28条〔労働基本権〕等）、基本的には公権力を規律するものと解されている（最大判昭48・12・12民集27巻11号1536頁〔三菱樹脂事件〕、最三判昭49・7・19民集28巻5号790頁〔昭和女子大学事件〕など）。このため、私人間における契約については、直接憲法上の権利保障は及ばず、仮に障害による差別が問題となったとしても、立法措置による是正か、または私法上の一般原則（民法1条・2条・90条等）の解釈を通じた基本的自由・平等の保護が図られる（前掲・三菱樹脂事件）。したがって、国会が、私人間の法律関係について、障害を理由とする差別を禁止する立法措置を講ずることは、憲法上の要請では尽くせない領域を立法によって補充するという点で、大きな意義をもつ（事業者による障害者差別禁止の義務を定める障害者差別解消法8条1項参照。また、後記「**コラム4**」も参照）。

　この点に関連して、身体障害を有する被用者が、業務シフトにおいて従前受けてきた配慮がなされないこととなったため、従前の配慮がなされた内容以外で勤務する義務のない地位にあることの確認を求めた事案にかかる裁判例がある（神戸地尼崎支決平24・4・9労判1054号38頁〔**阪神バス事件**〕）。裁判所は、被用者の申立てを認容したが、その際、厚生労働省策定の障害者雇用対策基本方針などをふまえつつ、「障害者に対し、必要な勤務配慮を合理的理由なく行わないことは、法の下の平等（憲法14条）の趣旨に反するものとして公序良俗（民法90条）ないし信義則（同法1条2項）に反する場合があり得ると解される」、と述べた。そして、公序良俗・信義則違反となるか否かにつき、①勤務配慮を行う必要性・相当性と、②これを行うことによる事業主に対する負担の程度とを総合的に考慮して判断している（なお**第7章**参照）。

2　障害者の権利保障と憲法

　このように、憲法典との関係でいえば、憲法は障害者に格別配慮した規定をおいておらず、直接には個別の障害者施策立法をめぐる問題が大きなウエイトを占めることになる。しかし、様々な憲法上の権利保障について、障害者をめぐる問題に焦点が当てられた事例は多く存在している。以下では、これまでの議論をふまえつつ、各論的に検討しよう。

2-1　憲法上の平等原則と障害者

⑴　憲法上の平等原則

　憲法14条 1 項は、「**法の下の平等**」について定める。最高裁判例によれば、この規定は、「……国民に対し法の下の平等を保障した規定であつて、同項後段列挙の事項は例示的なものであること、およびこの平等の要請は、事柄の性質に即応した合理的な根拠に基づくものでないかぎり、差別的な取扱いをすることを禁止する趣旨と解すべきこと」、とされている（最大判昭48・4・4 刑集27巻 3 号265頁〔尊属殺重罰規定違憲判決〕、最大判昭39・5・27民集18巻 4 号676頁〔待命処分合憲判決〕、最大判平20・6・4 民集62巻 6 号1367頁〔国籍法違憲訴訟〕、最大決平25・9・4 民集67巻 6 号1320頁〔非嫡出子相続分規定違憲訴訟〕、最大判平27・12・16民集69巻 8 号2427頁〔再婚禁止期間違憲訴訟〕など）。最高裁判例は、このように、憲法14条 1 項の後段列挙事由（人種・信条・性別・社会的身分・門地）について、特別の意義を見出さず、あくまで例示列挙と解しているが、これらの事由による区別は、より厳格に検討されなければならない、と説く立場も有力である（最大判昭58・4・27民集37巻 3 号345頁、358頁〔参議院議員選挙議員定数不均衡訴訟の伊藤正己裁判官補足意見〕）。

⑵　障害に基づく区別

　「障害」を事由とする区別は、憲法上どのように評価されるべきだろうか。憲法学説は、この点について意識的に論じてきたとはいいがたいが、「障害」

を事由とする区別について、裁判所がより厳格な司法審査をなすべきことを説く見解がある。例えば、障害者は偏見を持たれ様々な差別にさらされ、場合によっては過酷な権利侵害を受けてきた歴史があること、多くの障害は本人の意思によるものでなく障害の除去が容易でないことも少なくないことなども根拠にしつつ、「憲法解釈論としても、やはり、知的障害者、および他の種類の障害を有する人々は、公権力による差別に対して少なくとも中間審査基準により裁判所の保護を求めることができると考えるべきではあるまいか」、とする見解がある（髙井裕之）。また、「障害による区分は、『疑わしき区分』——憲法14条1項にいう『社会的身分』による差別——であって、原則として『不合理な差別』と解されなければならないのであって、障害を理由として別異取扱いをする法律・命令の合憲性は、厳格度の高い審査基準によって判断されなければならないこととなる」、とする立場がある（植木淳）。

(3) 合理的配慮と憲法上の平等原則

学説ではさらに、障害者に対する「**合理的配慮**」も、憲法上の平等保障の要請に読み込むものがある。「合理的配慮」とは、特定の場合において相手方に均衡を失するか過度の負担を課さない範囲で、「障害のない人と等しく機会の均等を確保するための必要かつ適当な変更及び調整」をいう（障がい者制度改革推進会議『障害者制度改革の推進のための第二次意見』〈2010（平成22）年12月17日〉。障害者権利条約2条も参照）。この点について、憲法14条1項から、次のような「障害差別禁止法理」を導出する見解がある。つまり、①障害を理由とした不利益取扱いは、他者の生命・安全に対する「直接の危険」を回避するなどの必要不可欠な目的によるものでない限りは「差別」であるとみなされる（「異なる取扱型差別」または「直接差別」の禁止）。②障害者に対して不利益な効果をもたらすような基準・方針等を採用することも「差別」となりうる（「間接差別」等の禁止）。そして、③それが当該社会活動に対する「不当な負担」等となる場合を除き、障害者の完全で平等な参加を保障するための「合理的配慮」・「合理的変更」を提供しないことは「差別」であるとみなされる（「合理的配慮」の提供義務）（植木淳）。また、憲法14条

１項において重要なのは機会の平等の保障であり、機会の平等を現実化するための「合理的配慮」が憲法上求められる、とする考え方もある（青柳幸一）。合理的配慮についてはさらに、イギリスにおける合理的配慮法理を参照しつつ、わが国憲法学で論じられる間接差別と、差別救済方法に関する合憲拡張解釈（前掲・国籍法違憲訴訟の藤田宙靖裁判官意見）によって構成しようとする立場もある（杉山有沙）。

　(1)でみた最高裁判例理論からすれば、「障害」による区別について、直ちに裁判所は厳格な審査を行うべきだ、ということにはならないかもしれない。しかし、それを前提にしたとしても、障害者のおかれた状況や区別の態様によっては、少なくとも、裁判所による「慎重〔な〕検討」（前掲・国籍法違憲訴訟）は求められなければならないであろう。また、仮に憲法14条 1 項解釈においてこの点で限界があるとしても、障害者基本法や障害者差別解消法がわが国障害者法制の基本を定めるものであるという点を重視するならば、そこで示された障害者差別禁止や「必要かつ合理的な配慮」の要請（障害者基本法 4 条 1 項・ 2 項、障害者差別解消法 3 条・ 5 条・ 7 条等）等を手がかりに、より厳格度の高い司法審査や合理的配慮の要請を踏まえた審査を行うことも必要であろう（以上につき、**第 6 章**も参照）。

⑷　障害者の教育を受ける権利と平等原則

　憲法は、国民が、「法律の定めるところにより、その能力に応じて、等しく**教育を受ける権利**を有する」と定める（26条 1 項）。この規定の背後には、「国民各自が、一個の人間として、また、一市民として、成長、発達し、自己の人格を完成、実現するために必要な学習をする固有の権利を有すること」、という観念が存在する（最大判昭51・ 5 ・21刑集30巻 5 号615頁〔旭川学力テスト事件〕）。ここに示される教育の機会均等は、子どもの心身の発達機能に応じた教育の保障を意味する、と解する見解が有力となっている。この点で、障害者（児）の教育を受ける権利は、憲法上も論点となる（詳細は**第 8 章**参照）。

　市立尼崎高校事件（神戸地判平 4 ・ 3 ・13行集43巻 3 号309頁、判時1414号26

頁）では、進行性の筋ジストロフィー症に罹患していた者が普通高等学校における教育を受けることを希望して市立高等学校に入学願書を提出し学力検査を受けたことに対し、同校長が、その身体的状況が高等学校の全課程を無事に履修する見通しがないなどとして入学不許可処分をしたことの違法性が争われた。裁判所は、憲法26条や教育基本法の規定（当時）等に言及し、かつ、上記旭川学力テスト判決の趣旨をふまえつつ、次のように述べ、入学拒否処分を違法と判断した。「……たとえ施設、設備の面で、原告にとって養護学校が望ましかったとしても、少なくとも、普通高等学校に入学できる学力を有し、かつ、普通高等学校において教育を受けることを望んでいる原告について、普通高等学校への入学の途が閉ざされることは許されるものではない。健常者で能力を有するものがその能力の発達を求めて高等普通教育を受けることが教育を受ける権利から導き出されるのと同様に、障害者がその能力の全面的発達を追求することもまた教育の機会均等を定めている憲法その他の法令によって認められる当然の権利であるからである」。

2-2　移動の自由の保障と障害者

　憲法は、**居住・移転の自由**を保障する（憲法22条1項）。**移動の自由**（right to travel）は、諸外国でも基本的な権利とされるが（アメリカ合衆国最高裁もそう解する。Shapiro v. Thompson, 394 U. S. 618（1969））、居住移転の自由とは、職業選択の自由（憲法22条1項）と結びつくだけでなく、人身の自由ともつながりを持ち、さらに、他人との意見・情報の交流等を通じた人格形成に資する点で精神的自由の側面を有しており、人間存在にとって重要な権利である（最三判昭60・1・22民集39巻1号1頁、8頁〔一般旅券発給拒否処分事件における伊藤正己裁判官補足意見〕）。障害者の移動の自由も、重要な憲法問題を提起する。

　この点に踏み込んで言及した裁判例として、2009（平成21）年の東京高裁判決がある。この事件は、身体障害者手帳を交付された際、市の職員から、介護者についての鉄道・バス運賃割引制度について説明を受けなかったことが職員の説明義務違反に当たるとして、損害賠償が請求されたものである。

裁判所は、身体障害者福祉法が、市町村に対し、身体障害者の福祉に関し必要な情報提供を行うことを業務として課している、などとしたうえで、次のように言及している。「人が社会生活を営むうえにおいて、用務のため、あるいは見聞を広めるため、移動することの重要性は多言を要しないところである。その意味で、移動の自由の保障は、憲法13条の一内容というべきものと解するのが相当である。……身体障害者にとっての移動の自由は、健常者と同様に、場合によれば健常者より以上に、その自立を図り、生活圏を拡大し、社会経済活動への参加を促進するという観点からは、大きな意義があるというべきであり、身体障害者に対し移動の自由を保障することはその福祉増進に資するものとして、政策的に支援することが求められるのである（身体障害者福祉法3条）」（東京高判平21・9・30判時2059号68頁）。この判決は障害者の移動の自由の根拠を憲法13条に求めているが、その重要性を説く点で注目される。

2-3　障害者の参政権保障

「憲法は、国民主権の原理に基づき、両議院の議員の選挙において投票をすることによって国の政治に参加することができる権利を国民に対して固有の権利として保障しており、その趣旨を確たるものとするため、国民に対して投票をする機会を平等に保障しているものと解するのが相当である」（最大判平17・9・14民集59巻7号2087頁〔在外邦人選挙権制限違憲訴訟〕）。障害者が民主政過程に参加する**選挙権**は、まさに「国民固有の権利」（憲法15条1項）であって、その制限は原則として許されず、それが許されるためには、その制限が「やむを得ないと認められる事由」がなければならない（同判決）。そして、障害者基本法は、「国及び地方公共団体は、法律又は条例の定めるところにより行われる選挙、国民審査又は投票において、障害者が円滑に投票できるようにするため、投票所の施設又は設備の整備その他必要な施策を講じなければならない」、と定め（28条）、障害者の政治へのアクセス権を保障する。

この点に関する先例として、身体障害等のため歩行が著しく困難である者

が、公職選挙法等により設けられた在宅投票制度が廃止され、復活されなかったことの合憲性を争った事案があるが（最一判昭60・11・21民集39巻7号1512頁〔請求棄却〕）、これ以降も、注目すべき事件がいくつか登場している。まず、精神発達遅滞等によりいわゆる「ひきこもり」の傾向があった原告（上告人）が、公職の選挙の際、投票所に行くことができず棄権したことについて、精神的原因による投票困難者に対して選挙権行使の機会を確保するための立法措置を執らなかった立法不作為が違憲であるとして国家賠償請求がなされた事案がある（最一判平18・7・13集民220号713頁、判時1946号41頁）。多数意見はその請求を斥けたが、泉徳治裁判官が、選挙権の重要性に留意しつつ、次のような補足意見を述べたのが注目される。泉裁判官は、上記の在外邦人選挙権制限違憲訴訟の判旨を確認しつつ、原告（上告人）のような者につき郵便等による不在者投票（公職選挙法49条2項参照）か在宅のままで投票を可能とする方法等を講じない限り、選挙権の行使を保障したことにはならず、また、在宅障害者が投票困難であるかの認定は医師の診断書等の併用によって不可能ではなく、「上記の認定が簡単ではないという程度のことでは、前記の選挙の公正を確保しつつ選挙権の行使を認めることが事実上不可能ないし著しく困難であると認められる事由があるとは到底いうことができない」、と述べている。

　公職選挙法では、かつて、成年被後見人については選挙権・被選挙権が制限されていた（平成25年法律第21号による改正前の公職選挙法11条1項1号）。成年後見制度は私法上の財産保護の観点による制度であって、それは必ずしも政治参加への能力と関連するものでないとすれば、障害者が成年被後見人とされたことを理由に選挙権等を制限するのは、その実際の能力を適切に考慮していない可能性があった（成年後見制度については**第5章2**参照）。この規定が争われた事件で、東京地裁は、上記の在外邦人選挙権制限違憲訴訟の趣旨を確認しつつ、次のように述べ、本件規定を違憲とした（東京地判平25・3・14判時2178号3頁〔**成年被後見人選挙権確認訴訟**〕）。「……成年被後見人に選挙権を付与することによって、選挙の公正を確保することが事実上不能ないし著しく困難である事態が生じると認めるべき証拠はない上、選挙権を

行使するに足る能力を欠く者を選挙から排除するという目的達成のために
は、制度趣旨が異なる他の制度を借用せずに端的にそのような規定を設けて
運用することも可能であると解されるから、選挙権を行使するに足る能力を
欠く者を選挙から排除するために成年後見制度を借用し、主権者たる国民で
ある成年被後見人から選挙権を一律に剥奪する規定を設けることをおよそ
『やむを得ない』として許容することはできないといわざるを得ない」。

　国会はこの判決を受け、この規定を削除する法改正を行っている（「成年
被後見人の選挙権の回復等のための公職選挙法等の一部を改正する法律」〔平成25
年法律第21号〕）。この法改正では、心身の故障等の事由により、選挙におい
て公職の候補者の氏名を自筆で記載できない選挙人の代理投票について、そ
の申請があった場合には、投票所の事務に従事する者のうちから補助者が選
ばれる仕組みに変更された（公職選挙法48条２項）。この規定について、障害
者である選挙人が、投票事務従事者以外の者で選挙人が希望する者を補助者
として投票しうる地位にあること等の確認等を求めて争われた事案がある
（大阪地判令２・２・27 LEX/DB 2557082。請求棄却）。

　以上のほか、障害を持つ議員の議員活動の保障も問題になっている。市議
会が、発声障害のある議員に対し、代読等の法法で発言を認めなかったこと
が違法とされた事例がある（名古屋高判平24・５・11判時2163号10頁）。

2-4　障害者と職業の自由

　憲法22条１項は、職業選択の自由を保障するが、「職業は、ひとりその選
択、すなわち職業の開始、継続、廃止において自由であるばかりでなく、選
択した職業の遂行自体、すなわちその職業活動の内容、態様においても、原
則として自由であること」を要請し、「狭義における職業選択の自由のみな
らず、職業活動の自由の保障をも包含しているもの」と解されている（最大
判昭50・４・30民集29巻４号572頁〔薬局距離制限事件〕）。最高裁がいうように、
「職業は、人が自己の生計を維持するためにする継続的活動であるとともに、
分業社会においては、これを通じて社会の存続と発展に寄与する社会的機能
分担の活動たる性質を有し、各人が自己のもつ個性を全うすべき場として、

個人の人格的価値とも不可分の関連を有するものである」（前掲・薬局距離制限事件）。

　障害者の就業や労働のあり方等については別途検討する必要があるが（**第7章参照**）、以上のような「職業」の意義・性質は、障害法の文脈でも基本的には妥当すると考えてよいだろう。職業の自由に関する最近の例として、「あん摩マッサージ指圧師、はり師、きゅう師等に関する法律」（あはき師法）に基づき、ある学校法人が、視覚障害者以外の者を対象とするあん摩サッサージ指圧師養成施設の認定の申請を厚生労働大臣にしたところ、同大臣が、あはき師法附則19条１項に基づき、視覚障害者であるあん摩マッサージ指圧師の生計の維持が著しく困難とならないようにするため必要があるとして認定をしない処分をした事案がある（東京地判令元・12・16判時2458号18頁。大阪地判令２・２・25判時2458号39頁も参照）。この事件は、視覚障害者であるあん摩マッサージ指圧師の職業が直接侵害されたわけではなく、その職業を維持する観点からなされていた、養成施設に対する「参入規制」の合憲性が争われたものである。裁判所は、薬局距離制限事件及び小売市場事件（最大判昭47・11・22刑集26巻９号586頁）を引用しつつ、あはき師法附則19条１項の規制について、「それが重要な公益のために必要かつ合理的な措置であることについての立法府の判断が、その政策的・技術的な裁量の範囲を逸脱するもので著しく不合理である場合に限り、憲法22条１項に違反するものと解するのが相当である」との枠組みを示した上で、現在もなおこの規定を維持している立法府の判断が著しく不合理であるとはいえない、としている。

2-5　障害者の生存権保障

⑴　憲法25条の具体化措置と立法府の裁量

　憲法25条は、国民の**生存権保障**と、国の社会保障施策実施にかかる責務を定める。本条については、個人の自律的ないし主体的生の尊重・支援を国として行うことをその基本理念とする理解がある。わが国最高裁は、「憲法25条の規定の趣旨にこたえて具体的にどのような立法措置を講ずるかの選択決定は、立法府の広い裁量にゆだねられており、それが著しく合理性を欠き明

らかに裁量の逸脱・濫用と見ざるをえないような場合を除き、裁判所が審査判断するのに適しない事柄であるといわなければならない」、として、憲法25条に基づく具体的措置の合憲性について、広い立法府の裁量を肯定している（最大判昭57・7・7民集36巻7号1235頁〔**堀木訴訟最高裁判決**〕、最二判平19・9・28民集61巻6号2345頁〔**学生無年金障害者訴訟**〕など）。

　堀木訴訟最高裁判決では、児童扶養手当法上の併給調整規定の合憲性が問題とされ、最高裁は広い立法裁量のもとでその合理性を肯定した。しかし、本件での障害福祉年金・児童扶養手当の当時のそれぞれの支給額は極めて低額とされ、各給付単独での貧困解消にはほど遠く、25条が要請する基礎的生活保障の観点からも問題を含むものであった。母子家庭を支える視覚障害者であった原告（上告人）が直面していた状況を真摯に受け止めるなら、障害者をめぐる具体的状況に対する鋭敏な反応が求められたように思われる。社会政策にかかる立法については、判例のいうように、立法裁量は広いものとならざるをえない部分もあるが、障害者のおかれた具体的状況により配慮した憲法判断が不可能であるとまではいえないであろう。

⑵　障害者の介護サービスと生存権保障

　一方、生存権保障は行政活動との関係でも問題となるが、2004（平成16）年の行政事件訴訟法改正によって創設された**義務付け訴訟**（同法3条6項）等を受け、社会福祉行政において、身体障害者の介護保障をめぐる事例が蓄積されてきた。これらの事例では、裁判所が、立法の趣旨等をふまえつつ、障害の多様性に配慮すべきことを求め、かつ、司法的救済において、行政事件訴訟法上の義務付け訴訟というツールをテコに、より積極的な態度を示そうとしている（詳細につき**第9章1**参照）。

　いわゆる**石田訴訟**（大阪高判平23・12・14判例地方自治366号31頁）は、障害者自立支援法（当時）に基づき重度訪問介護の一ヶ月あたりの支給量を決定した介護給付費支給決定の取消しと、支給されなかった部分について支給の義務付けを求めた事例である。裁判所は、次のように述べ、原告の請求を認容している。自立支援法上、障害福祉サービス支給の判断については、市町

村の合理的裁量に委ねられるが、同法及び同法施行規則上、当該裁量権を行使するにあたり勘案すべき事項（障害程度区分、介護者の状況等）が列挙され、かつ判断の手続が規定されている。また、自立支援法における障害者には多様なものが含まれ、障害者等一人一人の個別具体的な障害の種類・内容・程度を考慮する必要がある。こうした、同法等の規定ぶりや同法の趣旨目的等からすると、「当該〔介護給付費等の支給〕決定に至る判断の過程において、勘案事項を適切に調査せず、又はこれを適切に考慮しないことにより、上記の各決定内容が、当該申請に係る障害者等の個別具体的な障害の種類、内容、程度その他の具体的な事情に照らして、社会通念上当該障害者等において自立した日常生活又は社会生活を営むことを困難とするものであって、自立支援法の趣旨目的（自立支援法1条）に反しないかどうかという観点から検討すべきである」。そして、支給量につき裁判所が独自に審査し、支給されるべき量を示した上で、本件支給決定につき裁量権の逸脱・濫用があったものと判断している。本件は、直接には障害者自立支援法上の問題であるが、憲法25条が障害者への介護サービスをもカバーするものであるとすると、それを具体化する立法（障害者自立支援法）に依拠し、かつ、行政事件訴訟法上の義務付け訴訟というツールを用いることで、憲法25条の権利をより具体的に実現する方向が示されたもの、ということができる。

2-6　障害者の権利と刑事手続

憲法は、諸外国に比べて刑事手続に関する規定を詳細においている。その基礎的規定ともいうべき憲法31条が定める**適正手続保障**は、「告知、弁解、防禦の機会」が付与されることを基本とする（最大判昭37・11・28刑集16巻11号1593頁〔第三者所有物没収事件〕）。また、刑事裁判は「迅速な」ものでなければならず（憲法37条1項）、それは、「単に迅速な裁判を一般的に保障するために必要な立法上および司法行政上の措置をとるべきことを要請するにとどまらず、さらに個々の刑事事件について、現実に右の保障に明らかに反し、審理の著しい遅延の結果、**迅速な裁判をうける被告人の権利**が害せられたと認められる異常な事態が生じた場合には、これに対処すべき具体的規定

がなくても、もはや当該被告人に対する手続の続行を許さず、その審理を打ち切るという非常救済手段がとられるべきことをも認めている趣旨」を含んでいる（最大判昭47・12・20刑集26巻10号631頁〔高田事件最高裁判決〕）。障害者基本法はさらに、次のように、障害者に関する刑事手続を含む司法手続一般について規定する。「国又は地方公共団体は、障害者が、刑事事件若しくは少年の保護事件に関する手続その他これに準ずる手続の対象となつた場合又は裁判所における民事事件、家事事件若しくは行政事件に関する手続の当事者その他の関係人となつた場合において、障害者がその権利を円滑に行使できるようにするため、個々の障害者の特性に応じた意思疎通の手段を確保するよう配慮するとともに、関係職員に対する研修その他必要な施策を講じなければならない」（29条）。

　この点をめぐる諸問題については別の箇所で詳細に説明されるが（**第10章参照**）、憲法上深刻な問題を提起したものとして、聴覚・言語障害者が刑事事件の当事者等におかれた事例が挙げられる。ある事案（最三決平7・2・28刑集49巻2号481頁）は、被告人が聴覚・言語障害を有しており、しかも学校教育や手話教育を満足に受けておらず、文字も読めず、手話も会得していないため、通訳人の身振り手振りによって通訳で被告人との意思疎通を図ろうとしたが極めて困難であり、被告人に対して黙秘権（刑訴198条2項、311条1項）を告知することが不可能である、というものであった。最高裁は、刑事訴訟法314条1項にいう「心神喪失の状態」につき、「訴訟能力、すなわち、被告人としての重要な利害を弁別し、それに従って相当な防御をすることのできる能力を欠く状態をいう」として、本件について、「〔本件〕事実関係によれば、被告人に訴訟能力があることには疑いがあるといわなければなら」ず、「このような場合には、裁判所としては、同〔刑訴314〕条4項により医師の意見を聴き、必要に応じ、更にろう（聾）教育の専門家の意見を聴くなどして、被告人の訴訟能力の有無について審理を尽くし、訴訟能力がないと認めるときは、原則として同条1項本文により、公判手続を停止すべきものと解するのが相当であ」る、とした。

　本決定は、訴訟能力を上記のようにとらえつつ、結果として本件被告人に

一定の配慮をした点は注目される。しかし、少なくとも「訴訟能力」という点での心神喪失状態を回復する余地が極めて僅少である本件被告人について、公判停止した状態を継続することは、被告人にとって極めて不利な事態が止まないことを意味し、それは憲法上の迅速な裁判を受ける権利（37条1項）との関係で問題を含むものともいいうる。この場合、上記高田事件に準じて、これに対応する規定が刑訴法上具体化されていなくとも、免訴等の審理を打ち切る「非常救済手段」がとられるべきであろう。仮に本件の経緯に裁判所の訴訟指揮上も問題があったとすれば、「司法が自らの瑕疵を正す責務は憲法76条の『司法権』に内在する」、というべきである（渡辺修）。その後、最高裁は、被告人が心神喪失の状態にあると認めて裁判所が公判手続停止の決定をした後、被告人に訴訟能力の回復の見込みがなく公判手続の再開の可能性がないと判断するに至った場合、「裁判所は、検察官が公訴を取り消すかどうかに関わりなく、訴訟手続を打ち切る裁判をすることができるものと解される」として、刑訴法338条4号（公訴棄却の事由の一つとして、「公訴提起の手続がその規定に違反したため無効であるとき」を定める）に準じて、判決で公訴を棄却できるとした（最一判平28・12・19刑集70巻8号865頁）。

━━━━━ コラム4　障害者権利条約の私人間適用 ━━━━━

障害者権利条約は、締約国に対し、「障害に基づくあらゆる差別を禁止」し、差別に対し「平等かつ効果的な法的保護」を障害者に保障すること、また、「合理的配慮」確保のための全ての適当な措置を求めている（5条2項・3項）。さらに、同条約は、締約国に、「いかなる個人、団体又は民間企業による障害に基づく差別も撤廃するための全ての適当な措置をとること」を要請する（4条1項（e））。この点で、私人間において障害を理由とする差別を被った当事者は、この条約を援用して差別の阻止を主張しうるか、という問題がある（以下につき、私人間における外国人差別に関するものではあるが、山本敬三・判例評論525号5頁の議論が参考になる）。

人種差別撤廃条約についてではあるが、裁判例では、同条約は国家に対する拘束力を有するのみであり、私人間に適用されない旨明言したものがある（東

京高判平14・1・23判時1773号34頁。大阪地判平5・6・18判時1468号122頁も参照）。しかし、人権条約は、締約国が、国内すべての関係における人権の実現を対外的に約束したものと考えられ（高橋和之「国際人権の論理と国内人権の論理」ジュリスト1244号〈2003年〉69頁）、裁判所も国家機関である以上、理論構成について検討の余地はあるものの、人権条約の解釈・適用を通じ、条約上の義務を果たす役割を担うというべきであろう。そもそも裁判所が国内法の解釈にあたり、その基準として条約等を援用することはありうる（最大判昭39・11・18刑集18巻9号579頁は、外国人への憲法14条1項適用について、世界人権宣言7条に言及する）。また、私人間の紛争について、国際人権規約（B規約）・人種差別撤廃条約等が私法規定の解釈基準の一つとなる、とした裁判例があるように（札幌地判平14・11・11判時1806号84頁。静岡地浜松支判平11・10・12判時1718号92頁も参照）、障害者権利条約についても、こうした観点からの検討が求められる。

参 考 文 献

　法思想における人間像の変容は、グスタフ・ラートブルフ（桑田三郎＝常盤忠允訳）「法における人間」『ラートブルフ著作集 第5巻 法における人間』（東京大学出版会、1962年）所収1頁が鮮明に描いている。マーサ・C・ヌスバウム（神島裕子訳）『正義のフロンティア』（法政大学出版局、2012年）第2・3章は、彼女の説く「潜在能力（capabilities）」（同訳書では「可能力」）論を軸に、社会契約説的思考の問題点を指摘し、障害者の問題にアプローチしており、憲法論の基礎を考える上でも示唆に富む。最近の邦語文献としては、本文で触れた「従属的劣位（subordination）としての障害（者）」という把握を軸に、障害者権利条約批准以降のわが国法制の法理論を構築しようとする、河野正輝『障害法の基礎理論』（法律文化社、2020年）や、障害者差別禁止法制の全体像を描く、池原毅和『日本の障害差別禁止法制』（信山社、2020年）がある。障害者の憲法問題を扱ったものとして、髙井裕之「ハンディキャップによる差別からの自由」岩波講座現代の法14『自己決定権と法』（岩波書店、

1998年）所収203頁、河野正輝＝関川芳孝編『講座　障害をもつ人の人権1
権利保障のシステム』（有斐閣、2002年）2－14頁（中村睦男執筆）、竹中勲
『憲法上の自己決定権』（成文堂、2010年）第9章、青柳幸一「障碍をもつ人の
憲法上の権利と『合理的配慮』」同『憲法学のアポリア』（尚学社、2014年）所
収303頁、植木淳『障害のある人の権利と法』（日本評論社、2011年）、内野正
幸『人権の精神と差別・貧困』（明石書店、2012年）147－155頁、杉山有沙
『障害差別禁止の法理』（成文堂、2016年）、同『日本国憲法と合理的配慮法理』
（成文堂、2020年）、尾形健「障害者法（Disability Law）をめぐる憲法的一思
考」大原社会問題研究所雑誌640号（2012年）4頁などがある。聴覚障害者の
刑事手続保障については、渡辺修『刑事裁判と防御』（日本評論社、1998年）
第3部、尾形健編『福祉権保障の現代的展開』（日本評論社、2018年）第8章
〔尾形執筆〕など参照。

（おがた・たけし）

第5章　障害と民法

上　山　　泰・菅　富　美　枝

　雇用・教育・介護・医療などのように、国の障害者福祉施策が直接関わる領域とは異なり、民法の中で「障害」や「障害者」の位置づけが一般的に問われたことはほとんどなかった。しかし、障害者が民法とまったく無縁なわけではない。なぜなら、民法は「私法の一般法」として、財産取引や家族関係といった、人の日常的な生活領域で生じる紛争を解決する役目を負っているからである。つまり、人として生まれてきた限り、障害の有無にかかわらず、誰もが必ず民法と関わりながら生きていくことになるといえよう。

　もちろん、民法は障害者を特別なカテゴリーとして位置づけているわけではない。しかし、障害（者）法という視点から、民法の全体像を意識的に見直してみると、障害の存在が民法の適用にとって特別な意味を持つ場面が、意外に多いことに気づくはずである。たとえば、「精神上の障害」によって判断能力が不十分な状態にある人たちのために、民法は成年後見制度という特別な保護と支援の仕組みを用意している。「精神上の障害」を理由に、不法行為の損害賠償責任が免責される場合もある。こうした場面を一つ一つ丁寧に拾い上げていけば、民法の中の障害者の全体像が自然に浮かびあがることになるだろう。こうした作業は、障害者の社会的包摂を考える上でも重要である。なぜなら、市民社会の基本法である民法の姿勢にこそ、その社会の障害者に対する真のスタンスが隠されているといえるからである。

　そこで本章では、成年後見制度（２）、契約法（３）、不法行為法（４）、家族法（５）の各領域から、障害という要素が民法の適用に大きな影響を与えている場面をできる限り幅広く拾い上げて紹介することによって、現在のわが国の民法が障害や障害者をどのようにとらえているかを概観していきたい。

1　法的主体としての障害者

　法律上、権利や義務の主体となれる資格のことを「権利能力」と呼ぶ。民法はこの権利能力を全ての「自然人」（会社のような「法人」と区別して、生物学上のヒトを「自然人」という）に認めている。これが、近代市民法の基本原理の一つとされる「**権利能力平等の原則**」である。つまり民法の世界では、たとえどんなに重い障害があったとしても、ほかの人たちと平等に、権利を取得したり、義務を負ったりできることが当然のこととして認められているわけである。こうしてみると、少なくとも「形式的な法主体性」の保障に関する限り、民法は障害者権利条約が求める平等処遇を既に実現しているといえる。だからこそ、はじめに触れたように、障害者は民法上の種々の紛争の場面に、「当事者」として直接関わることにもなるわけである。しかし、ここで注意しなければならないのは、民法の適用に当たって、障害の存在に特別な意味が与えられている場面が存在することである。

　たとえば、判断能力に関わる知的障害や精神障害の存在は、民法の様々な場面での「実質的な法主体性」の有無に直接・間接の影響を与えている。というのも、意思能力、行為能力、責任能力、身分的行為能力等の民法上の各種能力制度は、本人の判断能力の低下・喪失という状態を理由に、本人単独での権利の取得や行使を制限したり、義務を免責する仕組みであり、見方によっては、本人の実質的な法主体性を制約していることになるからである。もちろん、こうした異別処遇は、障害者差別の意図からではなく、障害者保護のために認められたものである。そして、少なくともこれまでの民法の議論では、社会的弱者に対するパターーナリズムに基づく保護の必要性という視点から、特に知的障害者や精神障害者らに対する保護目的の異別処遇は、一般にやむを得ないものとして受け止められてきたといえる。もちろん、こうした理解には現在でも一定の説得力がある。しかし、この種の保護の半面には、相手を対等な「主体」としてではなく、他者によって守られるべき特別な「客体」として扱うという要素が常につきまとうことも見落とすべきでは

ないだろう。

　特にここでは、国連障害者権利条約（UN Convention on the Rights of Persons with Disabilities（CRPD））が批准され、その国内法化の一翼を担う**「障害を理由とする差別の解消の推進に関する法律」**（以下、「差別解消法」）が成立するという時代状況の中で、わが国でも障害当事者の側から、「人権の主体」としての障害者の再定位を求める動きが強まっていることに留意する必要がある。こうした実質的な法主体性の獲得を目指す流れは、上記の各種能力制度と障害者権利条約12条が掲げる「法律の前にひとしく認められる権利」との整合性をあらためて精査すべしという要求につながっていくだろう。実質的な法主体性の制約という側面を持つ能力制限の手法を用いた民法上の異別処遇は、それぞれの制度目的等からみて、やむを得ない区別としてなお容認されるべきものなのか、あるいは、不当な差別的取扱いとして撤廃されるべきものなのか、今後、一つ一つ検証していく必要がある。この点で、民法上の制限行為能力を他法の絶対的欠格事由として流用するしくみ（成年後見制度の転用問題）が、令和元年の成年後見制度適正化法等によりすべて廃止されたことは重要な進展であったといえる。また既に民法の世界でも、平成11年の民法改正時に障害者権利条約の理念と親和性のある「ノーマライゼーション」や「自己決定の尊重」といった新しい基本原理が成年後見制度に持ち込まれ、従来からの理念である「本人の保護」との調和が模索されてきたが、近時では「意思決定支援を踏まえた後見事務のガイドライン」が公表されるなど、この動きがさらに加速されていることにも注目すべきだろう。

2　成年後見制度

2-1　知的障害、精神障害の存在と契約責任
──「意思能力」と「行為能力」──

　前述の通り、民法は権利能力の平等を定めている。したがって、あらゆる人は、出生した時から当然に、法律上の権利の主体、そして、義務の主体と

なる資格を持つことが認められている。一方で、実際に権利や義務の主体と
なるためには、他人と法的な関係を形成することが不可欠であるが、そのため
には、自分自身で意思決定のできる能力（**意思能力**）が必要であるとも考
えられている。そこで、知的障害や精神障害を原因として、正常に判断する
ことができない状況にありながら契約が行われた場合、契約締結時に意思能
力が無かったことを立証できれば、契約責任（履行義務）を免れることにな
る。その場合（にのみ）、本人は、意思能力がない者（**意思無能力者**）として
扱われることになる。ただし、意思無能力の主張は、一般的な意味で障害を
有していない者も、たとえば泥酔や投薬の副作用、健康状態などによって判
断能力を有さない状況が一時的にでもあれば主張できるため、認知機能に障
害を有する者のためだけの制度というわけではない。このように一般的な救
済手段であることの裏返しとして、意思無能力であったことの立証は、裁判
上、必ずしも容易ではない。

　そこで、わが国の民法は、法律行為を自分の判断でできる能力として「**行
為能力**」という概念を設け、こうした能力を有する人と有しない人とを、一
定の基準で分類するという手法をとっている（制限行為能力制度）。この制度
においては、判断能力が不十分な状況が継続的であることが前提とされるこ
とから、（認知上の）障害に特化した救済（契約の拘束力からの解放）手段で
あるとの評価も、一面的には、なしうるかもしれない。このことが同時に内
包する問題点については本節4で検討するとして、**2、3**では、知的・精神
的障害を有する人に関わる「成年後見制度」の概要について説明する。

2-2　成年後見制度(1)──法定後見制度──

　具体的に、民法が「**制限行為能力者**」として定めているのは、未成年者を
除くと、成年被後見人、被保佐人、被補助人である。これらは、1999（平成
11）年の民法改正によって創設された「**成年後見制度（法定後見制度）**」に規
定されている。この成年後見制度には、本人が有する判断能力の程度に応じ
て、さらに3つの類型が存在する。

　ある人が、精神上の障害によって、財産の利用や処分などに関する判断能

力を欠く状態が継続していると疑われるとき、本人、配偶者、その他の近親者などは、家庭裁判所に対して、後見開始の審判を申し立てることができる。家庭裁判所が後見開始を決定すると、審判の対象である本人は成年被後見人となり（民法7条）、成年後見人がつけられることになる（民法8条）。審判以降、成年後見人は、法定代理権を有し、成年被後見人のした法律行為を取消すことも可能になる（民法9条本文）。ただし、日用品の購入やその他日常生活に関する行為については取消しの対象にならない（民法9条但書）。つまり、日常生活上必要な契約は、判断能力の存否にかかわらず、実際に成し得たという事実をもって、法律上も単独で有効に行うことが認められる。これは、1999（平成11）年の民法改正で加えられた規定であり、改正の際の基本理念の一つである「自己決定権の尊重」の現れであると理解されている。

次に、もし障害の程度がこれよりも軽く、判断能力が著しく不十分な状態にあると考えられる程度にとどまる場合には、保佐開始の審判がなされ（民法11条）、被保佐人とされて保佐人がつけられることになる（民法12条）。この場合には、民法が規定する一定の法律行為（重要な財産上の行為）についてのみ（民法13条1項）、「同意」という保佐人による事前承認がなければ単独で契約ができないこととなる。同意なしに行われた法律行為は、保佐人によって取消され得る（民法13条4項、120条1項）。ただし、被保佐人が望んでおり、またそれを許しても本人の利益を害するおそれがないにもかかわらず、保佐人が同意を与えようとしない場合、被保佐人は、家庭裁判所に「同意に代わる許可」を求めることができる（民法13条3項）。これも、改正法によって初めて設けられた規定である。この他、改正法においては、本人、配偶者、保佐人その他一定の範囲の者の請求によって、家庭裁判所は、特定の法律行為について保佐人に代理権を付与する旨の審判をできることになった（民法876条の4第1項）。ただし、自己決定権の尊重の観点から、本人自身による請求の場合を除いて、これには本人の同意が必要とされている（同条2項）。また、生活必需契約を単独でなしうる点は、成年被後見人の場合と同様である（民法13条1項但書）

　さらに、障害の程度がより軽微であるものの、通常の状態に比べれば判断能力が不十分であり、何らかの法的支援が必要な状況と考えられる場合には、補助の審判がなされ、補助人が付けられうる（民法15条1項）。本人以外の者の請求によって補助開始の審判をするには、自己決定権の尊重の観点から、ここでも本人の同意が要件とされている（民法15条2項）。被補助人（民法16条）は、本人が選択または同意した「特定の法律行為」を行うときのみ、単独ではできないとされ（民法17条1項、2項）、それ以外のことについては依然、単独で行うことが許される。また、本人が選択または同意した「特定の法律行為」についてのみ、補助人に代理権を与えることもできる（民法876条の9第1項、2項）。同意権と代理権の両方を与えることもでき、同意権の対象となる行為と代理権の対象となる行為は一致しなくともよい。

　ただし、同意権の対象とできる範囲は、保佐人の同意権の対象として法で定められている範囲（民法13条1項に定められた行為）の一部に限られる。一方、代理権の対象となる範囲については、この範囲を超えて、預貯金の払い戻しなどの日常的な事務も含めてよいとする立場もある。同意権を与える場合と代理権を与える場合とで、範囲の広狭に差が設けられる理由は、同意権が、（その名称が与える印象はともかくとして）実質的には、本人が単独で契約をなすことを抑制する機能を有している（すなわち、行為能力制限の一形態である）という点にある。

　以上が1999（平成11）年改正によって創設された成年後見制度（法定後見制度）の概要である。特に、改正前の旧禁治産制度には見られない、民法9条但書、13条1項但書や13条3項といった条項が示唆するのは、成年後見制度を、本人を中心とした仕組みへと組換えようとする姿勢であり、国家による本人の私的領域への過剰な介入を控えるべきとする価値観が、現代の社会において強まりつつあるものとして、一定の評価をすることができよう。

2-3　成年後見制度(2)――任意後見制度――

1999（平成11）年の民法改正と合わせて、**任意後見契約**に関する法律が成立した。これは、自己決定権の尊重という観点から、自己の判断能力が十分

なうちに、将来、判断が不十分になった時に備えて、自分の代わりに法律行為を行ってくれる人を決めておき、その人と契約をしておく制度（**任意後見制度**）である（同法2条）。自分で後見人を選択できること、また、何を任せるかについても自分で決定できることが特徴である。

　任意後見契約は、通常の売買契約等とは異なり、本人の意思、意向や判断能力の有無の点についてより慎重を期すために、公証人の面前で行われる。また、任意後見契約が締結されると、登記がなされる。さらに、任意後見契約が実際に発効するには、任意後見監督人を家庭裁判所に選任してもらう必要がある。このように、任意後見制度は、法的には委任契約の一種として位置づけられながらも、判断能力の不十分な状態が濫用される危険性を抑制するため、契約の自由に一定の制約を課す形で、様々なセーフガードが設けられている点に特徴がある。

2-4　自己決定支援と成年後見制度の再構築

　以上のように、1999（平成11）年の民法改正によって始まった法定後見制度や、新たに導入された任意後見制度は、自己決定権の尊重を大いに意識したものとなっている。日常的な預貯金の出し入れや、年金管理、介護契約の締結など、特定の法律行為についてだけ代理権を有する者を置くといった利用が期待される。ただし、上記の選択肢のうち行為能力制限がないのは、代理権のみのついた補助類型と任意後見の場合だけであることから、自己決定権の尊重に加えて、ノーマライゼーションや残存能力の活用という観点からは、これらが制度の基軸となることが望まれよう。

　だが、世界的な規模で見るならば、人権感覚の向上は、その後も一層の発展を続けている。最も注目すべきは、昨今の国際的な潮流として、障害者権利条約をはじめとする世界の動向が、成年後見人の任務として、代行決定に至る前段階としての自己決定支援に比重を移している点である。ここで、「**自己決定支援**」とは、具体的には、懇切丁寧な情報提供を行うこと、特に、情報を細分化し、本人が得意とする意思疎通方法（例　手話、絵、写真、キーボードの利用）を活用するといった周囲の努力によって、本人自身が決定で

きるように環境整備を行うことを指す。この中核にあるのは、判断能力の程度を問わず、あらゆる人を決定の「主体」として（ひいては真の意味での「法的主体」として）再定置する思想、すなわち、「本人中心主義」の発想である。逆に言えば、本人のためとはいえ、本人に代わって「他者」（それが、たとえ補助人や、任意後見人であったとしても）が決定を行い、その効果を本人に帰属させるといった「代行決定」をもって良しとする考え方を、成年者の自律に対する侵害として、消極的に評価する発想が背景にある。こうした、さらに研ぎ澄まされてきた21世紀における国際的な人権感覚に沿うためには、わが国の現行成年後見制度は、一層の発展的展開を遂げていく必要があると思われる。

3　障害と契約法

3-1　契約内容決定の自由と障害

近代民法の基本原則の一つに「**契約の自由**」が存在する。契約自由の原則は、①契約を締結し又はしない自由（契約締結の自由：民法521条1項）、②契約の相手方を選択する自由（相手方選択の自由）、③契約の内容を決定する自由（内容決定の自由：同条2項）、④契約締結の方式の自由（方式の自由：522条2項）が含まれていると考えられている。

このうち、③の内容決定の自由は、原則、理念であるだけでなく、契約に基づく当事者間の権利義務関係は当事者の「合意」によって定まるという私法上の効果を定めるものである。ただし、契約内容の自由については、特に情報の偏在化の進む現代社会において、契約の一方当事者が他方当事者に対して不当な内容の条項を押し付けるという弊害が指摘されている。こうしたことは、一方当事者に知的障害・精神障害がある場合には、情報収集力に加えて情報分析力に格差が生じうることから一層問題となろう。また、身体障害がある場合にも、市場の現実がもたらす交渉力の格差ゆえに、特に労働契約や賃貸借契約の締結にあたって、やはり、こうした押し付けに屈せざるを得ない可能性を否定できない。そこで、内容決定の自由が契約法の基礎とな

る根本的原理であることを認めつつも、それに対する制約原理の必要性が指摘されるところである。

これに関連して、現行民法は、**公序良俗**を定める90条の他いくつかの強行規定を置いている。たとえば、相手方の窮迫・軽率・無経験に乗じて過大な利益を獲得する行為は、「暴利行為」として、1934（昭和9）年に大審院が承認して以来、公序良俗違反であり無効であると解されてきた（大判昭9・5・1民集13巻875頁）。1960年代後半までは、金銭消費貸借の場面における利息や担保をめぐる問題が多かったが、1970年代後半以降、消費者契約の領域で用いられるようになってきた。現在では、暴利行為とされる取引の類型が多様化している。特に、消費者保護の観点から、不当な内容ないし取引態様の契約を無効とする事例が増えている。「暴利行為」というより「非良心的な」あるいは「不公正な」取引と呼ぶ方がふさわしい事例が増えているのである。

また、契約の内容（のみ）ではなく、霊感商法、原野商法、豊田商事事件など、契約締結に至るまでの勧誘方法の不当性が問題視されるようになってきた。これらの事件においては、主として高齢者が被害にあっているが、知的障害・精神障害を有する人々が被害にあう場合にも、同様の問題が生じうると思われる。さらに、知的障害・精神障害を有さない者が、相手が知的障害・精神障害を有するために、十分な吟味・決定ができない状態にあることに付け込んで契約締結へと導いた場合には、必ずしも過大な利益が一方にもたらされている場合でなくとも、契約の拘束力から解放される法理論の必要性も生じよう。この点について、障害に特化するものではないものの、交渉力の不均衡が存在するという事実自体を根拠に、契約の拘束力からの解放を事後的に認める論者もいる。

現在では、特別法である特定商取引法の中で、威迫、困惑をもたらす勧誘行為が明文上禁止されている。ただし、これらに違反する勧誘行為が行われても、契約が直ちに無効となるわけではなく、取消権も与えられていない。消費者契約法においても、不退去や退去妨害のみが契約取消事由とされていた。そこで、民法（債権法）改正に関する中間試案においては、相手方の困

窮、経験の不足、知識の不足その他の「相手方が法律行為をするかどうかを
合理的に判断することができない事情があること」を利用して、著しく過大
な利益を得、又相手方に著しく過大な不利益を与える法律行為を無効とする
ことが提案されていた。これらは、2017年の民法改正において実現されるこ
とはなかったが、2016年消費者契約法の改正によって、過量を理由とする契
約取消が認められることになった（消費者契約法 4 条 4 項）。高齢者や障害者
の判断能力の低下等につけ込んで不必要な商品の購入等をさせる勧誘行為が
想定されている。さらに、2019年の消費者法改正では、困惑類型の中に、判
断能力の低下につけこんで不安を煽る勧誘が含まれ、いずれも取消事由とな
った（消費者契約法 4 条 3 項 5 号）。

　今後、具体的にどういった制約が新たに「公序良俗」へと取り込まれてい
くか、たとえば形式的平等の名の下に、一定の属性を有する人への配慮を一
切行わずに労働条件を均一化することが、実質的に一定の属性（特に障害）
を有する人々を市場から排除することになりかねない場合（例　午前中は集
中力が持続できないような知的障害・精神障害を有する者に、他の人と同じよう
に午前シフトに入ることを要請すること）、法制度はどのように対応すべきか
については、社会の変化に依るところ多く、人々の意識改革が期待される。

3-2　契約締結の自由と障害

　さらに、①**契約締結の自由**や、②**相手方選択の自由**について、今日におい
ては、むしろその存在よりもこれらの自由に対する制約の存在を示すことが
重要であるとの指摘がなされている。本書の趣旨との関係でいえば、契約の
相手を選択するにあたり障害の存在を理由として差別的な取り扱いをするこ
とが問題となりうる（契約の交渉段階における差別）。ただし、この場合でも、
他方当事者に契約締結の義務が発生するとは考えにくく、差別的な行為自体
が不法行為にあたるような場合にのみ損害賠償責任が発生する（さらにその
場合の損害とは、信頼利益に留まる）と思われる。

　この点に関連して、債権法改正をめぐる議論の中で、契約自由の原則と並
んで、平等取扱いの理想・思想もまた重要であるという指摘がなされてい

た。また、ヨーロッパにおいては、雇用、職業教育、均等待遇、昇任の機会をめぐって差別のない平等取扱いに関する指令が出されている。だが、わが国においては、契約の自由が差別禁止に劣後しなければならないのはどのような場合かという点に関して、未だ共通理解が形成されているとは言い難い。今後、契約締結や内容形成の場面において平等取扱いが重視される事項、取引条件、契約類型、契約当事者の属性等をめぐって議論が深まることが期待される。

　また、前述の通り、差別解消法は、障害者権利条約の批准のための国内法整備の一環として立法されたものであるが、行政機関等及び事業者に対し、障害を理由とする不当な差別的取扱いの禁止を義務付け、過重な負担でない限り、社会的障壁（障害がある者にとって日常生活又は社会生活を営む上で障壁となるような社会における事物、制度、慣行、観念その他一切のもの）の除去につき合理的配慮義務を課している。なお、事業者の合理的配慮義務は努力義務にとどめられていたが、2021（令和3）年改正（未施行）により、行政機関等と同じ法的義務として位置づけ直されることとなった。これは、同法の施行3年後見直しに関する障害者政策委員会の意見書を踏まえたものであり、条約との一層の整合性の確保等を図ることを目的としたものである。

3-3　消費者（契約）法理と障害

　次に、契約の履行場面に着目する。民法（債権関係）の改正に関する中間試案第26・4では、当事者間の情報、交渉力等の格差を放置することが不公平であると考えられるときは、信義則上の義務が生じたり、権利の行使が濫用に当たるものとして、一方当事者による権利行使が阻止されることがある旨、明文化することが提案されていた。ただし、これは信義則や権利濫用に関する規定（民法1条2項及び3項）を具体化し拡充してきた従来の立場を確認するものであり、当時者間の格差がある場合にその格差を他の考慮要素よりも重視しなければならないという趣旨ではない。また、考慮した結果として、その格差がない場合に比べて、必ず情報等において劣位にある者にとって有利な結論を出すことまでをも要求するものではない。

　さらに、同27・2では、契約当事者間に知識、経験、情報収集能力、分析能力等に格段の差がある場合に、これまで主として金融商品取引業者について裁判例において信義則上の義務として認められてきた「**情報提供義務**」を一般法化し、明文で定めることが提案されていた。同指針は、情報提供義務が発生するための要件の一つとして、情報の提供を受けるべき者が問題となる情報を入手することを「期待できないこと」を挙げる。そして、この判断については、当事者の知識や経験の他、職業や教育歴なども考慮要素となるとされていることから、知的障害、精神障害についても、考慮要素に含められうるように思われる。こうした情報提供義務に違反し、その違反の程度が社会的相当性に欠けるとすれば、不法行為責任が問われることになる。

　いずれも、2017年民法改正において実現されることはなかったが、今後、こうした見解を発展させるならば、知的障害、精神障害を有する人々は、単に障害を理由として保護という名の下に契約を締結する機会を奪われることなく、むしろ、相手方当事者からの適切な情報を受けることが保障されることによって、障害を有しながらも契約締結を行う自由が実質的に保障されていくことが期待される。「社会的包摂」を図るために、障害という要素が積極的に考慮されることになるのである。これは、旧禁治産宣告制度などが、本人保護を唱える一方で、実質的には、障害という要素を否定的に考慮することによって契約社会からの隔絶すなわち「社会的疎外」を生み出していたのとは大きく異なる展開であるといえよう。現在、ISO（国際標準化機構）において、脆弱な消費者に対するインクルーシヴなサービス提供に向けた商品・サービスの自主基準に関する議論（ISO/DIS 22458）が続けられている。日本においても国内委員会が設置されており、今後の発展が期待される。

　他方、主として証券取引の場面において、立場優位者が一方当事者の意向と実情に反して、明らかに過大な危険を伴う取引を積極的に勧誘する行為について、「適合性の原則」に反するものとして、不法行為として違法になるとする法理（最一判平17・7・14民集59巻6号1323頁）がある。「**適合性の原則**」は、当該取引に関する「顧客の」適合性を問うという発想に立つものであり、取引の対象となっている商品の具体的な特性を踏まえ、これとの相関

関係において顧客の経験、取引の知識、意向、財産状態などの諸要素を総合的に考慮するものである。これは、本人にとって不必要かつリスクを負わせる取引への勧誘を抑制する趣旨に立つものとして、いわば取引モラルを規定するものとして評価できるものの、こうした発想が広く一般に通常の取引においてももたれるようなことになれば、知的障害、精神障害を有する人々との取引を、相手方が躊躇する事態が生じないとも限らない。たとえば、知的障害、精神障害を有する者が、自分の特有の好みに沿った類似商品の繰り返し購入を真摯に希望している場合に、相手方は、障害を理由に本人には当該取引についての適合性がないと考え、販売を躊躇するといった事態が危惧される。「適合性」を判断するにあたって、本人の有する客観的属性（例　障害の有無、種類）のみが過度に取り上げられることなく、本人のライフスタイルや意向といった主観的要素が重視されるような運用こそが求められよう。この点、先述した過量販売取消権について、「過量性」の判断が慎重になされる必要がある。

4　障害と不法行為法

4-1　障害者が加害者として登場する場面

(1)　責 任 能 力

不法行為法の領域に障害者が加害者として登場する場面では、責任（無）能力制度と監督義務者責任の位置付けが問題になる。ここでは、後述するように両者の関係が被害者救済の視点から表裏となって機能していることに注意する必要がある。

民法では、「自己の行為の責任を弁識する能力（責任弁識能力）」を**「責任能力」**と呼んでおり、不法行為の加害者にこの能力がなければ、**「責任無能力者」**とされ、加害者の損害賠償責任を免責することになっている（民法712条、713条）。ここでいう責任能力の内容について、判例（大判大6・4・30民録23輯715頁）・通説は、単純に物事の善悪や是非がわかるというレベルの能力では不十分だとして、もう少し高度な判断能力、具体的には「自分の

加害行為によって何らかの法的な責任が生じることを理解できる程度の能力」を求めている。たとえば、契約を有効に結ぶために必要な「意思能力」が7歳から10歳程度で備わるとされるのに対して、責任能力の方は12歳ないし13歳程度の判断能力が必要だと一般に考えられている。ただし、後述するように、意思能力と責任能力は具体的な行為の文脈に従って、その都度、判断されるものであることに注意する必要がある。

　さて、こうした責任無能力者の具体的な類型として、民法は「未成年者」と「精神上の障害を理由とする責任無能力者」の2つを用意しているが、ここでは後者の位置づけが問題になる。というのも、民法713条本文は『精神上の障害により自己の行為の責任を弁識する能力を欠く状態にある間に他人に損害を加えた者は、その賠償の責任を負わない』と規定しており、「精神上の障害」を直接的な要件とする人的カテゴリーを使った異別処遇になっているからである。仮に障害者権利条約12条が求める**「法的能力享有の平等」**という原則を形式的に当てはめるならば、この規定の条約への抵触が問題となるだろう。しかし、ここでは次の2点に留意する必要がある。一つは、責任能力の有無は具体的な事案ごとに判断されるため、特定の障害者を責任無能力者として固定化してしまう仕組みではないという点である。たとえば、他人を殴りつけて怪我をさせることも、インターネットに悪口を書き込んで他人の名誉を傷つけることも、どちらも民法上の不法行為になりえるが、後者の違法性を判断するのは前者よりも明らかに難しいだろう。したがって、ある人がこの両方の行為をおこなった場合に、後者については責任無能力者として免責される一方で、前者については責任能力者として損害賠償責任を負うという可能性があるわけである。もう一つは、責任能力制度が判断能力不十分者らの行為の自由（広い意味での私的自治）を裏側から保障する機能を持っている点である。自分の行動が損害賠償責任という重大な法的責任を発生させるかもしれないという認識ができなければ、結果的に不法行為を犯してしまうリスクは高くなってしまう。このとき、仮に一切の免責を認めないというルールであれば、不法行為責任を問われることを恐れて、判断能力不十分者らは他人と関わり合うこと自体を避けるようになってしまいかねな

いだろう（さらにいえば、家族などの周囲の人も、責任の発生を恐れて、本人が他人と接触することを避けさせようとするかもしれない）。つまり、責任無能力は、精神障害者や知的障害者の社会参加の機会均等を制度的に保障するための仕組みとみることもできるわけである。そして、仮にこうした見方が正しいならば、責任能力制度は障害差別ではなく、正当な異別処遇と考える余地があることに留意する必要がある。

⑵　民法714条の監督義務者責任

　ところで、実際に加害行為を行った者が責任無能力者として免責された場合、被害者救済の問題が残ることになる。この場面で機能するのが、民法714条の規定する「**監督義務者責任**」である。これは、免責を受けた責任無能力者に代わって、責任無能力者を監督する法定の義務を負う者（**法定監督義務者**：親権者、後見人など）、あるいは、こうした監督義務者の代わりに責任無能力者を監督する者（**代理監督者**：保育所、幼稚園、精神病院等の設置主体など）が損害賠償責任を負うとする規定であり、精神上の障害に起因する賠償責任リスクを監督義務者等に転嫁することで被害者の救済を図る機能を持っている。この意味で、責任（無）能力制度と監督義務者責任は表裏一体の仕組みとなっているわけである。

　監督義務者の責任は、過失の立証責任が転換された中間責任として規定されている。つまり、監督義務者は自分に監督上の過失がなかったことを証明できない限り、損害賠償責任を負うことになるため、民法709条による通常の不法行為責任よりも重い責任になっているわけである。法定監督義務者がこうした厳格な責任を負担する理由は、主として、本条が家族の不法行為について家長が絶対的責任を負うとした、ゲルマン法に由来するという規定の沿革に求められてきた。しかし、近年では、民法714条の趣旨は未成熟子と親権者との関係には現代でも当てはまるとしても、成年の精神障害者や知的障害者と監督義務者との関係には馴染まないのではないかという疑念が提起されている。たとえば、本人の家族でもなく家計を共有してもいない専門職が成年後見人になっている事案では、この疑問は特に説得力があるだろう。

そこで、1999（平成11）年の精神保健福祉法改正による保護者の自傷他害防止監督義務の撤廃以降は、未成年者事案と精神障害者事案とを区分して、後者における保護者の責任を限定する見解が有力となっていた（なお、2014（平成26）年改正により保護者制度は既に廃止されている）。同様に、成年後見人についても、第三者後見人の新規選任率が8割を超えている現状からいって、一律に監督義務者としての責任を負わせることの説得力は既に失われているといえるだろう。こうした中、最判平成28年3月1日民集70巻3号681頁（JR東海事件）は、傍論であるが、保護者や成年後見人というだけで直ちに監督義務者にあたるわけではないとの判断を下した。もっとも、加害者本人と監督義務者の双方を免責してしまうと、被害者の救済に大きな空白ができてしまうことになる。そこで、精神障害者事案での監督義務者責任の制限を主張する学説の多くは、この隙間を犯罪被害者給付金制度等の公的保障の拡充で埋めることを提唱して、障害という要素に潜在するリスクを不法行為の当事者を超えて、社会に広く分散することを志向している。さらに近年では、認知症高齢者等による加害行為に対する損害保険制度を導入する自治体が増えてきている。ここには、障害に起因するリスクを加害行為の当事者を中心とする私人の間のみで分担させるだけでは、公正な解決を得られない場合があることが示唆されているように思われる。

4-2　障害者が被害者として登場する場面

(1)　過失相殺能力

　今度は、障害者が被害者として登場する場面に視点を移そう。ちょうど今の議論の裏返しのような形になるが、判断能力の不十分な被害者の行動が不法行為による損害の発生や拡大に寄与した場合に、この点を考慮して、加害者の損害賠償額を減額できるかという問題が生まれる。もともと民法は、「被害者に過失があれば裁判所は損害賠償額を減額できる」という**過失相殺の規定**（民法722条1項）を置いているのだが、先ほどの責任能力の考え方を敷衍して、十分な判断能力を持たない人の過失を過失相殺の場面で考慮してもよいのかが問題とされたわけである。この点について、当初、判例は過失

相殺にも責任能力が必要であるという立場（最二判昭31・7・20民集10巻8号1079頁）を取っていたが，後に見解を変えて、現在では、被害者に**事理弁識能力**さえあれば過失相殺ができるとしている（最大判昭39・6・24民集18巻5号854頁）。逆にいえば、過失相殺によって被害者にも責任を分担させるためには、不法行為それ自体の成立に必要な責任弁識能力まではいらないが、自分に損害が生じるのを防ぐために必要な注意をする程度の事理弁識能力は備えていなければならないわけである。一般に、この場面での事理弁識能力は5歳か6歳程度の判断能力が基準とされているが、被害者の判断能力がこれよりも低いときには、賠償額の減額が受けられないため、加害者は損害の全てを負担することになってしまう。しかし、被害者の判断能力の程度という偶然的な要素によって、加害者の負担が大きく異なることには疑問もあるだろう。そこで、判例は「**被害者側の過失法理**」を用いて、被害者に事理弁識能力がない場合にも、過失相殺の手法によって加害者の負担を軽減できる工夫を認めている。具体的には、『被害者に対する監督者である父母ないしその被用者である家事使用人などのように、被害者と身分上ないしは生活上一体をなすとみられるような関係にある者の過失』（最三判昭42・6・27民集21巻6号1507頁）を、被害者側の過失として過失相殺の評価対象に含めたわけである。判断能力不十分者側の責任主体を別の私人へと拡張する方向で相手方との損害分担のバランスを取り直すという、この手法は、先述した監督義務者責任によく似ているといえるだろう。

⑵　被害者の素因としての障害

不法行為の被害者がもともと持っていた病気や障害といった素因が加害行為と競合したために損害が発生してしまった場合や、その損害が通常よりも拡大してしまった場合に、こうした「被害者の素因」を理由として損害賠償額を減額できるかという問題が「**素因減責**（素因減額）」の議論である。ここでもまた、先ほどの過失相殺の場面と同様に、障害という要素に潜在するリスクを損害賠償額の調整の次元でどのように評価するべきかが問われることになる。もっとも、素因の存在それ自体を被害者の落ち度として非難する

ことは難しいので、こうした素因に起因するリスクを加害者と被害者のどちらに分配するべきかという問いは、本来の過失相殺の場面よりもはるかに難題だといえる。

　この問題に対して判例は、損害の公平な分配という視点から、①心因的素因（最一判昭63・4・21民集42巻4号243頁）と、②身体的（疾患的）素因（最一判平4・6・25民集46巻4号400頁等）が問題となった事案で、先述の過失相殺の規定（民法722条2項）を類推適用するという構成によって減額を認めた一方で、③平均的な体格や通常の体質と異なる身体的特徴（最三判平8・10・29民集50巻9号2474頁）については、それが疾患に当たらない限り、原則的に減額の理由にはならないと判断している。こうした判例の準則からすれば、障害が判例のいう「疾患」だと評価された場合には、素因減責が認められることになるだろう。しかし、これに対して、自分ではどうすることもできない素因を斟酌して損害賠償額の減額を認めれば、素因のある者の行為の自由を著しく制限することになるとして、判例を批判する学説も多い。

(3)　障害者の逸失利益

　損害賠償額の算定の領域では、障害者の**逸失利益**の低額評価も議論となりえる。不法行為によって、生命、身体、健康が損なわれて人身損害が生じた場合、被害者は「将来得られたはずの利益（逸失利益）」を損害として賠償請求できる。この逸失利益の額は、被害者に現実の収入があれば、当然これに基づいて算定されることになるし、被害者が未成年者でまだ就労していないようなときには、被害者側が提出するあらゆる参考資料に基づいて、できる限り蓋然性の高い将来の予測収入額を算出すべきことになっている。この結果、重度障害児が被害者となった事案では、同年代の障害のない児童が同じ被害を被ったときと比べて、著しく低額な逸失利益しか認められないことが多かった。たとえば、養護学校高等部2年生男子生徒（IQ55）の死亡事故では、地域作業所における障害者の年間平均工賃（7万2,886円）に基づいて、逸失利益は120万1,161円と算定された（横浜地判平4・3・5判時1451号147頁）。また、脳性麻痺の3歳の児童（精神薄弱者福祉法［当時］による精神薄弱

二度、身体障害者福祉法による身体障害等級一種一級）のバギーを在宅障害児訪問指導員が転倒させて、その脳性麻痺を悪化させた事故でも、事故と症状憎悪との相当因果関係が肯定されたにもかかわらず、もともと被害者に稼得能力はなかったとして、逸失利益はまったく認められなかった（東京地判平2・6・11判時1368号82頁）。いずれの事案でも、慰謝料によって賠償額の多少の調整が図られたとはいえ、表面的に見る限り、命の値段に大きな格差を認めるような結果になってしまっている。もちろん、こうした賠償額の格差は一般的な逸失利益の算定方法を適用した結果であるにすぎず、けっして障害者を差別する意図から生まれたわけではない。実際、被害者に障害はなかったが、事故当時に無職で就労意欲にも乏しかったという事案でも逸失利益は認定できないとされている（最三判昭44・12・23集民97号941頁）。しかし、こうした逸失利益のあり方は人間の本質的平等に反しており、人間の死傷に関する損害は被害者の収入の多寡にかかわらず定額とするべきだという有力な見解（死傷損害説に基づく定額化説）もかねてから存在している。障害者権利条約の批准は、こうした見解の再評価にも結びついていくかもしれない。

　また、近年では、自閉症スペクトラム障害のある最重度（愛の手帳１度）の知的障害児（15歳）が死亡した事案において、潜在的稼働能力を含む個別具体的な本人の能力を詳細に検討し、本人には特定の分野、範囲に限っては高い集中力を持って障害のない者と同等もしくはそれ以上の稼働能力を発揮する蓋然性があったとして、逸失利益の算定の基礎としては一般就労を前提とした平均賃金によるのが相当と判示するものが現れた（東京地判平31・3・22労判1206号15頁）。最終的に本判決は、本人の就労可能期間を通じて「男女計・学歴計・19歳までの平均賃金」の年収を得られたと控えめに認定して、逸失利益2,240万円余を含む5,200万円余の損害賠償請求を認容している。本判決が前提とした障害者雇用促進法による障害者雇用の改善等がさらに進むことで、障害者の逸失利益の高額化も促進されていく可能性があるだろう。

5　障害と家族法

5-1　家族法上の能力制度

　法定後見制度を構成する行為能力の制限を、財産法領域だけではなく、家族法領域にも及ぼす立法例もあるが、わが国では家族法上の各種の能力制度には民法総則上の制限行為能力制度を適用しないことが明文によって規定されている。すなわち、婚姻能力（民法738条）、離婚能力（民法764条）、養子縁組能力（民法799条）、離縁能力（民法812条）、認知能力（民法780条）、遺言能力（民法962条、973条）のそれぞれについて、成年被後見人がこうした各種の身分行為をする場合に成年後見人の同意は不要である等として、成年後見人の介入を排除している。こうした場面での各能力の有無は、それぞれの制度趣旨を踏まえた上で、当該文脈での個別的な意思能力に基づいて判断されることになる。もちろん、家族法上の各種能力も判断能力を基準としているために、精神障害や知的障害の存在が結果的に能力の否定に結びつきやすいことはたしかである。したがって、少なくとも形式的にみる限りは、障害者権利条約12条との抵触の疑問を完全に払拭することはできないかもしれない。しかし、責任能力について論じたように、意思能力に基盤を置く能力制度は、障害とは無関係に生じる一時的な判断能力状態を含めてアド・ホックに評価されるものであり、こうした能力制限が本人の保護を目的に含むものであることを考え合わせるならば、やむを得ない異別処遇として評価する余地があるというべきだろう。

5-2　精神病離婚

　民法770条1項4号は、裁判離婚の離婚原因の一つとして『配偶者が強度の精神病にかかり、回復の見込みがないとき』を挙げている。ここでは、他にも不治の疾病が存在する中で精神病だけをあえて独立の離婚原因として掲げる現行法の規定振りが、条約の求める障害差別禁止の精神に反するのではないかが問題となる。もっとも、この規定振りとその裁判での運用について

は従来から強い批判があり、既に1996（平成8）年の「民法の一部を改正する法律案要綱」の中でも本号の削除が提案されていた。

　さて、本号の問題性を考える上では、判例が示す**「具体的方途論」**（最二判昭33・7・25民集12巻12号1823頁）による**精神病離婚**の運用実態にも注目する必要がある。これは、離婚後の精神病患者が過酷な生活条件下に置かれることを防ぐために、離婚を求める配偶者の側が患者の離婚後の療養看護や生計の維持について具体的な方策を講じない限り、裁判離婚を認めないというものである。この議論の意図は、①離婚を認めずに夫婦間の同居・協力・扶助義務（民法752条）を履行させるか、あるいは、②離婚を認めて離婚後の具体的方途を実行させるかのいずれかによって、精神障害者の生存権保障をその配偶者に実現させようとする点にある。しかし、こうした運用によると、たとえば収入が乏しいために相手方への離婚後の経済的支援の目途が立てられないような状況では離婚が認められず、既に完全に破綻した婚姻に当事者を無理やりに縛りつける結果を招きかねない。このため、学説の多くはこの考え方に批判的であった。加えて、「強度でも不治でもない統合失調症」（東高判昭57・8・31判時1056号179頁）、「躁鬱病」（東高判昭63・12・22判時1301号97頁）、「アルツハイマー型認知症」（長野地判平2・9・17判時1366号111頁）、「失外套症候群」（横浜地横須賀支判平5・12・21判時1501号129頁）、「性交不能・性機能不全」（最三判昭37・2・6民集16巻2号206頁）、「交通事故による重度身体障害」（東京高判昭52・5・26判時857号77頁等）などの精神疾患を含む他の疾病や障害については、5号の「婚姻を継続し難い重大な事由（民法770条1項5号）によって対応されているという事情もあり、強度の精神病のみを独立の離婚事由に掲げる規定振り自体が差別的であるとの主張が強くなった。こうした議論状況を受けて、1996（平成8）年の改正要綱案の中では、本号を削除した上で、疾病全般を理由とする離婚原因の有無は5号の「婚姻を継続し難い重大な事由」で取り扱うという方向が示されたわけである。こうした一連の議論でも指摘されていたように、この問題の本質は精神障害者の生存権保障を私人である配偶者中心に負担させようとすることの政策的な妥当性にあるが、やはり離婚の可否とは一度切り離した上で、精神障害者に

対する社会保障制度の問題として対応することが本筋だと思われる。

5-3　身体障害者による遺言

　平成11年民法改正の中心は新しい成年後見制度の導入であったが、実は、これと同時に障害者の民法上の位置づけに重要な意味を持つもう一つの改正が実施されている。すなわち、障害者の権利擁護を目的として、従来の厳格な口頭主義の緩和等を行い、言語機能障害者や聴覚障害者による遺言の可能性を保障するために実施された遺言の方式の一部改正である。こうした改正の結果、身体障害者による遺言をめぐる環境は以下のようになっている。

　言語機能障害者（口がきけない者）については、通常の「口授」に代えて、通訳人の通訳（手話通訳等）または自書（筆談）によって公正証書遺言書の作成ができる（民法969条の2第1項）。秘密証書遺言の作成についても、通訳人の通訳や封紙への自書によって、通常の申述（民法970条1項3号）に代えることが認められている（民法972条）。同様に、死亡危急者遺言（民法976条2項）と船舶遭難者遺言（民法979条2項）についても、通訳人の通訳による方式で作成することができる。

　聴覚機能障害者（耳が聞こえない者）については、通常の公証人による「読み聞かせ」に代えて、通訳人の通訳または閲覧の方法によって公正証書遺言書の作成ができるほか、同じ方法によって、公正証書遺言作成の証人となることもできる（民法969条の2第2項）。同様に、死亡危急者遺言（民法976条3項）についても、読み聞かせを通訳人の通訳に代えることで、遺言書の作成や証人としての関与ができることになっている。

　視覚機能障害者（目の見えない者）については、2つの判例が重要である。一つは、『全く目の見えないものであっても、文字を知り、かつ、自筆で書くことができる場合には、仮に筆記について他人の補助を要するときでも、自書能力を有する』（最一判昭62・10・8民集41巻7号1471頁）として、添え手をした補助者の意思が介入した形跡がないことを筆跡から判定できる限り、自筆証書遺言が可能としたものである。もう一つは、公正証書遺言における証人適格を認めた判例である（最一判昭55・12・4民集34巻7号835頁）。

　なお、上述した平成11年改正が身体障害者の権利擁護を目的として掲げていたことからすれば、こうした遺言の方式に関する異別処遇を障害者権利条約が求める合理的配慮の具体化とみることもできそうである。しかし、他方において、こうした工夫の一部がむしろ身体障害者の保護を危うくするとの有力な批判もある。したがって、現行法と条約との整合性については、遺言制度の趣旨ともつき合わせながら、なおきめ細かな分析が要求されているというべきだろう。

5-4　家族法による障害者の生存権保障

　家族法には、親族間の相互扶助を通じて、家族内の弱者の生存権を保障する機能がある。たとえば、上述した精神病離婚の場面における判例の具体的方途論もその一例である。こうした生存権保障機能がもっとも明瞭な形で示されているのが、親族間の**扶養義務**（私的扶養）に関する規定である。ここにいう扶養とは、自助努力のみでは生計を維持できず、経済的に自立できない状態にある者に対して、経済的な支援を行うことを指す。いうまでもなく、扶養の対象は障害者に限られるわけではない。しかし、障害者の場合、その障害の程度や性質によっては、現実問題として経済的自立を果たすことが難しいことも少なくない。したがって、障害法の視点から家族法を分析する場合には、家族法を通じた障害者の生存権保障のあり方について検討することにも意義があるだろう。

　ところで、扶養には、家族法に基づく私的扶養のほかに、生活保護法に基づいて国が実施する公的扶養がある。そこで、両者の関係が問題となるが、現行の生活保護制度はまずは本人の自助努力を求めた上で、次に民法に基づく私的扶養が公的扶助に優先的に行われるべきことを定めている（生活保護法４条１項、２項：**公的扶助の補足性原則と私的扶養の優先原則**）。この結果、障害者の生活を家族が支えざるをえない場合が多いことに留意する必要がある。こうした現実を踏まえ、特に知的障害者の事案では、「親なき後問題」と呼ばれる課題が深刻になっており、任意後見制度や跡継ぎ遺贈型の受益者連続信託などの私法上の制度の活用によって、私的扶養を担っていた両親が

死亡した後の知的障害者・児の生活保障を図る工夫が試みられている。ほかにも、たとえば法定相続における遺留分制度には遺族の生活保障を担保する側面があるが、経済的弱者の多い障害者にとっては特に大きな意味があるといえるだろう。

　このように、家族法は（少なくとも結果的には）障害者の生活を支える重要な法的基盤の一つとして機能しているわけだが、政策論としては、あらためて社会保障法制との関係を見直す必要がある。介護の社会化や成年後見の社会化の動向とも関連するが、障害という要素に対する処遇をもはや家族内で完結させることは困難であり、障害に関するリスク負担を社会全体の問題として捉え直す必要があることに異論は少ないだろう。むろん、障害者の支援機能のすべてを直ちに家族法から社会保障法に移行させることは難しいし、また、そうした政策的な方向性自体にも異論はあるだろう。しかし、障害という要素への処遇が家族法と社会保障法の交錯する両者の連動と緊張関係の場にあることは確認しておくべきである。

6　おわりに

　障害者権利条約は障害（disability）の社会モデルを前提としているが、現在の民法典が想定している障害像（民法の条文上の障害という用語の概念規定）は、むしろ個人モデル（医学モデル）に基づく機能障害（impairments）である。加えて、個人主義的な帰責原理に従って「私人間」の利害調整を行う民法の基本的な役割からすれば、仮に当該リスクの終局的な帰属先が「社会」であったとしても、民法レベルでの第一次的なリスク配分は、あくまでも障害者を中心とする私人間で行なわれるべきことになる。条約と民法との整合性を考える場合、こうした障害の位置づけのズレを視野に納めておく必要がある。たとえば不法行為法の領域で、障害に関するリスクを加害者と被害者の間だけで公平に分配するのが難しいことが、議論の錯綜する一因となっていることは既に見たとおりである。これは裏返せば、障害に関する法的リスクの少なくとも一部は、民法が規律する私人間だけで分担して負担できるも

のではなく、広く社会に分散させる必要があることを示しているといえる。おそらく、こうした発想は条約の採る障害の社会モデルとも親和性を持つものだろう。そして、仮にこうした認識が正しいとすれば、障害という要素に対する法的処遇は民法の内部だけで完結できるものではなく、そのリスクを社会に分散させる社会保障法制との適切な連携が求められていくことになるはずである。こうした視点は、民法と社会保障法の関係について、（さらには、民法と条約や憲法との関係について）、古典的な公法・私法二元論を超える理念的枠組みの必要性を示唆するといえる。実際、近年では、民法学と憲法学・行政法学の双方から、私法と公法の新たな関係性（さらにはアクターの次元での公私協働の可能性）を追求する、さまざまな分析が提示されてきている。たとえば、民法90条の公序良俗概念の再構築をめぐる議論はその好例である。今後はこうした議論も踏まえながら、民法における障害者の位置づけについて、より包括的な理念的検討を進めていく必要があるだろう。

コラム5-1　民事訴訟手続における能力

　通常の民事訴訟手続の場合、訴訟の遂行に関わる能力の有無は、原則的に民法に従って判断される（民訴28条）。まず、訴訟当事者となる一般的な資格である「当事者能力」は、民法上の権利能力に相当するものであるため、自然人である限り、障害の有無にかかわらず、当然に認められることになる。他方、有効な訴訟行為を自ら単独で行うための資格である「訴訟能力」は、民法上の行為能力に対応しているため、民法上の制限行為能力者は訴訟手続の場面でも、実質的な法主体性に一定の制約を受けることになる。成年被後見人は「絶対的訴訟無能力者」とされ、その訴訟行為はすべて無効となるため、法定代理人を通じてしか訴訟行為を行うことができない（民訴31条）。民法上の効果が取り消しうる行為にとどめられているのに対して、訴訟法では手続の安定確保の観点等から無効とされていることに注意する必要がある。他方、被保佐人と（訴訟行為が補助人の同意の対象である場合の）被補助人は「制限的訴訟能力者」とされ、保佐人または補助人の同意がなければ訴訟行為を行うことができない。この同意を欠く行為は追認されない限り無効である（民訴32条、34条）。

なお、訴えの取下げのような訴訟を終結させる重大な行為については、保佐人らによる個別的な特別の授権（同意）が必要になる（民訴32条 2 項）。逆に相手方の提起する訴えや上訴に応訴する場合には、保佐人らの同意は不要である（民訴32条 1 項）。

コラム5-2　人事訴訟手続と家事事件手続における能力

　民事訴訟の場面と異なり、婚姻関係や親子関係といった身分に関わる問題を取り扱う人事訴訟手続については、できる限り本人の意思を尊重するために、自ら訴訟を遂行させることが望ましいという観点から、民法と民事訴訟法における能力制限規定を適用しないこととされている（人訴13条）。この結果、被保佐人と被補助人はもとより、成年被後見人も（少なくとも形式上は）人事訴訟に関する限り、完全な訴訟能力が認められることになる。もちろん、現実問題としては、成年被後見人が一人で適切に手続を進めることは難しい。そこで、本人保護の観点から、申立てに基づいて裁判長が弁護士を訴訟代理人に選任できる旨の規定が置かれている（人訴13条 2 項）。

　他方、家事事件（家事審判・家事調停）における手続行為能力については、原則的に民事訴訟法の規定が準用されているため（家事17条）、成年被後見人らは民事訴訟手続と同様の制約を受けることになる。たとえば、成年被後見人は法定代理人を通じてしか手続を行うことができない。ただし、成年後見等の審判手続に関しては、重要な例外が認められていることに注意する必要がある。たとえば、後見開始の審判とその取消しの審判や、成年後見人の選任と解任の審判等については、成年被後見人であっても、意思能力がある限りは、自ら手続を行うことができるし、被保佐人や被補助人も保佐人らの同意なしに単独で手続ができることになる（家事118条）。保佐開始等の審判（家事129条）、補助開始等の審判（家事137条）、任意後見監督人の選任の審判（家事218条）についても同様である。

参 考 文 献

　本章全体に関連する文献としては、上山泰「障害者権利条約の視点からみた民法上の障害者の位置づけ」論究ジュリスト8号（2014年）42頁がある。また、菅富美枝編著『成年後見制度の新たなグランド・デザイン』（法政大学出版局、2013年）は成年後見制度が直接の分析対象だが、知的障害者・精神障害者等を保護の客体から権利の主体へと位置づけ直すための理念的な検討を行ったものであり、民法における障害者の位置づけを考える上で大きな示唆を与える。特に、同書第7章の菅論文（および、菅富美枝『イギリス成年後見制度にみる自律支援の法理』〈ミネルヴァ書房、2010年〉）が分析する「自己決定支援（意思決定支援）」の概念は、障害者権利条約の国内的実施の重要な鍵となる。この他、脆弱な消費者を包摂する法制度と執行法体制について考察したものとして、菅富美枝『新消費者法研究』（成文堂、2018年）がある。家族法と社会保障法の関係については、水野紀子編『社会法制・家族法制における国家の介入』（有斐閣、2013年）が様々な角度から優れた問題提起を行っている。公序良俗概念の再構築については、大村敦志『公序良俗と契約正義』（有斐閣、1995年）、山本敬三『公序良俗論の再構成』（有斐閣、2000年）が必読の基本文献である（菅『新消費者法研究』第8章もあわせて参照にされたい）。

（かみやま・やすし／すが・ふみえ）

第6章　障害と差別禁止法

長谷川　聡・長谷川　珠子

━━━━━━ 本章のねらい ━━━━━━

　本章の第1のねらいは、「障害（者）差別」や、「障害（者）差別禁止法」とはどのようなものかを理解することにある。障害者に対する差別を法律で禁止する仕組みは、1990年代以降に世界に広がったアプローチである。これに対し、日本では2010年代以降になってようやく導入された新しい仕組みであり、その内容が十分に理解されているとは言いがたい。そこで、本章では、まず1において、障害（者）差別禁止法の大まかなイメージを示す。次に2として、障害（者）差別禁止法の生成・発展の経緯を、諸外国と日本とに分けて紹介する。これらを通じて、日本が世界的な流れ、特に国連の障害者権利条約（**第3章**参照）の影響を受けてきたこと明らかにする。

　本章の第2のねらいは、「日本の」障害者差別禁止法制の仕組みを理解することにある。日本では、現在、障害者基本法、障害者差別解消法および障害者雇用促進法の3つの法律が、障害者に対する差別を禁止する規定を設けている。3では、これら3法の関係を整理するとともに、障害（者）の定義、禁止される差別の内容および差別禁止を実現する制度について、それぞれ検討する。最後に4として、障害者差別禁止法の意義を明らかにしたうえで、諸外国の法制との比較から、日本の法制が抱える特徴と課題について考察する。

　本章の最終的なねらいは、これらの課題やそれに対する解決策を、読者にも考えてもらうことにある。障害をもたない人を基準として作られた社会を障害者も生活しやすいように再構築するには、国の努力と同時に、社会の構成員である我々一人ひとりが問題意識を持つことも必要である。本章で紹介する視点を用いると、身の回りからどのような差別がみつかるだろうか。

1　障害（者）差別禁止法とは？

　読者は、「差別」と聞いて、どのようなイメージをもつだろうか。男性にしか投票権を与えない、特定の人種については公共施設の利用を認めない、特定の思想・信条をもつ者だけを解雇する、社会的身分により異なる相続割

合を設定するなどが思い浮かぶかもしれない。これらは、日本において、あるいは、諸外国において、実際に差別として問題となった事例である。差別禁止法とは、これらの差別、すなわち、人種、性、信条、社会的身分などに基づく不合理な取扱いを禁止する法といえる。

　障害（者）差別禁止法も、「障害」に基づいて、ある者を不合理に取り扱うことを禁止する法といえる。しかし、障害者の場合、障害者と障害をもたない人に同一の基準を当てはめ、等しく扱うだけでは、かえって障害者の排除につながることがある。障害者は、生活の様々な場面で不自由を感じることがあり、その不自由を取り除くためには、特別な取扱いをすることが欠かせないからである（電車の優先座席、駐車場の優先スペース、点字・手話・筆談等での説明、障害者の雇用率制度等）。このような特別な取扱いを、障害をもたない人に対する「逆差別」であると考える人はほとんどいないだろう。それは、なぜか。障害者は「かわいそうな人」であり、「保護」してあげないといけない存在だからなのか。確かに、これまでの障害者施策にはそのような視点がなかったわけではない。しかし、本章で取り上げる「障害（者）差別禁止法」は、保護の客体であるという従来の考え方を取り払い、人権や基本的自由の平等な享有主体として障害者を捉えている。そして、日常生活や社会生活を営むうえで、障害者が不都合を感じるのは、社会全体の仕組みが非障害者を前提に作られているからと考える。つまり、障害（者）差別禁止法とは、障害に基づいて不合理な取扱いをすることを禁止するだけでなく、障害者にとっての不都合（**社会的障壁**）を取り除くこと――「**合理的配慮**」を提供すること――を求めるものといえる。障害（者）差別禁止法は、従来の差別禁止法との共通部分をもつものの、いくつかの点において重大な相違点をもつといえよう。

2　障害差別禁止法の意義と背景

　障害差別禁止法は、日本以外の国で誕生し、日本以外の国で発展を遂げてきた。1990年代以降、世界の国々が障害差別禁止法を取り入れていくなか

で、日本は、2006（平成18）年に国連において**障害者権利条約**が採択された
ことにより、ようやく本格的な議論を開始した。

2-1　障害差別禁止法の歴史

(1)　障害差別禁止法の誕生

　障害を理由とする差別を包括的に禁止した法律を世界で初めて制定したの
は、アメリカとされる。1960年代に、人種、皮膚の色、宗教、性または出身
国を理由とする差別を禁止する法律（公民権法）を制定していたアメリカで
は、障害者についても社会参加を求める運動が活発に展開され、障害差別禁
止法の制定へとつながった。1973（昭和48）年に連邦政府とごく一部の民間
企業等を規制対象とする障害差別禁止規定がリハビリテーション法に盛り込
まれ、その後すべての民間企業（雇用分野においては被用者数15人以上）を規
制対象とする**障害をもつアメリカ人法**（ADA）が1990（平成2）年に制定さ
れた。ADAにより、雇用、行政の運営する公共サービス、および民間企業
の運営する施設・サービスの各分野において、障害を理由とする差別が包括
的に禁止された。ADAの制定過程においては、障害者が保護の対象とされ
てきたのは偏見や差別により、十分な社会参加ができないことが原因であっ
たこと、差別を禁止することにより障害者の社会参加が促されれば納税者と
なることが可能であって、社会全体としても望ましいこと等が、主張された。
　「**合理的配慮**」とは、アメリカにおいて1970年代に誕生した概念である。
最初に問題となったのは、宗教差別における文脈である。例えば、安息日の
労働を禁じる宗教は少なくない。では、その宗教を信じる者に対し、安息日
に労働できないことを理由に不利益に取り扱うことは、宗教を理由とする差
別に該当するのだろうか。この点に関し、過度の負担とならない範囲におい
て、労働者の宗教的儀礼や慣行に対し、「合理的な配慮」を提供しなければ
ならないと公民権法に定めることによって決着をみた。ADAの制定におい
ても、この合理的配慮の考え方が取り入れられた。「合理的配慮」とは、契
約上の定めや建物、施設などにより、障害者が実質的に不利な影響を受けて
いる場合、そのような効果を防ぐために実施・提供される合理的な措置をい

う。次でみるように、国によって、合理的調整や適切な措置等の異なる用語
が使われることがあるが、実質的に同じものと捉えて差し支えない。合理的
配慮の詳細は、後述する（**3-3(2)**参照）。

(2)　障害差別禁止法の発展

　アメリカで誕生した障害差別禁止法は、その後世界中に広がっていく。ま
ず、イギリスでは、ADAを参考に、「1995年障害者差別禁止法」が制定され
た。同法も、雇用、教育、公共交通等の多様な分野において障害を理由とす
る差別を禁止し、「合理的調整義務」を使用者等に課すものである。さらに、
2010（平成22）年には、性差別禁止法や人種差別禁止法などの他の差別禁止
法と統合され「2010年平等法」となった。

　EUでは、2000（平成12）年に「雇用および職業における平等取扱いの一
般的枠組みを設定するEC指令」が制定された。これは、宗教・信条、障害、
年齢、性的指向を理由とする差別を雇用の全局面で禁止し、障害者に対し合
理的配慮を提供するよう加盟国に義務付けるものであり、各国はそれに従い
国内法を整備する必要に迫られた。フランスでは、刑法典および労働法典に
おいて、障害および健康状態を理由とする差別が禁止されていたが、合理的
配慮の規定を欠いていたため、2005（平成17）年に「障害者の権利と機会の
平等、参加および市民権に関する2005年2月11日の法律」が制定され、「適
切な措置」の規定が盛り込まれた。ドイツでも、2006（平成18）年に一般平
等取扱法が制定され、障害を理由とする差別が禁止された。また、社会法典
第9編において、合理的配慮類似の対応を使用者に請求する権利を障害者に
保障している。

(3)　障害者権利条約

　障害者権利条約が成立した直接の契機は、2001（平成13）年12月に国連総
会において採択された総会決議（56/168）に遡る。この決議により、条約に
関する特別委員会が設置され、2004（平成16）年1月に作業部会で作成され
た条約案をたたき台として、特別委員会で政府間交渉が開始され、3年の交

渉を経て2006（平成18）年12月に国連総会で採択された（**第3章2**参照）。障害者権利条約の制定過程においては、「我らを抜きに我らのことを決めてはならない」（Nothing about us without us）の掛け声の下、多くの障害者が直接・間接的に関与した。

　障害者権利条約は、差別の禁止についての一般原則を定め（3条（b））、締約国に障害（者）差別を禁止する措置をとるよう求める（4条1項）。同条約において「障害を理由とする差別」とは、「障害を理由とするあらゆる区別、排除又は制限であって、政治的、経済的、社会的、文化的、市民的その他のあらゆる分野において、他の者と平等にすべての人権及び基本的自由を認識し、享有し、又は行使することを害し、又は妨げる目的又は効果を有するものをいう。障害を理由とする差別には、あらゆる形態の差別（合理的配慮の否定を含む。）を含む」と定義されている。また、「合理的配慮」とは、「障害者が他の者と平等にすべての人権及び基本的自由を享有し、又は行使することを確保するための必要かつ適当な変更及び調整であって、特定の場合において必要とされるものであり、かつ、均衡を失した又は過度の負担を課さないものをいう」とされる（いずれも2条）。

2-2　日本における障害差別禁止法の展開

(1)　障害者差別を禁止する日本の法制度

　日本では、法の下の平等を定めた憲法14条があるものの、明文で「障害」を理由とする差別を禁止する法律は、長い間制定されてこなかった。上記の世界的な流れを受け、2004（平成16）年に改正された障害者基本法に障害者差別を禁止する規定が盛り込まれたが、基本理念を定めたものに過ぎず、実効性はないとの理解が一般的であった。

　国内の状況は、障害者権利条約の採択により大きく転換する。条約批准のために国内法を整備する必要があったことはもちろん、政権が交代したことが要因となり、障害者差別禁止法制の導入へとつながった。現在、障害者差別を禁止する法律には、①**障害者基本法**（**基本法**）、②**障害者差別解消法**（**解消法**）、および③**障害者雇用促進法**（**促進法**）の3つがある。以下では、障害

者権利条約の採択前と後に分けて、それぞれの法の制定・改正過程について
紹介する。

(2)　権利条約採択「前」

　基本法の前身は、1970（昭和45）年に制定された心身障害者対策基本法で
ある。障害者施策の基本を定めるものとして制定された同法は、当初、障害
者を保護や更生の必要な者として捉えていた。しかし、世界的に「ノーマラ
イゼーション」の理念が広がりをみせるなかで、日本においても障害者の自
立と社会参加の機会の重要性が認識されるようになり、1993（平成５）年に
全面改正がなされた（現在の名称に変更）。この改正により、「社会、経済、
文化その他あらゆる分野の活動に参加する機会を与えられる」（３条２項〔当
時〕）との基本理念が示されたものの、差別禁止が定められることはなかっ
た。この時点においても、障害者はあくまで施策の客体であるとの位置付け
しか与えられていなかったことになる。

　差別禁止が明文で定められたのは、2004（平成16）年改正時である。障害
者の社会参加を実質的なものにするためには、差別を明文で禁止すべきであ
るとの考えから、３条３項〔当時〕として「何人も、障害者に対して、障害
を理由として、差別することその他の権利利益を侵害する行為をしてはなら
ない」と定められた。

(3)　権利条約採択「後」

　権利条約の採択を受け、同条約の批准のための国内法の整備が必要とな
り、日本が同条約に署名した2007（平成19）年９月前後から、内閣府および
外務省を中心に本格的な議論が開始された。当初政府は、基本法を改正し、
既に存在している差別禁止規定（３条３項〔当時〕）のなかに差別禁止の場面
を列挙すること、合理的配慮に関する規定を追加すること、および、既存の
機関を前提に条約の国内実施や監視、救済を行う機関を明示すること等によ
って、条約を批准することが可能であると考えていた。しかし、基本法は障
害者施策についての国の基本的な方針を定めるものであり私人間の差別を禁

止する性格をもたないこと、3条3項〔当時〕は基本的理念を定めたものにすぎず実効性をもつものではないこと等を理由に、形式的な法改正による条約批准を許すことはできないとして、障害者団体等から強い批判を受けることとなった。

　そのようななか2009（平成21）年秋に自公政権から民主党政権へと政権交代が起こり、障害者施策に関する方針は大きく転換する。これまでの障害者制度を根本から見直し、集中的な改革を行うことを目的とし、まずすべての国務大臣を構成員とする「**障がい者制度改革推進本部**」が内閣に設置された。その下で、学識経験者や障害者が構成員を務める「**障がい者制度改革推進会議**」が開催されることとなり、実質的な議論が行われた。30回以上におよぶ同会議での議論を経て、基本法の改正案が作成され、2011（平成23）年8月に改正法が公布された。

　さらに、障害者差別禁止法の制定に向けた議論を行うため、「差別禁止部会」が開催され、21回にわたる会議を経て、2012（平成24）年7月に部会提言が取りまとめられた。同年12月の再度の政権交代等の影響により、部会の提言内容が十分に反映されない部分が生じつつも、翌年6月に**障害を理由とする差別の解消の推進に関する法律**（障害者差別解消法）が制定された（2016〈平成28〉年4月1日施行）。

　雇用の分野については、厚生労働省において2008（平成20）年4月から検討が開始されていた。労働政策審議会障害者雇用分科会を中心に議論が進められ、雇用率制度を中心とする障害者雇用促進法のなかに、雇用差別禁止規定および合理的配慮規定等を置くこととし、解消法と同時期に促進法の改正が行われた（差別禁止に係る部分については、2016〈平成28〉年4月1日施行）。

3　日本の障害者差別禁止法の仕組み

3-1　障害者差別禁止法を構成する法制度

（1）　法制度の相互関係

前述のように、障害者差別の禁止に直接関連する法律には、①基本法、②

解消法、③促進法の３つがある。

　基本法は、サービスの提供や雇用、教育等あらゆる分野を対象に、障害者
の自立および社会参加の支援等のための施策に関する基本原則を定めて国や
地方公共団体の責務を明らかにし、これらの支援等のための施策の基本事項
を定め、この施策を推進することを目的とする（障害基１条）。この法律は、障
害者個人が障害者差別を訴える際の根拠になる具体的権利を定めるものでは
ないが、解消法や促進法をはじめとする障害者の権利保障を目的とする施策
の基本方針となり、障害者差別の問題に関連して法を解釈する際の指針とな
る。

　解消法は、雇用を除くあらゆる分野を対象に（解消法13条）、基本法の理念
にのっとり、障害者差別の解消の推進に関する基本事項、行政機関等および
事業者における障害者差別を解消するための措置等を定める（解消法１条）。
同法は、訴訟で差別を争うときの法的根拠となり、日本における障害者差別
禁止の中軸を担う。

　雇用分野における障害者差別は、促進法によって禁止される。同法は、職
業リハビリテーションや雇用率制度等の措置に加えて差別禁止規定を定める
点に特徴がある。同法の差別禁止規定は、解消法のそれとおおむね同じであ
る。

　これらの法律以外にも、広く法の下の平等を定める憲法（14条）の下で、
障害者差別が禁止される可能性がある。例えば、促進法の差別禁止規定が成
立する前に、障害者に対して必要な勤務配慮を合理的な理由なく行わないこ
とを公序良俗（民法90条）ないし信義則（同１条２項）に反するという理由で
違法と判断した裁判例がある（阪神バス〈勤務配慮〉事件・神戸地尼崎支決平
24・４・９労判1054号38頁）。

⑵　障害者差別禁止法の枠組みと特徴

　基本法は、障害者に対する障害を理由とする差別、その他権利利益を侵害
する行為を禁止することを宣言する（４条１項）。また、社会的障壁を除去
しないことがこの宣言に反することを指摘し、社会的障壁の除去を必要とし

ている障害者が現に存し、かつ、その実施に伴う負担が過重でないときは、その実施について必要かつ合理的な配慮を講じなければならないことを定める（４条２項）。解消法と促進法の差別禁止の枠組みは、以上の①差別の禁止と②合理的配慮の提供による社会的障壁の除去という基本法の枠組みを基本的に踏襲している。

　差別禁止法は、人種や宗教・信条など、個人の選択の余地のない属性や個人の基本的人権として選択が保障される属性に基づいて、ある者を不合理に取り扱うことを禁止する法である。この禁止の根底には、これらの属性に基づいて取扱いを区別することは、個人を尊重しないことを意味するため、これを極力排除して、その他の個人の特徴に着目した取扱いを行うべきとの考え方が存在する。しかし障害者差別の禁止にあたり、同様に障害という属性を無視して同一の取扱いをすることを原則とすると、かえって障害者の排除が生じることがある。この特徴に対応するため、障害者差別禁止法は、他の差別禁止法と比較していくつかの特徴を有する。

　一つは、障害を理由とする差別は禁止するが、障害がない状態を理由とする差別は禁止せず、障害者を有利に扱うことを認めるという特徴である（**片面的差別禁止**）。例えば性差別禁止は、女性を不利に扱うことだけでなく、男性を不利に扱うことも禁止する（**両面的差別禁止**）。これは、有利な扱いも性別に基づいて取扱いを区別する点では変わらず、有利に取り扱うように見えて実は差別を助長する可能性があるためである。障害者差別禁止法は、こうした副作用よりも、障害者が社会的に不利な立場に置かれていることを念頭に、障害に着目して取扱いを決定することを有利取扱いに限り柔軟に認める必要性を重く見るものといえる。

　この特徴を背景に、非障害者には行わない措置や取扱いを障害者に一定程度講じることを、サービス提供者や雇用主に義務付けることも特徴の一つである（**合理的配慮**）。ある行為をしないこと（不作為）の義務付けを中心とする一般の差別禁止法よりも、差別是正により積極的な仕組みである。これは、一見障害者を優遇することを義務付けたように見える。しかし、障害者は非障害者を基準に構築された取り決めや社会制度等から構造的に不利益を

被る立場にあり、障害者のみを対象とする措置を講じることで初めて非障害者に近いスタートラインに立つことができる。合理的配慮を講じる義務は、障害者の優遇というより、障害者・非障害者の平等の実現に着目する概念である。

3-2　障害・障害者の定義

　ある状態が障害か否か、あるいはある者が障害者か否かは、障害者差別関連立法の適用の有無を左右する。障害の種類は身体、知的、精神等と多様であり、しかもそれぞれ障害と非障害の間にグレーゾーンが存在することから障害の認定が困難なケースが少なくなく、この点が差別是正訴訟における第一の争点になることも多い。

　各法制度の目的を反映して、障害・障害者の定義はそれぞれ異なる。基本法（2条1号）と解消法（2条1号）は、障害を、「身体障害、知的障害、精神障害（発達障害を含む。）その他の心身の機能の障害」と定義し、この障害がある者であって、「障害及び社会的障壁により継続的に日常生活又は社会生活に相当な制限を受ける状態にあるもの」を障害者と定義する（**第1章1参照**）。「社会的障壁」とは、障害がある者にとって日常生活または社会生活を営む上で障壁となるような社会における事物、制度、慣行、観念その他一切のものをいう（障害基2条2号、解消法2条2号）。促進法は障害を同様に、身体障害、知的障害、精神障害（発達障害を含む。）その他の心身の機能の障害と定義したうえで、この障害により「長期にわたり、職業生活に相当の制限を受け、又は職業生活を営むことが著しく困難な者」を障害者と定義する（2条1号）。社会的障壁からの影響を明文上考慮せず、雇用関係を対象とすることをふまえて職業生活との関係において、長期的な影響に着目して障害者性を判定するという限定を加えている。

　これらの定義は、障害者総合支援法における障害者（4条）および同法が基礎とする身体障害者福祉法（4条）、知的障害者福祉法、精神保健及び精神障害者福祉法（5条）の障害者と類似する部分がある（**2章2-1⑵参照**）。もっとも、解消法や促進法では、障害の範囲が「その他の心身の障害」にも拡

コラム6-1　条例における障害差別禁止法

　国の取組みに先駆けて、地方自治体において障害を理由とする差別を禁止する「条例」をつくる動きがみられた。その代表例が千葉県である。「誰もがありのままに・その人らしく地域で暮らす」ためには、障害者が被っている不利益の解消に県全体で取組むことが不可欠であるとして、2004（平成16）年頃から条例の制定に向けた議論が開始された。県民からの意見を広く集め、研究会での議論を重ねた結果、2006（平成18）年10月11日に「**障害のある人もない人も共に暮らしやすい千葉県づくり条例**」が成立した（2007（平成19）年7月1日施行）。

　同条例は、主に①基本理念、②障害者に対する差別、③障害者差別をなくすための仕組み、から構成されている。解消法との比較で同条例の特徴を挙げるならば、合理的配慮を行わないことが差別に該当すると定める点（2条1項）、および、障害を理由とする不利益取扱いが行われる場面ごとに差別の内容を規定している点（同項1号以下）にある。その場面とは、福祉サービス、医療、商品及びサービスの提供、労働者の雇用、教育、建物等および公共交通機関、不動産の取引、ならびに情報の提供等である。また、障害差別に関する相談を受け付ける身近な仕組みを整え、相談員を交えた話し合いによって地域での解決を促そうとしている点も特徴的といえる。2019（令和元）年度において、窓口によせられた相談は524件であり、そのうちの約2割が差別に関する相談であったとされる。千葉県の条例制定以降、多数の都道府県および市町村が同様の条例を策定している。

げられ、司法が障害者該当性を事案ごとに審査して、障害者と認められることで同法の適用を受けるのに対し、障害者総合支援法や同法が基礎とする前述の福祉3法の対象者や、促進法においても雇用率制度の対象者（対象障害者）を確定する場合には、障害の範囲が各法律に定められた類型に限定され、行政が障害者該当性を画一的に判定し、障害者であるというだけでなく、障害者総合支援法については障害支援区分の認定、他については手帳（身体障

害者手帳、療育手帳、精神障害者保健福祉手帳）の交付を通じてサービスを受けることが可能になるという点で異なる（障害者支援区分については**第9章1-4**、障害者手帳制度については**第9章1-2**参照）。この違いは、差別禁止法が当事者の具体的な権利義務関係を明確にして、不当に権利を侵害されている障害者を救済することを目的とするのに対し、障害者総合支援法等は具体的な給付法であるため、支給決定を行う行政機関等が支給対象に該当するか否かを画一的に判定できるよう、この判定基準が明確である必要性があることによる。裁判所において事案毎に障害者該当性を審査する差別禁止法の仕組みは、本項の冒頭に掲げたような問題点を内包しつつも、抽象的な障害者一般ではない具体的な障害者個人に着目して、問題状況に即した適用範囲と救済内容の決定を可能にするものといえる。

3-3　禁止される差別

(1)　差別の禁止

解消法・促進法は、二種類の差別を禁止する。

一つは、障害・障害者であることを理由として、合理的な理由無く障害者と非障害者との取扱いを区別する差別の禁止である。障害・障害者であることを認識して、障害者に不利な取扱いを行うこの差別は、**直接差別**と呼ばれる。解消法は、行政機関等や事業者が、その事務または事業を行うに当たり、障害を理由として障害者でない者と不当な差別的取扱いをすることにより、障害者の権利利益を侵害することを禁止する（7条1項、8条1項）。促進法も、事業主は労働者の募集および採用について、障害者に対して、障害者でない者と均等な機会を与えなければならず（34条）、賃金の決定、教育訓練の実施、福利厚生施設の利用その他の待遇について、労働者が障害者であることを理由として、障害者でない者と不当な差別的取扱いをしてはならないことを定める（35条）。

具体的には、精神障害者であることを理由として飛行機の搭乗を拒否することや、身体障害者であることを理由として同等の業務を行っている非障害者よりも低い賃金を設定することなどが、この差別の禁止に該当するか否か

が争われる典型例である。この差別の禁止は、障害者が問題の取扱いを受ける資格を有するか否かを具体的に判断することなく、障害者であることに着目して障害者に対する偏見や無理解に基づいて取扱いを決定するような、障害者を個人として尊重しない取扱いを否定する点に主眼がある。

　もっともこれらの定めは、不当でない差別、すなわち合理的な理由のある差別を例外的に許容する。どのような理由があれば合理性を認められるかは事案ごとに判断される。例えば、トラックの運転手のように一定の視力を有することが不可欠な業務に従事する労働者の募集について視覚障害者を募集対象から除外すること、心臓機能に障害のある人が遊園地等にある身体に負担のかかるアトラクションを利用することを制限することなど、障害を理由に取扱いを区別することが、争点となっている雇用やサービスについて必要であるか否か、制限の程度が必要最低限であるか否かなどが判断要素になる。

　解消法・促進法のこれらの定めは、立法経緯から、第一義的には直接差別を禁止している。仮に障害者に対する社会的障壁の存在をより強く意識するなどして、広く障害を理由とする差別を禁止する観点からこれらの定めを解釈した場合には、一見障害中立的な基準や取り決めの適用により、障害者に対して非障害者と比較して正当な理由なく不均衡に差別的な効果を与える**間接差別**も禁止されていると解釈する余地もある（**コラム6-2参照**）。

⑵　合理的配慮の提供義務

　もう一つは、契約上の定めや建物、施設などにより、障害者が実質的に不利な影響を受けている場合、そのような効果を防ぐための合理的な措置を講じることを行政機関や事業主に義務付け、これを実施しない場合に差別が成立するものとする**合理的配慮の提供義務**の不履行を理由とする差別の禁止である。解消法は、この概念を差別の禁止という条文見出しの下に定めているが、促進法は、障害者と障害者でない者との均等な機会の確保を図るための措置という条文見出しの下に定めている。

　解消法は、行政機関等に、その事務または事業を行うに当たり、障害者から現に社会的障壁の除去を必要としている旨の意思の表明があった場合にお

コラム6-2　障害差別をめぐる差別概念

　日本の障害者差別禁止法が定める差別の禁止と合理的配慮の提供義務の不履行という差別概念以外にも、諸外国には禁止される差別概念がある。

　本文中（**3-3⑴**）に指摘した間接差別はその一つである。例えば、企業の求人などでときどき見られる自動車の普通運転免許を有することという条件は、障害者にも非障害者にも満たすことができる者がいる。しかし、障害者の方がこの条件を満たすことができない割合が高いために間接障害差別と推定され、適用者がこの差別的効果の存在を認識していなかったとしても、この条件の利用について正当性があることを証明できなければ違法・無効となる。

　立法過程で議論された差別概念としては、ほかに**関連（起因）差別**がある。この差別は、正当な理由なく、障害と関連する理由に基づいて取扱いを区別する場合を意味する。例えば、障害を原因とする欠勤を理由に賃金を減額することは、これに正当性がなければ認められない。イギリスで障害差別のみに用いられる差別概念である。日本では、長崎県の「障害のある人もない人も共に生きる平和な長崎県づくり条例」で採用された（2条4号）**不均等待遇**という差別概念が、関連（起因）差別の機能を含んでいる。

　これらの差別概念は、いずれも社会で一般的に利用されている取り決めや取扱いが、障害者に対しては差別的に機能する可能性があることに着目して構築されている。間接性差別の禁止は均等法（7条）に規定されており、それぞれ日本法の下で利用できない概念ではない。これらを明文化しない日本の障害者差別禁止法は、基本法が障害の社会モデルの視点を部分的に採用したにもかかわらず、障害者差別を構造的問題としてとらえる視点がやや弱い。

いて、その実施に伴う負担が過重でないときは、障害者の権利利益を侵害することとならないよう、当該障害者の性別、年齢および障害の状態に応じて、社会的障壁の除去の実施について必要かつ合理的な配慮を講じることを義務付ける（7条2項）。事業者に対する同様の義務は、制定当初は、義務を完全に果たさなくても、それだけでは法的な責任を問われることのない努

力義務にとどめられていたが、2021（令和3）年5月に解消法が改正され、行政機関等と同様の義務となった（8条2項。公布から3年を超えない範囲の日に施行）。

　促進法も、事業主に、募集および採用については、障害者からの申出を受けて、障害者・非障害者の均等な機会の確保の支障となっている事情を改善することを目的とする、当該障害者の障害の特性に配慮した必要な措置を講じることを、当該事業主の過重な負担にならない限りで義務付ける（36条の2）。採用後については、労働者からの申出を待たずに、障害者である労働者の有する能力の有効な発揮の支障となっている事情を改善することを目的に加えて、その労働者の障害の特性に配慮した職務の円滑な遂行に必要な施設の整備、援助を行う者の配置その他の必要な措置を講じることを、当該事業主の過重な負担にならない限りで義務付ける（37条の3）。

　合理的配慮の提供義務には、具体的には、車いすの利用者に合わせて建物にスロープやエレベーターを設置することのように建物や設備に調整を加えることや、視覚障害者に文書読み上げソフトや点字を用いて情報を提供することのように必要な装備や用具を調えること、施設内の移動の補助員や手話通訳者を用意することのような人的なサポートを準備することなどが含まれる。この義務の趣旨については前述した（3-1(2)参照）。

　この義務をめぐっては、いかなる範囲で配慮措置が義務付けられるかが問題となる。過重な負担に該当するか否かは、その措置が問題となっている不利益を防ぐ効果を意識しつつ、措置実施主体の規模や財政状態、措置の実施にあたり利用することができる公的機関等からの援助などを総合的に考慮して判断される。

3-4　差別禁止を実現する制度

　政府は、障害者等関係者の意見をふまえ、障害者差別禁止の実現に向けて差別禁止の具体例や差別禁止の取組例を規定した基本方針（障害を理由とする差別の解消の推進に関する基本方針）を定める（解消法6条）。これを基礎に、国や地方公共団体等において差別禁止に向けた適切な対応をするための対応

要領を定め（解消法9条、10条）、事業者に対しては主務大臣が同様の対応指針を定める（解消法11条：福祉事業者、医療関係事業者、衛生事業者、社労士事業者向けのものがある）。促進法も厚生労働大臣に事業主向けの同趣旨の指針の策定を義務付ける（障害雇用36条1項：「障害者差別禁止指針」、同36条の5第1項：「合理的配慮指針」）。国・地方公共団体は、障害者差別に関する相談に応じ、紛争防止のための体制を整備し（解消法14条）、必要に応じて障害者差別禁止の取組みを推進するための**障害者差別解消支援地域協議会**（解消法17条）を設置する。なお、2021（令和3）年5月の解消法改正により、国および地方公共団体の連携協力の責務の規定が追加されるとともに（3条2項）、障害を理由とする差別を解消するための支援措置が強化された（16条2項等。いずれも公布の日から3年を超えない範囲の日に日施行）。

　国や地方公共団体は、障害者差別禁止に関する啓発活動を行うほか（解消法15条）、主務大臣が対応指針を基準に必要に応じて事業者に報告を求め、助言・指導・勧告を行う（解消法12条）。雇用分野においては、厚生労働大臣や都道府県労働局長によって助言・指導・勧告（障害雇用36条の6、障害雇用74条の6第1項）が行われるほか、当事者は個別労働関係紛争解決促進法に基づく紛争調整委員会による調停の実施を求めることもできる（障害雇用74条の7第1項）。

　仮に障害者差別の有無が紛争になった場合、当事者は、裁判所に差別の救済を申し立てることもできる。裁判所は、差別を受けた者の申立を受けて、当該事案の事実関係に即して差別の有無を判定する。差別が存在すると認められた場合、問題の取扱いを解消法や促進法違反を理由に公序良俗（民法90条）に反するとして無効にしたり、その取扱いが不法行為（民法709条）であることを理由に申立人に与えた損害について損害賠償の支払いを命じたりすることが行われる。

　また、解消法は、国民に障害者差別の解消の推進に寄与する努力義務を課すほか（解消法4条）、雇用については、促進法が、事業主に苦情処理機関を設置するなどして自主的解決を図る努力義務を課している（障害雇用74条の4）。

4　障害差別禁止法の展開

4-1　日本の障害者差別禁止法の意義

日本では、**第2章**や**第9章**でみられるように、福祉的な側面から障害者を支援する施策は古くからみられていたものの、障害者差別を実効性のある形で規制する法規定が存在しなかった。そのため、障害を理由とする差別が裁判等において違法と判断されることも非常に少なかった。新たに解消法や促進法が制定されたことにより、障害者差別の違法性を争うことの道が大きく開けたと考えられる。また、障害を理由とする差別が「法的」にも許されないことを明らかにしたことで、社会における障害・障害者に対する見方が変化することが期待される。さらに、解消法や促進法によって、「合理的配慮」の考えが取り入れられた。障害者が生活を営むうえで遭遇する社会的障壁を取り除かないことが、障害者に対する権利侵害になるとされる。これは、障害者に対する特別の配慮が、恩恵的あるいは道徳的観念に基づくものではなく、法的な義務として行政機関や事業者等に義務付けられたことを意味する。

　解消法や促進法は、障害者の分野にこのような新たな考えをもたらすものであり、その意義は大きい。しかし、次に見るように、諸外国の障害差別禁止法の枠組みと比較すると、日本版の障害者差別禁止法制はいくつかの重大な課題を抱えていることがわかる。

4-2　諸外国の障害差別禁止法の枠組み

　世界の多くの国が障害差別禁止法制を有しており、その中身は多様であるものの、欧米諸国を中心とする国々の障害差別禁止法は、一定の共通性をもつ。

　第1に、障害（者）の範囲を定めるに当たり、医学的な心身の機能の障害（impairment）によって画定するのではなく、心身の機能の障害と社会の在り方との相互作用により不利益が生じていることを「障害」（disability）と

して捉える。障害の範囲を広く捉え、障害を理由として差別された者を広く救済することを目指すものといえる。

第 2 に、障害「者」であることを理由とする差別を禁止するのではなく、障害を理由とする差別を禁止する。このことにより、**障害者間の差別**（重度の障害をもつ人を軽度の障害をもつ人よりも不利益に扱うことや、精神障害者を身体障害者よりも不利益に扱うこと等）を規制することが可能となる。また、家族に障害者がいることを理由として非障害者に不合理な取扱いをすることも差別に該当すると考えることができる。

第 3 に、障害（者）差別として、①直接差別、②間接差別および③合理的配慮を提供しないことの 3 類型を定めている。この他、ハラスメントや報復的取扱いを差別として規定する国も多い。

第 4 に、障害差別禁止法が私法上の効果をもつ。すなわち、法の直接の効果として、違法な差別的取扱いが無効となる。

第 5 に、諸外国は、障害差別の救済機関として、障害に特化した、あるいは、差別問題に特化した独立の行政機関を設置し、専門的な知識を有する者による迅速な救済が図られる仕組みが整えられている。

4-3　日本の障害者差別禁止法の特徴と課題

こうした諸外国の障害差別禁止法の枠組みから見た場合、日本の障害者差別禁止法制にはどのような特徴や課題をみつけることができるだろうか。以下にその特徴や課題と、課題に対する解決案をいくつか示してみよう。

⑴　障害者の範囲の広さ・明確化

障害者の定義について、解消法 2 条 1 号および促進法 2 条 1 号は、障害者手帳の交付を受けていない者も含めて障害者の意味をより広義にとらえている。しかし、障害者施策の多くが手帳制度によって障害者の範囲を画定している日本において、それらの範囲がどこまで広く解釈されるかは不透明である。

そこで、障害者手帳を取得できない程度の軽度の障害であったとしても、

偏見等により不合理な取扱いを受けた場合には、障害を理由とした差別として規制すべきことを明確化する立法措置を講じる必要性があるといえないだろうか。ただし、障害者手帳に依拠しないで障害者性を判定しようとすると、障害の範囲をどのように・誰が画定するかが改めて問題となる。訴訟によらなければこの問題を解決できないとなれば、障害者に該当するか否かを当事者が予め判定することが難しくなり、結果的に双方にとってかえって不利益が高まる可能性もあることに留意する必要があるだろう。

(2)　何を理由とする差別を禁止するか

　諸外国の差別禁止法が「障害」を理由として個人を差別することを禁止するのに対し、解消法と促進法は、障害を理由として「障害者でない者と」不当な差別的取扱いをしてはならないと定めているため（解消法7条1項、8条1項、障害雇用34条、35条）、前述した障害者間の差別を規制することができない。また、現に障害をもつ者に対する差別の禁止であるため、家族に障害者がいる者に対する差別や、過去の障害・将来の障害を理由とする差別を規制することもできない。本章において、諸外国の法制を「障害差別禁止法」、日本の法制を「障害者差別禁止法」と表記して区別してきた理由は、この相違点にある（なお、両者を区別なく使用する際には、「障害（者）差別禁止法」と表記している）。

　確かに障害を理由とする差別による不利益を被り、合理的配慮を必要とする大多数は実際に障害を有する者である。しかし、障害差別禁止法の目的には、障害という属性に着目して取り扱うことの合理性を問い直したり、障害者を障害者たらしめている、社会のあり方の中に存在する「障害」を是正したりすることも含まれる。とすれば、より直接的に障害を理由とする差別を禁止する仕組みにした方が、問題状況に合致するのではないだろうか。

(3)　禁止する差別の明確化と拡大

　解消法と促進法はいずれも、「障害を理由として」不当な差別的取扱いをしてはならないと定めており、間接差別が禁止されるとの解釈の余地が小さ

い。特に、促進法の制定過程においては、間接差別の内容が明確でないことや合理的配慮の提供によって間接差別の問題が解決できるとの理由から、促進法の差別には間接差別は含まれないと理解されていた。また、合理的配慮を提供しないことを「差別」と捉えるかどうかについても、解釈が分かれている。解消法については、合理的配慮の不提供を差別と解釈する余地は残されているものの、促進法の制定過程においては、合理的配慮の提供義務を事業主に義務付けることと、合理的配慮の不提供を差別として禁止することは効果が同じであるとしつつ、差別構成は採用されず、提供義務とすることとされた。解消法と促進法は、適用の場面は違えども、障害者に対する差別を禁止するものであって、それぞれの差別の解釈に差が生じてもよいのかどうかについても、議論になろう。いずれにしても、明確に間接差別や合理的配慮の不提供を差別と規定する諸外国の法制と比べ、日本の法制は、禁止される差別の範囲が限定的である。これらの問題点を改善することが、次の検討課題となろう。

　禁止する差別の範囲を拡げる場合には、それぞれの差別概念の関係性を明らかにして、それぞれの役割や解釈方法を明らかにしなければ、かえって混乱が生じかねない。例えば、合理的配慮と間接差別は、ともに障害者が社会的に不利な立場に置かれていることを意識した概念であり、一部機能を共通する部分があることから、両者の機能範囲を整序しておく必要があるだろう。

(4)　法的救済の根拠規定の整備

　解消法と促進法から、私法上の効果が直接生じることは想定されていない。つまり、差別禁止を定めた条文（解消法7条1項、8条1項、障害雇用34条、35条）から直ちに差別的な行為の違法性や無効を導くことや、合理的配慮の提供義務を定めた条文（解消法7条2項、8条2項、障害雇用36条の2〜4）から合理的配慮の請求権を直接導くことはできない。裁判では、民法の一般原則である公序良俗（民法90条）または信義則（同1条2項）に反するとして、差別的行為を無効にしたり、不法行為（同709条）に基づく損害賠償

請求が可能となるのみである。

　差別された者は、問題の取扱いが差別と認定されるだけでなく、これを通じてあるサービスを実際に受けられたり、差別が無ければ得られただろう職位を獲得したりすることを求めているのが通例だろう。この要請に応えるような法的根拠を設けることが必要ではないだろうか。

(5)　差別禁止を実現する専門的機関の設置

　日本では障害者差別禁止を実現する救済制度が十分に整備されていない。裁判所を通じた救済は、当事者の権利義務関係を終局的に確定することができる点で不可欠なものだが、その法的効果は個別の訴訟の当事者にしか及ばない。社会に根付いた非障害者基準の考え方や制度を是正していくためには、社会全体を対象として継続的な取組みを行うことがどうしても必要になる。この必要性に対応するためには、差別問題専門の行政機関等を設置し、差別禁止に関する情報の集約・周知や差別救済の支援等を継続的に行うことが必要ではないだろうか。

4-4　障害（者）差別禁止法の未来

　以上でみてきたように、日本の障害者差別禁止法制は、諸外国と比べて内容的に不十分な部分も多く、今後の解釈を待たなければならない部分も少なくない。しかし、日本の法制度は誕生したばかりであり、今後さらに発展していく可能性は大いにある。諸外国も始めから完璧な差別禁止法を作った訳ではなく、いずれの国も法改正を重ね、裁判例を積み重ねるなかで、これを少しずつ発展させてきた経緯をもつ。小さく生まれた日本の障害者差別禁止法制を、今後、どのように大きく育てるかは、私たちの手にかかっているともいえよう。

参 考 文 献

　2013（平成25）年の解消法制定および促進法改正に向けて、多くの比較法研究がなされた。網羅的な資料としては内閣府「障害者の社会参加推進等に関す

る国際比較調査」（平成20年度）がある。

　解消法については、障害者差別解消法解説編集委員会編著『概説障害者差別解消法』（法律文化社、2014年）が、また、促進法については、永野仁美ほか編著『詳説・障害者雇用促進法─新たな平等社会の実現に向けて〔増補補正版〕』（弘文堂、2018年）が、その全体像を紹介している。合理的配慮についても、川島聡ほか『合理的配慮─対話を開く、対話が拓く』（有斐閣、2016年）、朝日雅也ほか編『障害者雇用における合理的配慮』（中央経済社、2017年）、九州弁護士会連合会ほか編『合理的配慮義務の横断的検討─差別・格差等をめぐる裁判例の考察を中心に』（現代人文社、2017年）において、総合的な検討がなされている。さらに、日本の障害差別禁止法制を体系的に整理したものとして、池原毅和『日本の障害差別禁止法制─条約から条例まで─』（信山社、2020年）がある。

（はせがわ・さとし／はせがわ・たまこ）

第7章　障害と労働法

小西　啓文・中川　純

=== 本章のねらい ===

　平成30年度『厚生労働白書』は副題として「障害や病気などと向き合い、全ての人が活躍できる社会に」を掲げるが、そのなかで、障害者の就労支援に割くページが多いことに気がつく。

　この点、本章で学ぶように、一般就労の場面では、障害者雇用促進法の改正により、合理的配慮提供義務が使用者に課されることになった。これまで、入口における規制（雇用率制度）と出口における規制（届出制度）を軸に運用されてきた障害者雇用法制であったが、合理的配慮提供義務の導入により、障害者に対する採用後のサポートシステムの拡充が期待される。

　他方で、一般就労への架け橋をする機関としては従来よりハローワークや各種センターが存在するし、一般就労が困難な障害者に対する就労移行支援事業も存在する。

　そこで本章では、いわゆる一般就労と、これまで福祉的就労と呼ばれてきた領域をとりあげ、「全ての人が活躍できる社会」の条件を労働法の領域において考えることにしよう。

146

1　障害と労働法

　本節では、障害のある人も障害のない人も、同じように一般企業で働くためにはどうすればよいかという問いにこだわって考えてみたい。

　障害のある人にとって働きやすい環境が整った**特例子会社**（詳細は後述する）などがあるなかで、なぜこのような問いにこだわろうとするのか。それは、これまで学習してきた**ノーマライゼーション**という理念からは、障害のない人も障害のある人も分け隔てなく同じ職場で働けることが望ましいという回答が導けるのではないかと思われるからである。しかし、必ずしも障害に適した職場ばかりではない一般の企業で障害のある人が働くからには、さまざまな障壁があろうことも想像に難くない。

　そこで、国連の障害者権利条約の発効とわが国の批准の作業のなかで、「合理的配慮」という概念が登場してきているのが鍵になる。いずれもこれまでの章で学習済みで、これを雇用の場面に即していうならば、障害のある人が会社に対して何らかの配慮を請求するならば、それが過度の負担でない限り、会社はその請求にこたえる義務がある、という考え方である。

　今後、このような新しい考え方によって、これまでのような障害のある人は障害のない人とは別の場所で働く方がよいのではないか、という考え方に対して新しい風を吹き込んでくれることが期待されよう。本章では、そのような新しい考え方をイメージしつつ、これまで障害者雇用がわが国でどのように制度化され、どのように運用されてきたか、時に裁判例を参照しつつ以下みていきたい。

2　採用に際してのサポートシステム——障害者雇用促進制度のスキーム——

2-1　障害者雇用促進制度の展開

　わが国では障害者雇用について、障害者雇用促進法が規定を設けている。同法の沿革としては、国際労働機関（ILO）において職業更生勧告が採択さ

れたこと等を踏まえ、わが国においても何らかの立法措置を講ずべきである
との声を踏まえ、1960（昭和35）年に「身体障害者雇用促進法」が成立し施
行されたことに遡る。成立当初、職業紹介、適応訓練、雇用率制度を柱とし
て出発した同法はその後、身体障害者雇用納付金制度の導入（1976〈昭和51〉
年改正）、知的障害者への適用拡大と職業リハビリテーションの推進（1987
〈昭和62〉年改正）、障害者雇用対策基本方針の策定と障害者雇用推進者の選
任努力義務の創設（1992〈平成 4 〉年改正）、障害者雇用支援センターの指定
（1994〈平成 6 〉年改正）、知的障害者を含む障害者雇用率の設定（1997〈平成
9 〉年改正）、障害者就業・生活支援センターによる事業の実施と職場適応
援助者（ジョブコーチ）事業の実施（2002〈平成14〉年改正）というように、
漸次、改正を経てその適用対象や事業を拡大してきた。

　そして、同法は「労働・雇用分野における障害者権利条約への対応のあり
方に関する研究会」等の報告書を受け、2013（平成25）年に「合理的配慮義
務」を含む大幅な改正を経験している。

2-2　障害者雇用促進制度の目的

　ところで現行法の目的は、障害者の雇用義務等に基づく雇用の促進等のた
めの措置、雇用の分野における障害者と障害者でない者との均等な機会及び
待遇の確保並びに障害者がその有する能力を発揮することができるようにす
るための措置、職業リハビリテーションの措置その他障害者がその能力に適
合する職業に就くこと等を通じてその職業生活において自立することを促進
するための措置を総合的に講じ、もって障害者の職業の安定を図ること（ 1
条）である。

　同法で障害者とは身体障害、知的障害、（発達障害を含む）精神障害その他
の心身の機能の障害があるため、長期にわたり、職業生活に相当の制限を受
け、又は職業生活を営むことが著しく困難な者（ 2 条 1 号）とされ（この点、
障害者差別解消法 2 条は障害者を「身体障害、知的障害、精神障害（発達障害を
含む。）その他の心身の機能の障害（以下「障害」と総称する。）がある者であ
って、障害及び社会的障壁により継続的に日常生活又は社会生活に相当な制

限を受ける状態にあるものをいう。」と規定している）、身体障害者とは障害者のうち身体障害がある者であって別表に掲げる障害があるものであり、知的障害者とは障害者のうち知的障害がある者であって厚生労働省令で定めるもの、精神障害者とは障害者のうち精神障害がある者であって厚生労働省令で定めるものと定められている。この精神障害者については2005（平成17）年に手帳所持者が実雇用率に算定できるようにされたが、2018（平成30）年から雇用義務化が図られている。

　そして同法は上記のような障害者に対し、職業指導、職業訓練、職業紹介その他この法律に定める措置を講じ、その職業生活における自立を図るべく、職業リハビリテーションについて規定する（2条7号）。ところで、同法の理念は3条と4条に規定されており、3条は職業生活においてその能力を発揮する機会の保障、4条は有為な職業人としての自立の努力義務（なお同条に基づき、事業者が労働者の自立した業務遂行ができるよう相応の支援および指導を行った場合には、当該労働者も業務遂行の向上に努力する義務を負うなどとし、地位確認、未払い賃金の支払い、原告が被ったハラスメントに対する慰謝料請求のいずれも認めなかった藍澤證券事件・東京高判平22・5・27労判1011号20頁参照）を規定する。また、5条は事業主の社会連帯に基づく適正な雇用管理・雇用安定の努力義務、6条は国及び地方公共団体の努力義務を規定する。さらに、障害者雇用対策基本方針の策定（7条）、障害者職業センター、障害者就業・生活支援センター等による職業リハビリテーションの推進（8条以下）も規定されている。

2-3　雇用率制度の概要と展開

　このような障害者雇用促進法制にあって、中心的な役割を担ってきているのが**障害者雇用率制度**である。2021（令和3）年3月から、国・地方公共団体は2.6％、一般事業主（従業員数43.5人以上）は2.3％が基準雇用率である。

　この間の法改正の経緯と雇用率の変遷であるが、身体障害者雇用促進法としてスタートした1960（昭和35）年当時はあくまで努力義務として、官公庁に対して現業機関1.4％、非現業機関1.5％、民間事業所の現業的事業所1.1％、

事務的機関1.3％としていたのが、1976（昭和51）年改正で「身体障害者雇用納付金制度」を伴う雇用義務へと変更された。その際、雇用率自体も障害の程度が重い重度障害者についての加算（いわゆる「ダブルカウント」）制度を前提として、官公庁の現業機関1.8％、非現業機関1.9％、民間企業1.5％とされた。

　そして1987（昭和62）年の法改正で、身体障害者のみならず知的障害者も雇用率の対象とされ、雇用率への参入が可能となった（ただし、雇用義務の対象とはされなかった）。雇用率も官公庁の現業が1.9％、非現業が2.0％、民間は1.6％とされた。

　ところで、知的障害者の雇用義務化が実現したのは1997年（平成9年）のことであり、この際に、国・地方公共団体・特殊法人の雇用率は2.1％、民間企業は1.8％へと引き上げられた。

　さらに2008（平成20）年の法改正で身体障害者または知的障害者である短時間労働者（週所定労働時間が20時間以上30時間未満）が雇用義務の対象とされ、実雇用率の算定上は0.5人に換算されて算入されることになった（いわゆる「ハーフカウント」。現行43条3項参照）。重度障害者については、従来から、フルタイムで1人を雇用すれば2人と換算されることになるが（43条4項）、短時間雇用している場合は1人と換算される（71条）。従業員規模の大きい事業所の雇用改善策として1976（昭和51）年に制度化された特例子会社（44条）については（→**コラム7-1**）、2008（平成20）年の法改正で企業グループ算定特例が導入されてもいる。

　そして2012（平成24）年の障害者雇用分科会で15年ぶりに雇用率の引き上げが決められ、2013（平成25）年4月から国・地方公共団体・特殊法人の雇用率は2.3％、民間企業は2.0％とされた。さらに2018（平成30）年4月から、国・地方公共団体・特殊法人の雇用率は2.5％、民間企業（従業員数50人以上から45.5人へ変更）は2.2％とされた。

2-4　障害者雇用納付金制度の存在

　ところで先の身体障害者雇用納付金は、その後、**障害者雇用納付金制度へ**と改正されている（53条）。この納付金の納付義務は事業主に対して負わせ

コラム7-1　特例子会社制度について

　障害者雇用率制度においては、障害者の雇用機会の確保（法定雇用率）は個々の事業主（企業）ごとに義務づけられているが、障害者の雇用の促進及び安定を図るため、事業主が障害者の雇用に特別の配慮をした子会社を設立し、一定の要件を満たす場合には、特例としてその子会社に雇用されている労働者を親会社に雇用されているものとみなして、実雇用率を算定できることとされている。また、先述のように特例子会社を持つ親会社については、関係する子会社も含め、企業グループによる実雇用率算定を可能としている。

　このような特例子会社によるメリットとしては、事業主にとっては、

○ 障害の特性に配慮した仕事の確保・職場環境の整備が容易となり、これにより障害者の能力を十分に引き出すことができる。

○ 職場定着率が高まり、生産性の向上が期待できる。

○ 障害者の受け入れに当たっての設備投資を集中化できる。

○ 親会社と異なる労働条件の設定が可能となり、弾力的な雇用管理が可能となる。

ことがあげられ、また障害者にとっては、

○ 特例子会社の設立により、雇用機会の拡大が図られる。

○ 障害者に配慮された職場環境の中で、個々人の能力を発揮する機会が確保される。

ことがあげられている（以上、厚生労働省のホームページより）。

　ここまでテキストの記述を読んできたみなさんは、ここであげられている「メリット」を果たしてどのようにとらえただろうか。

られ、独立行政法人高齢・障害・求職者雇用支援機構が徴収し、身体障害者等を受け入れる事業主等に対し必要な設備の設置・雇用管理・教育訓練のために助成金を支給する際の費用に充てられる。もっとも、実際に対象となる障害者を雇用している事業主については雇用している数に応じて減額され、基準雇用率を達成している場合にはゼロとなるように設計されている。

2-5　障害者雇用の現状

2018（平成30）年の集計結果によると、民間企業（45.5人以上規模の企業：法定雇用率2.2％）に雇用されている障害者の数は53.5万人と前年より7.9％増加し、15年連続で過去最高となったという。雇用者のうち、身体障害者は34.6万人（対前年比3.8％増）、知的障害者は12.1万人（同7.9％増）、精神障害者は6.7万人（同34.7％増）といずれも前年より増加し、特に精神障害者の伸び率が大きかったとされる。実雇用率は 7 年連続で増加し2.05％（前年は1.97％）、法定雇用率達成企業の割合は45.9％（同50％）だった。

　民間企業全体における障害者の実雇用率は上昇傾向にあり、企業規模別の実雇用率は45.5〜100人未満で1.68％、100〜300人未満で1.91％、300〜500人未満で1.90％となっている。また、障害者の雇用義務のある企業のうち、 1 人も障害者を雇用していない企業（いわゆる「障害者雇用ゼロ企業」）は31,439社であり、障害者の雇用義務のある企業の31.3％となっている。このうち企業規模別では45.5〜100人未満の企業が占める割合が82.1％、100〜300人未満の企業が占める割合が17.7％と、その大半を占めている（**図表 1** 及び『平成30年度厚生労働白書』49頁以下）。

　もっとも、国の行政機関等により障害者雇用状況報告の不適正計上があったことは記憶に新しく（『令和元年版障害者白書』66頁）、このような報告を見る我々の眼力が問われてもこよう。

　ところで、かつて日本航空の株主オンブズマンが、同社の代表取締役を被告として、同社が決定障害者雇用率を達成せず納めた障害者雇用納付金相当額を同社に支払うよう株主代表訴訟を提起したことがあった。この裁判は2001（平成13）年 5 月に和解で終了したが、障害者雇用に理解のある企業かどうか、企業の社会的責任（CSR）という観点からも注目を集めることになった（清水建夫「遊筆」労判867号参照）。

2-6　法改正の効果

　以上のようにわが国では、採用に際して、行政機関等により認定を受けた障害者に対しての雇用率制度でもって雇用促進を図ってきたが、2013（平成

図表 1　実雇用率と雇用されている障害者の数

注1：雇用義務のある企業（2012年までは56人以上規模、2013年から2017年までは50人以上規模、2018年は45.5人以上規模の企業）についての集計である。

注2：「障害者の数」とは、次に掲げる者の合計数である。

2005年まで	身体障害者（重度身体障害者はダブルカウント） 知的障害者（重度知的障害者はダブルカウント） 重度身体障害者である短時間労働者 重度知的障害者である短時間労働者	2011年以降	身体障害者（重度身体障害者はダブルカウント） 知的障害者（重度知的障害者はダブルカウント） 重度身体障害者である短時間労働者 重度知的障害者である短時間労働者 精神障害者 身体障害者である短時間労働者 （身体障害者である短時間労働者は0.5人でカウント） 知的障害者である短時間労働者 （知的障害者である短時間労働者は0.5人でカウント） 精神障害者である短時間労働者（※） （精神障害者である短時間労働者は0.5人でカウント）
2006年以降 2010年まで	身体障害者（重度身体障害者はダブルカウント） 知的障害者（重度知的障害者はダブルカウント） 重度身体障害者である短時間労働者 重度知的障害者である短時間労働者 精神障害者 精神障害者である短時間労働者 （精神障害者である短時間労働者は0.5人でカウント）		

※　2018年は、精神障害者である短時間労働者であっても、次のいずれかに該当する者については、1人分とカウントしている。
① 2015年6月2日以降に採用された者であること
② 2015年6月2日より前に採用された者であって、同日以後に精神障害者保健福祉手帳を取得した者であること

注3：法定雇用率は2012年までは1.8％、2013年4月から2017年までは2.0％、2018年4月以降は2.2％となっている。

注4：四捨五入で人数を出しているため、合計が一致しない場合がある。

出典：『平成30年版 厚生労働白書』49頁、『令和元年度版 障害者白書』60頁および『令和2年版 障害者白書』62頁。

25）年の法改正により、36条の2で「事業主は、労働者の募集及び採用について、障害者と障害者でない者との均等な機会の確保の支障となつている事情を改善するため、労働者の募集及び採用に当たり障害者からの申出により

当該障害者の障害の特性に配慮した必要な措置を講じなければならない。ただし、事業主に対して過重な負担を及ぼすこととなるときは、この限りでない。」と規定された。促進法が、合理的配慮の対象となる障害者を37条で定める「対象障害者」（障害者手帳の所持者で、雇用義務の対象となる者）より広く捉えたこと（2条1項）はもっともなことであったが、今後は雇用率制度の存在を所与のものとしつつ、法改正により導入されることになる障害のある人からの「申出による企業側の配慮」がどのように実現するのか、そして雇用率とこのような配慮がどのように調和的に運用できるのか、注視すべきであろう（会社が障害者を採用する場合、最初に6か月間の嘱託契約社員として契約を締結し、6か月間の嘱託契約期間を経てから正社員に移行させるという障害者枠制度について、障害者であることのみを理由に障害者を差別的に取り扱うものではないとした日本曹達〈退職勧奨〉事件・東京地判平18・4・25労判924号112頁も参照）。

3　採用後のサポートシステム

3-1　使用者の安全配慮義務

　一般に労働者が仕事中に事故にあうなどして負傷した場合、会社はどのような責任を負うだろうか。かつて最高裁は会社には「労働者が労務提供のため設置する場所、設備もしくは器具等を使用し又は使用者の指示のもとに労務を提供する過程において、労働者の生命及び身体等を危険から保護するよう配慮すべき義務」（安全配慮義務）があるとしている（川義事件・最三判昭59・4・10民集38巻6号557頁）。この考え方は労働契約法の制定により、同法の5条の「労働者への安全への配慮」にかかる規定へと結実している。

　それでは、障害のある労働者に対して企業は障害の状況に応じていかなる配慮をすることが求められるだろうか。これまでは厚生労働省が策定する「障害者雇用対策基本方針」の「事業主が行うべき雇用管理に関して指針となるべき事項」として、例えば知的障害者を対象とした「作業工程の単純化、単純作業の抽出等による職域開発を行う。また、施設・設備の表示を平

易なものに改善するとともに、作業設備の操作方法を容易にする」という配慮事項はあったが、それはいうならば使用者の雇用管理に対しての指針であり、障害のある労働者が実際に事故に巻き込まれる場合に使用者の責任を追及するための直接の法的根拠としては弱いものであった。

　この点、今般の法改正で「事業主は、障害者である労働者について、障害者でない労働者との均等な待遇の確保又は障害者である労働者の有する能力の有効な発揮の支障となつている事情を改善するため、その雇用する障害者の障害の特性に配慮した職務の円滑な遂行に必要な施設の設備、援助を行う者の配置その他の必要な措置を講じなければならない」と規定された（36条の3）のは重要である。これまでのような「指針」ではなく、「法律」で企業がこのような配慮をすることを義務付けたことで、合理的配慮概念がわが国に定着することが「期待」（企業に配慮することを義務付けることと、労働者が申出をしたのに配慮しないことが差別に当たるということとは文脈が異なることは注意を要しよう）され得るからである（知的障害のある労働者について作業上及び安全上の注意事項等について安全教育を行い、緊急時に適切な指導・監督を受けられるような人員配置や人的サポート態勢の整備等を図るべきであったとしたAサプライ〈知的障害者死亡事故〉事件・東京地八王子支判平15・12・10労判870号50頁、必要な配慮義務を行わないことが場合によっては**公序良俗**ないし**信義則違反**として問えるとした阪神バス〈勤務配慮〉事件・神戸地尼崎支決平24・4・9労判1054号38頁、保全異議申立につき神戸地尼崎支決平24・7・13労判1078号16頁、保全抗告につき大阪高決平25・5・23労判1078号5頁参照）。

　もっとも、同条文には但し書きとして「事業主に対して過重な負担を及ぼすこととなるときは、この限りでない」とされてもおり、企業がこのような義務を回避する余地が残されていることも指摘しておこう（知的障害を伴う自閉症の労働者の自殺のケースで予見可能性の成立を否定し安全配慮義務違反を認めなかったヤマトロジスティック事件・東京地判平20・9・30労判977号59頁も参照）。

3-2　配転・職場復帰と賃金差別の問題

　労働者が使用者との間で労働関係に入った後に障害を有し（いわゆる「採用後障害者」のケース）、労働能力を（一部であれ）喪失した結果、労働者が私傷病のために軽易な労務への転換を求める場合についてのルールは障害者雇用促進法にも先の労働契約法にも規定がない。もっともこれまで、障害者雇用対策基本方針には「事業主が行うべき雇用管理に関して指針となるべき事項」として、「障害の種類及び程度を勘案した職域を開発することにより積極的な採用を図る」とともに、「障害者個々人の適性と能力を考慮した配置を行う」というものはあった。

　かつて最高裁はバセドウ病にり患した現場監督労働者が内勤業務に従事させるよう使用者に申し出てこれを拒否され、賃金を支払わなかったという事件において、「労働者が職種や業務内容を特定せずに労働契約を締結した場合においては、現に就業を命じられた特定の業務について労務の提供が十全にはできないとしても、その能力、経験、地位、当該企業の規模、業種、当該企業における労働者の配置・異動の実情及び難易等に照らして当該労働者が配置される現実的可能性があると認められる他の業務について労務の提供をすることができ、かつ、その提供を申し出ているならば、なお債務の本旨に従った履行の提供があると解するのが相当である」とした（片山組事件・最一判平10・4・9集民188号1頁、労判736号15頁）。今後、労働者の責めに帰すべきではない疾病に起因して障害を持った労働者については、会社がそれまでの労働者のキャリアを踏まえた就労を認めるような形で「使用者の配慮義務の作用」という観点から配転をしつつ、差額賃金請求を認めるといった対応が望まれよう（身体的障害を負った労働者が望んでいない配置替えにより、賃金カットをされたことの違法性を訴えた事案であるオリエンタルモーター〈賃金減額〉事件・東京高判平19・4・26労判940号33頁も参照）。

　とはいえ、周知のこととは思うが、障害のある労働者の賃金は総じて低い傾向にある（**図表2**参照）。今般の法改正で「事業主は、賃金の決定、教育訓練の実施、福利厚生施設の利用その他の待遇について、労働者が障害者であることを理由として、障害者でない者と不当な差別的取扱いをしてはならな

図表２　障害者の就労形態と平均月額賃金（工賃）

	一般就労	就労継続支援Ａ型	就労継続支援Ｂ型
障害者の位置づけ	労働者	労働者かつ利用者	利用者
就労者（利用者数）	約63.1万人 （内訳） 身体：43.3万人 知的：15.0万人 精神：　4.8万人	約6.9万人 （内訳） 身体：約1.3万人 知的：約2.4万人 精神：約3.1万人	約23.6万人 （内訳） 身体：約2.9万人 知的：約12.6万人 精神：約8.1万人
平均月額賃金（工賃）	身体：約22.3万円 知的：約10.8万円 精神：約15.9万円	約7.4万円	約1.6万円
労働関係法令の適用	あり	あり	なし

資料：厚生労働省職業安定局雇用開発部障害者雇用対策課地域就労支援室「障害者雇用実態調査」
　　　（2013年度）、国保連データ等。
注１：「一般就労」の就労者数及び平均月額賃金は、常用労働者５人以上を雇用する民営事業所の
　　　状況。
注２：就労継続支援Ａ型・Ｂ型について、就労者（利用者）数は2017年（平成29年）12月時点（国
　　　保連データ）、平均賃金・工賃は2017年（平成29年）時点（厚生労働省障害保健福祉部障害
　　　福祉課調べ）。
出典：『平成30年版 厚生労働白書』48頁。

い」と規定されたが（35条）、今後、賃金について、障害を理由とする差別
がなされないような職場環境の形成が期待されるところである（なお最低賃
金制度との関係で、知的障害者更生施設での作業の対価の未払いにつき、労働時
間を最低賃金額に乗じた額で損害額を算定した札幌育成園事件・札幌高判平17・
10・25賃社1411号43頁も参照）。

4　労働関係の終了時のサポートシステム

　わが国の障害者雇用法制において、障害者である労働者を使用者の都合で
解雇する場合には、一般の労働者と同様に、業務上の傷病による休業期間及
びその後30日間の解雇制限などを除き、使用者に特別な解雇制限は課されて
おらず、ほぼ唯一の違いは、その旨を公共職業安定所長へ届け出なければな
らないという届出制（81条１項）が存在することである。

　今般の法改正で、苦情の自主的解決の手段として、事業主が障害者である
労働者から苦情の申出を受けたときは、事業主を代表する者及び当該事業所
の労働者を代表する者を構成員として当該事業所の労働者の苦情を処理する

「苦情処理機関」が設けられたが（74条の4）、解雇の事案についてどのような処理がなされるようになるか、注視すべきであろう（障害のある労働者が障害を理由として解雇された事件で、市の勤務条件規程にいう「心身の故障のため，職務の遂行に支障があり，又はこれに堪えない場合」に該当する事由があるとした横浜市学校保健会〈歯科衛生士解雇〉事件・東京高判平17・1・19労判890号58頁も参照）。

5　「新しい考え方」を見据えて──ここまでのまとめ──

　以上、障害のある労働者について、「採用に際してのサポートシステム」、「採用後のサポートシステム」、「労働関係終了時のサポートシステム」について一瞥してきたが、従来障害者雇用促進法がカバーしてきたのは、主に採用と解雇についてであったことがわかったのではないだろうか。今般の同法改正で合理的配慮義務が盛り込まれ、ようやく労働者のライフステージに即したサポートシステムが構築されたことになる。

　これまで、障害者雇用促進法は企業に対しての公法的な規制のシステム（採用に際しては雇用率と助成金のセット、解雇に際しては届出制）として機能し、実際に働いている障害者がさまざまな紛争に巻き込まれた場合にはあまり機能してはこなかったといっても過言ではないだろう。

　障害者雇用の問題は、合理的配慮概念の導入でもって新しいステージに到達することが予想されるが、それをこれまでのような（ガイドラインを作って事前に紛争を予防するといった）公法的規制の仕組みの延長上でととらえるのがよいのか、それとも各人からの申出を踏まえて各人のニーズにあった職場環境を作り上げるための切り札としてとらえるべきか、これが今後の障害者雇用の行く末を占う分水嶺となる予感がするのである。現段階では、合理的配慮について正面から争われた事件は公刊されていないようであるが、例えば日東電工事件（大阪地判令3・1・27 LEX/DB 25568817）のように、私傷病による身体障害のある労働者が休職後に復職するにあたり、被告使用者に対して労働条件について合理的配慮を求めたことが訴訟の契機となった事

案は存在する（結局は消極）。

　もっとも、このような議論は、プライバシー保護の観点抜きにできるものではなく（最二判平26・3・24集民246号89頁参照）、また、障害の程度が比較的軽度の労働者を念頭に置いていることも否めない。障害の程度がより重度である場合には、以下の節で取り上げられる就労支援策がぜひとも必要であるし、また、その障害により申出が困難な労働者にとって、そのような申出をサポートするための機関（例えば、現行法にも障害者雇用推進者・障害者職業生活相談員という仕組みは存在する）が不可欠であることはいうまでもないだろう。

6　障害者雇用施策の概要

6-1　障害者と労働・就労

　障害を有する個人は、身体的または精神的な機能の制限ゆえに、働くことなどの一定の生活活動が制約されていることがある。しかし、これは、障害者が働けないことを意味していない。障害者は、機能障害の程度にかかわらず、支援を受けられれば労働、就労をおこなうことができる。障害者にとって働くことや就労することは、非障害者が働くこと以上の特別な意味を持つことがある。社会参加が妨げられている障害者にとって働くことや就労することは、社会の一員として尊重される機会であり、労働や就労による所得の獲得は社会保障制度への依存を脱し、経済的自立を実現することにつながるからである。

　わが国では障害者が働くうえでどのような支援がおこなわれているのであろうか？　障害者の能力に対応した就労の場に関する施策、一般就労へ移行するための職業リハビリテーション制度を中心に、みていくこととしよう。

6-2　二層構造モデルと三層構造モデル

　障害者の雇用政策を、就労の場という観点からみると、二層構造と三層構造のものに分けることができる。二層構造モデル（図1）は、雇用政策を在

図1　二層構造モデル（アメリカ（一部の州）型）

高　↑ 生産性 ↓　低	障害者雇用施策	就労及び生活の場	賃金決定方式
	労働力革新機会法 (WIOA) チケットトゥーワーク 州の職業リハビリテーションなど	一般事業所	最低賃金法適用あり
			能力査定型賃金 （公正労働基準法14条(c)）
		在宅・デイケア	

図2　三層構造モデル（オーストラリア型）

高　↑ 生産性 ↓　低	障害者雇用施策	就労及び生活の場	賃金決定方式
	職業リハビリテーション	一般事業所	最低賃金法適用あり
			能力査定型賃金 (SWS)
	障害者支援法 (DSA)	授産施設 (ADEs)	
		在宅・デイケア	

宅・デイサービスと一般就労というかたちで二元的に設定するものである。三層構造モデル（**図2**）は、在宅・デイサービスとの間に中間的就労形態を設定するものである。障害者雇用政策の展開をみると、三層構造モデルが基本モデルということができ、二層構造モデルは、一般就労を促進するために三層構造モデルから発展したものである。

　中間的就労形態は、一般就労ではないかたちで障害者に就労（必ずしも労働基準法などが適用される「労働」ではない）の機会を与える場である。「就労」の場という側面を有しつつ、実態としては生活訓練の場、職業訓練の場、居場所という側面を持ち、多機能を担うものである。中間的就労形態は、障害者が安全に、安心して時間を過ごせる反面、労働に対する意欲を高めづらい傾向がある。したがって、三層構造モデルは、一般企業に雇われ、最低賃金以上の賃金を得る一般就労に結びつきにくい傾向を有するといえよう。一方、二層構造モデルは、不就労か一般就労かの選択を迫るものであり、一般就労への意欲の高めやすく、また一般就労移行を促す施策がその効果を発揮

┌───┐

コラム7-2　二元的構造モデルへ：中間的就労形態の位置づけ

　障害者雇用政策の世界的な潮流のひとつに、三層構造モデルから二層構造モデルへの移行がある。たとえば、国連の障害者権利委員会（以下、委員会）は、障害者権利条約の締約（批准）国に対し、法整備に関する勧告をおこなっているが、その中で授産施設などの中間的就労形態を見直すこと、または廃止することを求めている。また、アメリカでは、かつて多くの授産施設が存在していたが、2002年のバーモント州を皮切りに、多くの州が授産施設を廃止している。最近では、2019年2月にワシントン州が、カナダでもオンタリオ州が2019年1月に授産施設を廃止している。この背景には、授産施設での就労（職業訓練）が一般就労の移行につながっていないこと、授産施設では最低賃金を大きく下回る工賃しか支払われていないことなどの課題があった。二層構造モデルへの移行に加えて、アメリカでは、もっぱら障害者のみが就労している授産施設は非障害者との交流がなく、人間らしい職場ではないとして、障害者に非障害者と同じ職場で雇用の機会を提供する統合雇用（integrated employment）が提唱されている。

　しかし、その試みは必ずしも成功しているとは言えない。アメリカでは、2000年代以降一般就労に移行している障害者の数は微増にとどまっており、在宅やデイサービスで過ごす数が大幅に増えている。授産施設の廃止後、一般就労に向かわせる有効な施策がとられていないことが原因と考えられる。統合雇用の場で、一般就労を実現するためには、職業リハビリテーションを中心とした諸施策を有機的に関連させる必要があり、それが模索されている。

└───┘

しやすいと考えることができる。ただし、一般就労に結びつかない場合、家で時間をつぶすか、デイサービスでレクリエーション活動をおこなうかしか道がなくなる面を有している（＊コラム7-2）。それぞれに特徴があるものの、一般就労への移行を促進するためには、職業リハビリテーションの施策をいかに設定するかが課題となる。

6-3　障害者自立支援法による多層構造モデルへの移行

わが国の障害者雇用政策はかつて、在宅・デイサービス――授産施設（中間的就労形態）――一般就労という三層構造モデルを採用していた。

　中間的就労形態としての授産施設は、身体障害や知的障害を有する個人に、就労や職業訓練の機会を提供する事業所であった。制度上ひとつのカテゴリーであったが、障害者の能力や意欲に対応して事実上３つに分かれていた。能力が相対的に高い障害者に一般就労と同様の就労の機会を提供し、最低賃金またはそれを越える報酬を支払う場として福祉工場があった。一方、能力が相対的に低い障害者に一般の授産施設よりも複雑でなく、かつ負担の少ない就労の場を提供する場として小規模（共同）作業所があった。

　授産施設における障害者の就労には、労働基準法や最低賃金法の適用もなかった。また、報酬が低額であったこと（１ヶ月平均約15,000円）、授産施設から一般事業所への移行率が低かったこと（1.3％）、養護学校の卒業生の多くが福祉施設に入所していたこと（就職している割合は約２割）、離職した障害者の再チャレンジの場がなかったこと、雇用施策と教育施策との関連が不十分であったことなどの課題があった。

　2005（平成17）年の障害者自立支援法は、このような問題を改善するために、障害者雇用政策を変更した。**図３**のように、福祉工場を障害者就労継続支援Ａ型事業（以下、Ａ型事業）所、一般授産施設を同Ｂ型事業（以下、Ｂ型事業）所、小規模（共同）作業所を地域活動支援センターⅢ型に対応させるかたちで法制化した。その後、障害者就労移行支援事業（以下、移行支援事業）を新設した。2018（平成31）年には、これらに障害者就労定着支援事業

図３　就労系障害福祉サービスの変容

自立支援法以前（2005年以前）		自立支援法以降（2005年以降）
		就労移行支援事業所
福祉工場	➡	Ａ型事業所
授産施設	➡	Ｂ型事業所
小規模（共同）作業所	➡	地域包括支援センターⅢ型

（以下、定着支援事業）を加えた。これらをまとめて、就労系障害福祉支援サービスという。

6-4 就労系障害福祉サービス

(1) B型事業

障害者就労継続支援事業B型は、「通常の事業所に雇用されることが困難であり、雇用契約に基づく就労が困難である者に対して、就労の機会の提供及び生産活動の機会の提供その他の就労に必要な知識及び能力の向上のために必要な訓練その他の必要な支援を行う」ものである。自立支援法以前の一般授産施設に対応しており、多機能を担うものとなっている。B型事業所で就労する障害者に労働基準法や最低賃金法などの適用はない。

B型事業所は、障害者にサービスを提供することで1日当たりの基本報酬およびそれ以外のサービスや要件を満たすことで加算を得ている。基本報酬は、平均工賃を前提に算出される就労継続支援事業B型サービス費（I）、または「利用者の就労や生産活動等への参加等」に基づく報酬であるサービス費（III型）を、各事業所が選択し、決定される。利用定員20人未満、かつ利用者7.5名に対して1名の職業指導員・生活支援員を配置する事業所に対するサービス費（I）は、平均工賃月額の多寡に応じて、8段階に設定されている。たとえば、平均工賃月額が、4.5万円以上の場合には702単位、2.5万円以上3万円未満の場合には643単位、1万円未満の場合には566単位となっている。B型の平均工賃は、2019（令和元）年で、月額16,396円となっている。新設されたサービス費（III）は、20人以下の事業では、1日あたり566単位となっている。

B型事業所の平均工賃は、2019（令和元）年度で、月額16,396円となっている。

(2) A型事業

障害者就労継続支援事業A型は、「通常の事業所に雇用されることが困難であり、雇用契約に基づく就労が可能である者に対して、雇用契約の締結等

による就労の機会の提供及び生産活動の機会の提供その他の就労に必要な知識及び能力の向上のために必要な訓練等の支援を行う」ものである。Ａ型事業所で就労する障害者は、事業所と雇用契約を締結しており、労働基準法や最低賃金法などの適用がある。

　Ａ型事業所は、一般就労移行型、生涯就労型、ソーシャルファーム型に分かれている。基本報酬は、2021（令和３）年から、１日の平均労働時間、生産活動、多様な働き方、支援力向上のための取組、地域連携活動の実績を200点満点で評価し、その点数によって報酬が７段階で設定されている（＊コラム7-3）。たとえば、利用定員20人未満、かつ利用者7.5名に対して１名の職業指導員・生活支援員を配置するＡ型事業所では、170点以上の場合には724単位、105点以上130点未満の場合には655単位、60点以下の場合には319単位となっている。

　Ａ型事業所の平均賃金は、2019（令和元）年度で、月額78,975円となっている。

コラム7-3　ブラックＡ型（事業所）ビジネス

　障害者就労継続支援Ａ型事業所（以下、Ａ型事業所）は、障害者自立支援法制定後、急速にその数を増やしている。その一方で、Ａ型事業所が閉鎖され、それに伴い就労する労働者が解雇されたことが2017（平成30）年ごろ新聞などで報道された。なぜそのような事態を招いたのであろうか？

　Ａ型事業所は、雇用契約を締結する障害者に支援をおこなうことによって報酬を得る仕組みになっている。かつてＡ型事業所は、障害者の就労時間にかかわらず事業者に１日に一定の報酬が受け取ることができ、その金額も小さくなかった。このような仕組みを利用して、この事業に参入する事業者が後を絶たなかった。Ａ型事業がビジネスとなるカラクリはこうである（以下のような事業をおこなうものを「ブラックＡ型事業所」という）。ブラックＡ型事業所は、雇用契約を締結した障害者を１日に２〜３時間事業所に滞在させ（仕事らしい仕事も与えていなかった場合もあったという）、その時間について最低賃金を超える賃金を支払っていた（場合によっては、障害者に送迎サービスも提供し

ていた)。障害者やその支援のために雇入れる者に対する賃金などの必要経費を低額に抑える(したがって、障害者の就労時間が短い)と、報酬金額(事業所の収入)と必要経費(事業所の支出)の間に差額が生じ、それが利益となった。事務所を用意し、障害者と支援者さえ集めれば、黙っていてもお金が懐に入ってくる効率のいいビジネスであった。障害者にとっても、都合のいい就労の場であった。雇用契約を締結していることで、最低賃金を超える賃金を得られ、体面が保たれる一方で、仕事を真面目にする必要もなかったからである。このような事業形態は、ブラックA型事業者とそこで就労する障害者にウィン・ウィンな関係をもたらしていたともいえよう。しかし、ブラックA型事業所の事業は、「雇用契約の締結等による就労の機会の提供及び生産活動の機会の提供その他の就労に必要な知識及び能力の向上のために必要な訓練等の支援」というA型事業の目的に合致するものではなかった。厚生労働省は、このような状況が発生していることを察知し、報酬額の決定方式を障害者の1日の平均労働時間に対応させるかたちで変更することとした(その後の報酬算定方式については、本章6-4)。政策の変更によって利益が出なくなったブラックA型事業者は、廃業せざるを得ず、結果として、障害者が解雇される事案が頻発した。

　ブラックA型事業所問題が残したものは、A型事業所の閉鎖とそれに伴う障害者の大量解雇だけではない。いったん甘い汁を吸ってしまった障害者の中は、真面目に就労する気を失い、次のステップを踏み出せない者もいた。制度設計の失敗が、将来に向けた障害者のやる気を奪ってしまったともいえよう。

(3) 移行支援事業

障害者就労移行支援事業は、2年(最長3年)を上限として、就労を希望する障害者で、通常の事業所に雇用されることが可能と見込まれる者に対して、①生産活動、職場体験等の活動の機会の提供その他の就労に必要な知識及び能力の向上のために必要な訓練、②求職活動に関する支援、③その適性に応じた職場の開拓、④就職後における職場への定着のために必要な相談等

の支援を行うものである。

　就労移行支援事業は、一般就労移行を可能にするために長期間（たとえば
２年間をプログラムとするもの）にわたって職業訓練を中心におこなうタイプ
と施設外研修などを通じて短期間（数か月）で一般就労に結び付けるタイプ
などに分けることができる。利用定員20人以下の事業者に対する基本報酬
は、１人につき１日当たり468〜1,128単位となっている。基本報酬額は、た
とえば、就職後６か月以上の定着率が５割以上の場合には1,128単位、３割
以上４割未満の場合には820単位、０割以上１割未満の場合には507単位、０
割の場合には468単位となっている。移行支援事業は、必ずしも報酬を支払
うことを目的としてはいないが、事業所が受け取った業務を訓練の一環とし
ておこなうことがあり、その収益を利用者に還元することがある。

⑷　定着支援事業

　障害者就労定着支援事業は、「就労移行支援、就労継続支援、生活介護、
自立訓練の利用を経て、通常の事業所に新たに雇用され、就労移行支援等の
職場定着の義務・努力義務である６月を経過した者に対して、就労の継続を
図るために、障害者を雇用した事業所、障害福祉サービス事業者、医療機関
等との連絡調整、障害者が雇用されることに伴い生じる日常生活又は社会生
活を営む上での各般の問題に関する相談、指導及び助言その他の必要な支援
を行う」ものである。障害者が労働の機会を得るだけでは意味がなく、職場
に長期間にわたって定着することが望ましいことから、それを支援するもの
となっている。2017（平成30）年度から障害者総合支援法におけるあらたな
就労系障害福祉サービスとして制度化された。

　就労定着支援事業を実施しているのは、就労継続支援事業者や就労移行支
援事業者などである。定着支援事業の基本報酬は、就労移行支援などを利用
して一般就職し、６カ月以上経過している定着率に応じて計算される。利用
定員20人以下の事業所の場合、定着率9.5割以上の場合には１人あたり3,449
単位、９割以上9.5割未満の場合には3,285単位、８割以上９割未満の場合に
は2,710単位、７割以上８割未満の場合には2,176単位、５割以上７割未満の

場合には1,642単位、3割以上5割未満の場合には1,395単位、3割未満の場合には1,046単位となっている。

(5)　報酬加算と減算

　就労系障害福祉サービスを提供する事業所には、基本報酬が支払われるのに加えて、政策の趣旨にそったかたちでサービスを提供するよう事業者のインセンティブを高めるために、報酬の加算、減算がなされる。加算には、初期加算、ピアサポート体制加算、就労移行支援体制加算、就労移行連携加算、福祉専門職員配置等加算、重度者支援体制加算、医療連携体制加算、就労移行支援体制加算、就労移行連携加算などがある。一方、減算には、A・B型事業所、就労移行支援で、利用者に対する身体拘束廃止が未実施の場合に減算される身体拘束廃止未実施減算、また個別支援計画を作成せずにサービス提供した場合、その月から解消月の前月まで減算される個別支援計画未作成減算がある。

6-5　三層構造モデルから多層構造・ハイブリッドモデルへ

　わが国の障害者雇用施策は、法律上ひとつのかたちであった授産施設を、A型事業所、B型事業所など多様な就労の場と政策に改編した。いいかえると、障害者の意欲と能力に合わせて、三層構造構造モデルを多層構造モデルへ発展させた（図4）。また、就労系障害福祉サービスから一般就労への移行を促進するために、就労移行支援事業を創設し、A型事業所、B型事業所から一般就労に移行する場合には事業所に報酬を加算する制度を採用している。

　海外諸国の障害者雇用政策をみると、2つの潮流があるといえる。ひとつは、障害者権利条約の総括所見や北アメリカの施策ように、三層構造モデルを二層構造モデルに移行させるものである。もうひとつが、フランス、韓国などの施策ように、三層構造モデルを多層構造モデルに発展させるものである。わが国の政策は、後者の多層構造モデルに位置づけられる。また、それに一般就労移行を促進するしくみを組み込んだハイブリッドモデルと評価できよう。

図4　多層構造モデル（日本型）

高	障害者雇用政策	就労および生活の場	賃金決定方式
↑ 生産性 ↓			最低賃金法適用あり
	障害者雇用率制度 職場定着支援事業	一般事業所	最低賃金法適用あり （減額特例）
	就労移行支援事業	移行支援事業所、その他	最低賃金法適用なし
	就労継続支援事業A型	A型事業所	最低賃金法適用あり（減額特例）
	就労継続支援事業B型	B型事業所	最低賃金法適用なし
	地域活動支援センターⅢ型	小規模（共同）作業所	最低賃金法適用なし
低		在宅・デイケア	

7　一般就労移行支援

7-1　職業リハビリテーション

　障害者が一般就労に向かう経路は多様かつ複雑である。普通高校を中退し、数年間定職に就いていない状況から一般就労をしようとする場合がある。B型事業所から一般就労に移行することを希望する場合もある。また、一般就労していたが精神疾患などにより休職または退職し、その後復職や再就職を目指す場合もある。そのような障害者を支援するのが職業リハビリテーションを提供する機関である。二層構造モデルであれ、三・多層構造モデルであれ、障害者が一般就労への移行するためには、職業リハビリテーションの施策が重要な鍵となっている。

　職業リハビリテーションは、障害者雇用促進法によれば、「障害者に対して職業指導、職業訓練、職業紹介その他この法律に定める措置を講じ、その職業生活における自立を図ること（促進法2条7号）」をいう。しかし、雇用促進法に規定されているものに限定されず、職業を通じた社会参加と自己実現、経済的自立を目的とした一般就労支援プログラム全般ととらえることができる。したがって、就労系障害福祉サービスも広い意味では職業リハビリ

テーションの一部とみることができる。

　以下では、わが国の主要な職業リハビリテーション機関とそのサービスの内容についてみていくこととしよう。

7-2　障害者職業センター

　職業リハビリテーションの中核的な機関として、障害者雇用促進法（19条、20条）に基づき、地域障害者職業センター（以下、地域センター）が各都道府県に設置されている。地域センターは、関連機関と連携し、障害者に対して専門的な職業リハビリテーションを提供している。

　地域センターの主なサービスは、第1に就職や職場定着、職場復帰支援等の目標達成に向けて職業リハビリテーション計画を策定することである。地域センターは、「職業相談」として、障害者個人の目標達成に向けた課題を整理し、支援方法・内容について検討する。さらに、「職業評価」として、その個人の各種検査や作業を実施しながら現状分析をおこなう。それらを踏まえて、今後の取組方針を決めるための相談をおこない、職業リハビリテーション計画を作成する。

　第2に、職業準備支援である。これは、障害者が、就職や職場定着のために、地域センターに通所し、作業や講習などに取り組むカリキュラムである。障害者個人の特徴や得意・不得意への理解を深め、不得意なことへの対処方法や力を発揮できる働き方（職種、勤務時間、職場環境など）を考えること、就職活動に必要な知識（履歴書の書き方など）の習得や職業上の課題の改善を図ることを目的とするものである。

　第3に、ジョブコーチ（配置型職場適応援助者）の提供である。地域センターは、障害者が職場定着できるようにするために障害者の職場にジョブコーチを一定期間配置し、職場環境の整備、人間関係の調整、作業手順の確認など障害者本人と企業の双方に支援を行うサービスを提供する。ジョブコーチの支援は、個別に必要な期間を設定して、徐々にフェードアウトし、最終的に障害者の自立的な就労を促すものとなっている。

　第4に、リワーク支援である。地域センターは、病状がある程度回復して

いる個人を対象として、職場復帰に向けたウォーミングアップや復職後のフォローアップをおこなっている。具体的には、病状の回復や生活リズムの安定、業務を遂行するための体力や集中力の向上、対人場面に対する不安の軽減やコミュニケーションスキルの向上、再発防止のためのセルフケアスキルの向上、を目指すものである。

7-3　障害者就業・生活支援センター

障害者の職業生活における自立を図るため、雇用、保健、福祉、教育等の地域の関係機関連携の拠点となり、身近な地域において就業及び生活の両面における一体的な支援をおこなう機関として、障害者就業・生活支援センター（ポッセンターまたはナカポッセンター）。都道府県知事が指定する一貫社団法人または一般社団法人、社会福祉法人、NPO法人などが運営している。

ポッセンターの事業内容は、就業支援（雇用安定等事業）と生活支援に分けることができる。就業支援として、職業準備訓練、職場実習のあっせんなど就職に向けた準備支援、求職活動支援、職場定着支援、事業所に対する障害者の障害特性を踏まえた雇用管理に関する助言、関係機関との連絡調整などをおこなっている。生活支援として、生活習慣の形成、健康管理、金銭管理等の日常生活の自己管理に関する助言、住居、年金、余暇活動など地域生活、生活設計に関する助言、関係機関との連絡調整などをおこなっている。

7-4　ハローワーク（公共職業安定所）

ハローワークは、求職者に対して就職および転職に関する相談や指導、個人の適性や希望にあった職場への職業紹介、雇用保険の受給手続きなどをおこなう機関である。ハローワークには、障害者に対する専門援助部門（みどりの窓口）が設置されている。みどりの窓口では、専門スタッフ（障害者専門支援員）が障害者の適正や症状に合わせて職業相談・職業紹介・職場適応指導を実施している。また、障害者向けの求人開拓をおこない、障害者用求人ファイルを準備している。

上記のほかにも、ハローワークでは障害者に対する支援をおこなってい

る。第1に、障害者トライアル雇用である。ハローワーク等の紹介により、事業主が、就職が困難な障害者を一定期間雇用することにより、その適性や業務遂行可能性を見極め、求職者及び求人をおこなう事業者の相互理解を促進すること等を通じて、障害者の早期就職の実現や雇用機会の創出を図るものである。トライアル雇用は、障害者に対する知識に乏しいため、採用に躊躇する事業主に、試行のかたちで障害者の雇用を促すことによって、貴重な労働力として再評価する機会を与えるものである。同時に、体力などに自信がなく、一般就労に躊躇する障害者に試行というかたちで働く機会を与えることによって自らの適性を確認し、不安を解消させるものとなっている。トライアル雇用は、原則として3か月を期間とする有期労働契約を締結するかたちで実施される。3か月後に常用雇用にいたらなかった場合には、期間満了によりその労働契約は終了する。

　第2に、障害者ステップアップ雇用である。精神障害及び発達障害のある個人を試行的に雇用し、3か月から12か月一定の期間をかけて、職場への適応状況をみながら、徐々に就業時間を伸ばしていくものである。ハローワークは、事業主に「ステップアップ雇用奨励金」を支給し、事業主と精神障害及び発達障害のある個人の相互理解を深め、その後の常用雇用への移行や雇用のきっかけとなることを目指している。ステップアップ雇用も、有期労働契約に基づくものであり、満了後常用雇用に至らなかった場合には、その労働契約は終了する。

8　障害者雇用の現状

　近年、障害者の就労者数や移行率が着実に伸びている。第1に、リーマンショックの影響がある時期などを除いて、1年に概ね2万人以上のペースで増加している。第2に、ハローワークを利用する件数が、伸びている。2005（平成17）年の新規求人申込者数が、97,626件だったのに対し、2015（平成27）年で187,198件となっている。また、就職者数も増加している。2015（平成17）年には38,882件であったのに対し、2015（平成27）年には90,191件となっ

ている。

　第3に、就労系障害福祉サービスから一般就労へ移行した人数および割合
（移行率）が共に年々伸びている。2019（令和元）年において就労系サービス
の利用者が一般就労に移行した人数は、21,919人であり、2003（平成15）年
から比べると17.0倍となっている。2016（平成28）年の移行率は、2003（平
成15）年の1.3％から4.3％に上昇している。具体的にみると、就労移行支援
事業からの移行率は26.4％、A型事業所から移行率は4.7％、B型事業所から
の移行率は1.1％となっている。

　第4に、新規採用の障害者に占める就労系障害福祉サービスの利用者の数
およびその割合も増えている。2016（平成28）年に新規に雇用された障害者
50,940人のうち、就労系障害福祉サービスから移行した人数が14,845人であ
るとすると、その割合は29.1％となる。2011（平成23）年では、就労系障害
福祉サービスから移行した人数は5,675人であり、新規に雇用された障害者
29,596人のうち19.2％であることと比較すると、移行した人数が増え、新規
雇用者に占める割合も高まっているといえる。

　第5に、特別支援学校から一般就労に就職する人数、割合が共に増えてい
る。2020（令和2）年3月卒業生、22,515人（そのうち、13,269人（58.9％）は
就労系障害福祉サービスへ）のうち一般就労している人数は、7,204人となっ
ている（32.0％）。自立支援法制定以前に比べれば、10ポイント程度上昇して
いる。

9　障害者の労働・就労に対する報酬

9-1　賃金と工賃

　給与、手当、賞与など、労働の対償として使用者から支払われる金銭を賃
金という。使用者は、労働者に対し「最低賃金額以上の賃金を支払わなけれ
ばならない（最賃法4条1項）」。したがって、障害者が一般企業またはA型
事業所で雇用契約を締結して労働する場合、その個人には都道府県ごとに決
定される最低賃金（たとえば、東京都では1,041円（2021（令和3）年度））を超

える賃金が支払われなければならない。使用者が最低賃金を下回る賃金を支払っている場合、その金額に関する契約部分が無効となり、最低賃金の金額がその個人の賃金額となる（最賃法4条2項）。

　一方、B型事業所などで就労する障害者は指揮命令を受けており、その就労形態をみると労働と同視できることがある。しかし、障害者総合支援法および通達は、B型事業所と障害者との間の契約を雇用契約とはみなしていない。したがって、そこで就労する障害者に労働基準法や最低賃金法の適用はない。このような事情から、B型事業所などによって支払われる障害者の就労に対する対価を、賃金と区別して工賃という。厚生労働省は、B型事業所での就労と労働と区別するために、工賃について同じB型事業所内で就労する障害者に同じ金額を支払うことを推奨している。しかし、実際多くのB型事業所は、就労に対する障害者の士気を高めるために、個人の能力や成果に応じたかたちで工賃の金額を段階的に設定している。上述のように、平均工賃は最低賃金よりも相当低い金額となっている。

9-2　最低賃金法の減額特例

　上述のように、労働契約を締結して労働している障害者には最低賃金法が適用される。しかし、一般の労働者に比べて職務遂行能力が著しく劣る労働者に最低賃金法を一律に適用すると、そのような労働者はかえって雇用の機会を得ることや維持することが困難になる場合がある。最低賃金法は、「精神又は身体の障害により著しく労働能力の低い者（最賃法7条1号）」などに対し、使用者が都道府県労働局長の許可を受けたときに、最低賃金の減額特例を適用できるとしている。いいかえると、職務遂行能力の低い障害者に通常の最低賃金額を適用せず、能力に見合う賃金を支払う仕組みを提供している。

　減額特例による最低賃金の算定方法は以下のようなものである。まず、同じ事業場で同一または類似の職務に従事し、かつ最低賃金額と同程度の金額が支払われている労働者のうち最低位の能力を有する労働者を比較対象者として、同じ作業にかかる時間を比べることにより、労働力に制約のある障害

者の労働能率を算定する。それに基づき、減額できる割合を算出し、100からの減額率を減じた率を最低賃金に乗じて、当該障害者に対する賃金額を決定する。この金額を、その個人の最低賃金とする（最賃法7条）。減額特例による最低賃金の算定は、使用者ではなく、労働基準監督官が実施することとなっている。A型事業所の全国組織である全Aネットの調査（2016年）によれば、A型事業所で減額特例を受けている障害者の割合は1〜2％と見積もられている。

参考文献

　本章の1から5に関しては、障害者の「雇用」と「所得保障」の在り方について総合的な観点から論じた永野仁美『障害者の雇用と所得保障』（信山社、2013年。なお「2-3　雇用率制度の概要と展開」の記述でも参考としている）、本稿の筆者が専門家向けに書いた、障害者の雇用の問題を新しい差別禁止アプローチから跡付けようとした小西啓文「障害者雇用と就労支援」日本社会保障法学会編『新社会保障法講座 第2巻 地域生活を支える社会福祉』（法律文化社、2012年）を参照されたい。

　また、6から9に関しては、永野仁美・長谷川珠子・富永晃一編『詳説障害者雇用促進法［増補補正版］』（弘文堂、2018年）、長谷川珠子・石﨑由希子・永野仁美・飯田高『現場からみる障害者の雇用と就労』（弘文堂、2021年）を参照されたい。

（こにし・ひろふみ／なかがわ・じゅん）

第8章　障害と教育法

今　川　奈　緒・織　原　保　尚

=== **本章のねらい** ===

　2002（平成14）年に学校教育法施行令が改正される以前、障害のある子供は例外なく特別支援学校（当時は盲学校、聾学校、養護学校）に就学することと規定されており、障害のある子供と障害のない子供が共に学ぶ機会は非常に少なかった。これに対して、現在、障害者権利条約の下、導入が進められている

インクルーシブ教育の目的は、障害のある子供が適切な支援を受けながら、可能な限り普通学級に在籍することであり、本来的な意味でのインクルーシブ教育が実現されれば、障害の有無にかかわらず子供達は共に学び、成長する機会を最大限保障されることになる。

　インクルーシブ教育の実現にむけて、日本の障害児教育法制は転換期を迎えており、その制度構築に向けた模索が続けられている。障害児をめぐる教育は、1979（昭和54）年の特殊教育の義務化、2007（平成19）年の特殊教育から特別支援教育への移行、そして、障害者権利条約、障害者差別解消法の下制度改革が進められているインクルーシブ教育の導入に至るまで、幾多の変遷を経てきた。本章では、障害児教育の歴史的な変遷を踏まえたうえで、障害児教育法制の現状及び問題点、そして、日本におけるインクルーシブ教育の展望について学ぶことにする。

1　障害児教育法制の歴史的変遷

1-1　明治期から戦前にかけて

　1872（明治5）年8月に公布された学制では第29章においてにおいて以下のように示されている。「中学ハ小学ヲ経タル生徒ニ普通ノ学科ヲ教ル所ナリ分チ上下ニ等トスニ等ノ外工業学校商業学校通弁学校農業学校諸民学校アリ此外廃人学校アルヘシ」。

　「廃人学校」というものが、障害のある子供を対象とする学校として規定されていた。この規定は、中学校についての条文であったが、まもなく、その誤りを訂正する通達により小学校についての条文の中に移された。この規定は、欧米の障害児学校の制度に習って定められたものであったが、その実施はなされなかった。この後、官公立聾唖学校の設立などがあり、また、文部省は、1890（明治23）年の第二次小学校令において「盲唖学校」を小学校に準じる学校として規定した。しかし1900（明治33）年の第三次小学校令においては、当時すでに障害のない子供については義務就学規定が置かれてい

たにもかかわらず、障害のある子供についてはその就学を免除又は猶予するとされた（明治33年改正小学校令33条）。その就学を免除、猶予された子供たちに対して、どのように教育を保障するかという課題が提起されたわけである。

　障害のある子供に対する教育に関する規定は、学制公布からおよそ50年後、1923（大正12）年に公布される、盲学校及聾唖学校令を待たなくてはならない。この勅令は、視覚障害者、聴覚障害者に対して、普通教育を提供し、生活に必要な特別な技能技術を教授することを目的としている（１条）。これにより、聾学校と盲学校の設置が道府県に義務付けられることとなった（同２条、３条）。これは７年の猶予期間を置いて実施され、ほぼ全国に盲学校と聾学校が設立された。しかし、盲学校及聾唖学校令では、学校の設置義務は課されたものの、就学義務は課されていなかった。そのため1935（昭和10）年前後には、視覚障害、聴覚障害のある学齢期の子供の就学義務制に関する請願や建議が、衆議院に相次いで提出されたことが特筆される。そのような動きに呼応して、1938（昭和13）年には教育審議会において、「我ガ国教育ノ内容及制度ノ刷新振興ニ関シ実施スベキ方策如何」との諮問に対して、精神障害、身体障害のある子供について特別の教育施設と助成方法を講ずるように考慮すること、特に視覚障害、聴覚障害のある子供に関しては、国民学校に準じて速やかに義務教育とすることが答申されている。しかし、それは戦時下における内政の変化、財政上の理由などから、実現することはなかった。

　1941（昭和16）年には国民学校令が制定された。同法施行規則においては、身体虚弱、知的障害など心身に障害があり、特別に養護が必要と認められる子供のための学校、学級として養護学校、養護学級という新たな名称が示された（昭和16年３月14日文部省令第四号　第53条）。またこの規定と関連して、２年後の省令において、養護学級を中学校、高等女学校においても編制できるとされた（昭和18年３月文部省令第二号　中学校規程第27条、同文部省令第三号　高等女学校規程第28条）。この時期文部省は、積極的に養護学級の編成を奨励し、その数も多くを数えたが、当時は戦時下にあったため、主としてそ

れは身体虚弱の子供のための養護教育をねらったものであった。

　以上のように、この時期においては、障害のある子供の教育について、積極的な法整備がなされていたとは言い難い。しかし、請願などによる問題提起が後の法整備への布石となったと見ることもできよう。

1-2　特殊教育の義務化──戦後・現行憲法下において──

　それまでの小学校義務制などの動きの中で、日本の盲、聾教育関係者の間では、盲、聾教育の義務化を望む声が大きかった。終戦後まもなく結成された全国聾唖学校職員連盟など職員団体は、盲学校・聾学校への就学の義務化を求め運動を起こした。

　1947（昭和22）年に施行された憲法においては、第26条において、教育を受ける権利、義務教育について規定がなされた。また、第14条においては法の下の平等について規定がなされている。旧来の大日本帝国憲法においては、このような規定はなく、障害のある子供の教育についても、これら憲法の理念に沿ったものが提供されることが求められるようになる（障害者の教育を受ける権利と平等原則については**第4章**を参照）。また、同じく1947（昭和22）年に施行された**教育基本法**においても、教育の機会均等が謳われている（当時3条）。

　1948（昭和23）年に施行された**学校教育法**においては、**盲学校**、**聾学校**、**養護学校**の3種が義務教育の学校として規定された（当時1条、22条、39条）。それらの学校の目的は、「盲者、聾者又は精神薄弱、身体不自由その他心身に故障のある者に対して、幼稚園、小学校、中学校又は高等学校に準ずる教育を施し、併せてその欠陥を補うために、必要な知識技能を授けること」であるとされた（同71条）。都道府県は、その議会の議決を経て、それらの学校を設置しなければならないとされた（同74条）。小学校、中学校、高等学校には、**特殊学級**を置くことができることも規定されている（同75条）。また、病弱、発育不完全その他やむを得ない事由のため、就学困難と認められる者の保護者に対して、市町村立小学校の管理機関は、監督庁の定める規程により、教育に関し都道府県の区域を管轄する監督庁の認可を受けて、子供

を就学させる義務を猶予又は免除することができるとし、**就学義務の猶予、免除**についての規定がなされている（同23条、40条）。

　しかし、この時点で実際に義務化がなされたのは、盲学校、聾学校だけであった。これは、前述のように1923（大正12）年の勅令において盲、聾学校の設置が義務化されていたことに対応する。学校教育法においては、盲学校、聾学校及び養護学校における就学義務、並びにこれらの学校の設置義務に関する部分の施行期日は、「勅令で、これを定める」としていたが（同93条）、同年の政令によって、**盲学校、聾学校の義務制**が実施されたわけである（昭和23年4月　政令79条）。

　一方、養護学校については、法律に規定があるのみで、現実には一校も存在しなかった。義務制の実施を見送られた養護学校については、国の財政的支援もなく、設置しようとする都道府県も現れなかったのである。1952（昭和27）年に文部省初等中等教育局に設置された特殊教育室は、養護学校、特殊学級の教育振興を課題とした。文部省による1953（昭和28）年からの調査では、学齢児童・生徒中に100万人を越える精神薄弱、肢体不自由、病弱・虚弱の児童・生徒が特殊教育を必要としていることが明らかとなった。その結果、養護学校、特殊学級の整備が急務であることが認識され、まずは特殊学級の整備に取り組み、1957（昭和32）年からその設備費の補助が開始された。また養護学校については、1956（昭和31）年に公立養護学校整備特別措置法が制定され、建物の建築費などに対する国の負担について定められ、義務教育化が目指された。1959（昭和34）年の中央教育審議会の答申に基づき、精神障害のある子供についてはその程度の比較的軽い者は特殊学級において、重い者は養護学校において、それぞれ教育を行なうことを原則とした。また、養護学校は、その対象とする障害に応じて別種の学校を設けることとして、1960（昭和35）年度からその増設を図った。

　1971（昭和46）年5月、参議院内閣委員会において、養護学校義務制実施の促進を含む決議が採択され、同年6月には、中央教育審議会答申が「これまで延期されてきた養護学校における義務教育を実施に移す」ことを提言した。これらを受けて、1973（昭和48）年に、養護学校の就学及び設置の義務

制を実施する旨の予告として、「学校教育法中養護学校における就学義務及び養護学校の設置義務に関する部分の施行期日を定める政令」が公布され、1979（昭和54）年4月から養護学校教育が義務教育とされることになった。養護学校の就学義務化によって、就学猶予、免除者の数は大幅に減少し、1972（昭和47）年当時2万人前後、1978（昭和53）年当時には1万人近くあったものが、1979（昭和54）年度には3,400人を切るほどにまでなったという。これは特筆すべき成果といえる。その歩みは非常に遅々としたものではあったが、日本の障害をもつ子供の教育に関する制度は、この時期をもって、一つの段階に達したといえる。

1-3　特殊教育の進展

1981（昭和56）年は**国連国際障害者年**とされ、翌年からの10年間が国連障害者の十年と指定された（**第3章**を参照）。国内では1982（昭和57）年「障害者対策に関する長期計画」、1987（昭和62）年には「同後期重点施策」が決定された。この中で、教育関係では、教育内容・方法の改善、学級編制・教職員定数の改善、地域社会の人々との交流の拡大などが提唱された。1982（昭和57）年には特殊教育研究調査協力者会議によって報告が行われ、これを機に養護学校高等部が徐々に整備され、進学率も向上した。

1993（平成5）年には、各教科の授業は主として通常の学級で受けながら、心身の障害の状態に応じた特別な指導を特別学級または特別な指導の場で受ける、**通級による指導**が制度化され、軽度の障害のある子供に対する教育の充実が図られた。

この時期には、障害者関係法にも変化がみられる。1993（平成5）年に心身障害者対策基本法が改正され、障害者基本法となった。精神障害者が身体障害者や知的障害者と並んで法の対象として位置づけられ、「完全参加と平等」の精神が障害者基本法の基本理念として法律に明記される形となった。その後2004（平成16）年には障害者基本法の改正が行われ、障害のある人の社会への参加、参画を実質的なものとするために、障害のある人の自立と社会参加の一層の促進を図ることが目的とされた。具体的な内容としては、障

害を理由とする差別禁止理念の明示がなされたこと（3条3項）が注目される（**第6章を参照**）。なお、2004（平成16）年には発達障害者支援法も制定されており、発達障害児に対する適切な教育支援等の保障が法定化されたことも特筆に値する（発達障害8条）。

　1994（平成6）年に日本は**子どもの権利条約**を批准した。日本国政府は障害のある子供の教育を受ける権利に関する部分について、特に留保や解釈宣言などは付していない。しかしこの後数回にわたって、国連子どもの権利委員会による見解が公表され、そこでは日本における障害のある子供の教育について厳しい評価がなされている。

　一方、同じく1994（平成6）年にユネスコとスペイン政府との共催により開催された「**特別ニーズ教育**：そのアクセスおよび質に関する世界会議」において採択された、**サラマンカ宣言**の中で、「**インクルーシブ教育**」の言葉が国際文書に初めて現れる。宣言は、「止むにやまれぬ理由がない限り普通学校にすべての子どもを在籍させるインクルーシブな教育の原則を採用すること」を各国政府に求めている。

　この時期における裁判例としては、肢体不自由のある中学生本人と両親が普通学級への所属を希望したが、その希望がかなわなかったことを争った事例について、障害のある子供が所属する学級の決定については、国の立法判断に委ねられているとし、原告の主張を認めなかった例（旭川地判平5・10・26判タ853号90頁、札幌高判平6・5・24判タ854号102頁）や、筋ジストロフィーで常に車椅子を必要とする生徒が公立高校の入学試験を受けたが、身体的状況のため不合格とされたことを争った事例について、障害者の普通高等学校への入学を否定する法令は存せず、障害者がその能力の全面的発達を追求することも憲法などによって認められる当然の権利であるとし、処分には裁量権の逸脱又は濫用があったと認めた例（神戸地判平4・3・13行集43巻33号309頁、判時1414号26頁）などが挙げられる（**第4章を参照**）。

1-4　特別支援教育の時代

2001（平成13）年に文部科学省に設置された「21世紀の特殊教育の在り方

に関する調査研究協力者会議」の報告がなされたことや、2003（平成15）年
には特別支援教育の在り方に関する調査研究協力者会議の最終報告がなされ
たことを踏まえ、2005（平成17）年には、中央教育審議会において「特別支
援教育を推進するための制度の在り方について（答申）」が出されるなど、
特殊教育から「**特別支援教育**」への転換がはかられた。

　2002（平成14）年に学校教育法施行令の一部が改正された。この改正では、
盲・聾・養護学校への**就学基準**に該当する者であっても、小学校又は中学校
において適切な教育を受けることができる特別な事情があると認められる者
（**認定就学者**）については、小学校又は中学校に就学させることが可能となっ
た（学教施行令 5 条、 6 条、11条、12条）。また、就学先決定時に、専門家の
意見も聴取することが定められている（同18条の 2 ）。

　2006（平成18）年には教育基本法が改正された。障害者に関しては、 4 条
2 項において「国及び地方公共団体は、障害のある者が、その障害の状態に
応じ、十分な教育を受けられるよう、教育上必要な支援を講じなければなら
ない。」と規定されている。1947（昭和22）年教育基本法においては、「すべて
国民は」との表現はあるものの、障害者について個別の言及はなかったため、
一つの進歩と評価することができよう。さらにこの「その障害の状態に応
じ」と規定されていることは、インクルーシブ教育の理念とも密接に関係す
るとされる。

　同じく2006（平成18）年に学校教育法等の一部改正がなされた。本改正に
より、これまでの盲、聾、養護学校に代わり、**特別支援学校**の制度が創設さ
れた（学教72条）。また、小学校、中学校、高等学校などには、**特別支援学
級**を設置できることも定められている（同81条）。また、これに伴う学校教
育法施行令の改正により、障害のある子供の就学先決定時において、保護者
からの意見聴取の義務付けがなされた（学教施行令18条の 2 ）。これらの法令
改正は、児童生徒の障害の重度・重複化や多様化などに伴い、一人一人の教
育的ニーズに応じた適切な教育の実施や、学校と福祉、医療、労働などの関
係機関との連携がこれまで以上に求められるという状況から、児童生徒など
の個々のニーズに柔軟に対応し、適切な指導や支援を行う観点からなされた

とされる。

　この時期における裁判例としては、希望した地元の町立中学への進学を拒否された車いすの子供と両親が、町教委などに入学を認めるよう求めた訴訟で、健常者と障害者との共同学習の推進などをうたった衆参両院の付帯決議などを引用したうえで、町教委の入学拒否について、慎重に判断したとは認めがたく、著しく妥当性を欠き、裁量権を逸脱または濫用したものとして違法であるとし、町教委などに入学許可を仮に義務づける決定を出した例（奈良地決平21・6・26賃社1504号47頁）等が挙げられる。

2　障害児教育法制における仕組みの問題——就学先決定の仕組みについて——

2-1　インクルーシブ教育と特別支援教育

(1)　特別支援教育

　現行法令上、障害のある子供（学教施行令22条の3に規定される障害程度に該当する者）は、通常学級、特別支援学級、特別支援学校のいずれかにおいて、「**特別支援教育**」を受けることになる。特別支援教育とは、2006（平成18）年に学校教育法に位置付けられたもので、障害のある子供の自立や社会参加に向けた主体的な取組みを支援するという視点に立ち、子供一人一人の教育的ニーズを把握し、その持てる力を高め、生活や学習上の困難を改善又は克服するため、適切な指導及び必要な支援を行うものとされる。

　特別支援教育は、すべての学校において行われるものとされ、障害があることにより、通常の学級における指導だけではその能力を十分に伸ばすことが困難な子供たちについては、一人一人の障害の種類・程度等に応じ、特別な配慮の下に、**特別支援学校**（2006〈平成18〉年度までは盲学校・聾学校・養護学校）や小学校・中学校の**特別支援学級**（2006〈平成18〉年度まで特殊学級）、あるいは「**通級による指導**」において適切な教育が行われることとなっている。

⑵　指導要領改訂

　2017（平成29）年に特別支援学校幼稚部教育要領、小学部・中学部学習指導要領が改訂され、幼稚部については2018（平成30）年、小学校については2020（令和 2 ）年、中学部については2021（令和 3 ）年から施行された。変更点としては、初等中等教育全体の改善・充実の方向性、また、障害のある子供たちの学びの場の柔軟な選択を踏まえ、幼稚園、小・中・高等学校の教育課程との連続性を重視し、障害の重度・重複化、多様化への対応と卒業後の自立と社会参加に向けた充実がなされていると説明される。具体的には、知的障害のある子供への対応として中学部に 2 つの段階の新設、また、小・中学部の各段階に目標を設定、小学校等の学習指導要領の各教科の目標や内容を参考に指導できること、キャリア教育の充実などが示されている。

　2017（平成29）年に改訂された小・中学校学習指導要領（2017〈平成29〉年告示）においてはそれまで明示がされていなかった特別支援学級や、通級制度における「特別の教育課程」について明示がなされた。㋐障害による学習上又は生活上の困難を克服し自立を図るため、特別支援学校小学部・中学部学習指導要領が示す「自立活動」を取り入れることと、㋑児童の障害の程度や学級の実態等を考慮の上、各教科の目標や内容を下学年の教科の目標や内容に替えたり、各教科を、知的障害者である児童に対する教育を行う特別支援学校の各教科に替えたりするなどして、実態に応じた教育課程を編成すること、の 2 点である。

　個別の障害への対応例としては、2016（平成28）年に発達障害者支援法が改正され、個別の教育支援計画と個別の指導計画作成の推進について定められている。

⑶　インクルーシブ教育における特別支援学校の位置づけ

　障害者権利条約24条の教育条項は、完全なインクルージョンという目標の下、政府に対して障害者が他の者と平等に、自己の生活する地域社会において、インクルーシブ教育を受けることを求めているが（24②⒞）、障害者が、効果的な教育を容易にするために必要な支援を教育制度一般の下で受けるこ

とも求めており（24②(d)）、特別支援学校・学級の存在を否定してはいない。障害の状態、程度によっては、通常学級に在籍するよりも特別支援学校において、より適切な教育を受けられる児童生徒が存在することは事実である。ただし、ここで留意すべきなのは、「**完全なインクルージョン**」という目標が前提となっていることである。すなわち、**障害者権利条約**や**障害者差別解消法**における**インクルーシブ教育**や**合理的配慮**の目的は、障害のある子供が、可能な限り通常学級に在籍し、合理的配慮を受けることで適切な教育を提供されることにある。したがって、彼、彼女らに対して適切な合理的配慮がなされず、通常学級への在籍がみとめられない場合は差別に該当する（**第3章、第6章を参照**）。

これに対して中教審の「合理的配慮に関する報告」は、合理的配慮の基礎となる環境整備として、「**基礎的環境整備**」という理念を提示している。これによると、「合理的配慮」は「基礎的環境整備」をもとに個別に決定されるものであり、それぞれの学校における「基礎的環境整備」の状況により、提供される「合理的配慮」は異なるということになる。「基礎的環境整備」とはまず、通級による指導、特別支援学級、特別支援学校を設置することで、子供一人一人の学習権を保障する観点から多様な学びの場を確保することが前提となる。そして、「通常の学級のみならず、通級による指導、特別支援学級、特別支援学校においても、「合理的配慮」として、障害のある子供が、他の子供と平等に教育を受ける権利を享有・行使することを確保するために、学校の設置者及び学校が必要かつ適当な変更・調整を行うことが必要である」としている。つまり、障害者権利条約や差別解消法のように、合理的配慮を行うベースラインを通常学級とするのではなく、「**多様な学びの場**」をベースラインとすることで、提供されるべき合理的配慮の基準が曖昧になっているのである。

障害者権利条約や差別解消法が、障害のある子供を原則通常学級に在籍させることを前提とし、特別支援学校を例外的なものとしているのに対し、中教審「報告」は、個別の教育的ニーズに応じることを前提に、特別支援学校も通常学級も就学先の選択肢の一つとしてとらえているといえよう。

　インクルーシブ教育の目的は、障害のある子供に対して、可能な限り非障
害児と同じ環境において、それぞれのニーズに応じた適切な教育を保障する
ことである。教育の「場」と「質」が保障されて、初めてインクルーシブ教
育とは実現されるものであり、インクルーシブ教育を強調するあまりに特別
支援学校を否定的にとらえること、あるいは、特別支援学級、特別支援学校
の存在を前提にして「適切な」教育の内容を判断し、適切な教育を受けなが
ら通常学級に在籍する可能性を十分に考慮することなく、就学先の決定を行
うことは、インクルーシブ教育の本質を見失うことになりかねない。

　なお、インクルーシブ教育実現に向けた法制度改革の一つとして、2017
（平成29）年の公立義務教育諸学校の学級編制及び教職員定数の標準に関す
る法律（以下「義務標準法」）の改正があげられる。

　多くの欧米諸国においては、子供一人あたりの単価を起点に公教育にかか
る費用の計算が行われるが、日本においては、学級定数の上限を起点に、義
務教育費の多くを占める人件費のもとになる教職員の標準定数が決められて
おり、教育費の算定方法の単位（基礎定数）は、子供ではなく、学級とされ
てきた（義務標準法7条1項1〜3号）。インクルーシブ教育のように学習の
個別化を目指す場合、教授・学習集団の数は弾力化される必要があるが、義
務標準法（旧）の基礎定数を学級数に限定する仕組みの下では、このような
弾力化を行うことは困難であった。

　義務標準法の改正は、学校の児童生徒数（義務標準法7条1項4号）や、障
害に応じた特別の指導（通級指導）を受ける児童生徒数（同7条1項5号）、
日本語能力に課題のある児童生徒数（同7条1項6号）等を基礎定数として
加えるものであり、教育費の算定方法の単位に学習の個別化の視点を加える
ものであった。学級を基礎定数とする集団主義教育の枠組みが維持されてい
ることに変わりはないが、法改正により学習の個別化の視点が加えられ、少
人数指導が制度上可能となったことはインクルーシブ教育を推進するうえで
の重要なポイントとなる。

2-2　学校・学級選択をめぐる問題

⑴　2013年学校教育法施行令改正の趣旨——認定特別支援学校就学者制度への移行——

障害のない子供であれば、満 6 歳に達すれば自動的に小学校の通常学級に在籍することになるが、障害のある子供らは、いずれの学校・学級に在籍するか選択を行わねばならない。もっとも、障害のある子供が、学校・学級の選択を行う権利を有するようになったのは、2013（平成25）年 9 月に施行された改正学校教育法施行令の下においてであり、**1-4**で記したように2002（平成14）年より前は例外なく特別支援学校に、同年以降は原則特別支援学校に、認定就学者と認められた場合のみ例外的に通常学級に在籍できるという仕組み（認定就学者制度）がとられていた。

2013（平成25）年の学校教育法施行令の改正によって、認定就学者制度は廃止され、認定特別支援学校就学者制度へと移行した。文科省は、施行令改正の趣旨についての通知の中で、『今回の改正は、2012（平成24）年7月に公表された中央教育審議会初等中等教育分科会報告「**共生社会の形成に向けたインクルーシブ教育システム構築のための特別支援教育の推進**」（以下「報告」とする）において、「就学基準に該当する障害のある子供は特別支援学校に原則就学する従来の就学先決定の仕組みを改め、障害の状態、本人の教育的ニーズ、本人・保護者の意見、教育学、医学、心理学等専門的見地からの意見、学校や地域の状況等を踏まえた総合的な観点から就学先を決定する仕組みとすることが適当である」との提言がなされたこと等を踏まえ、所要の改正を行うものである（25文科初第655号）』、と述べている。

さて、2013（平成25）年の学校教育法施行令の改正の概要は、①就学先を決定する仕組みの改正、②視覚障害者等による区域外就学等（**コラム8-1を参照**）、③保護者及び専門家からの意見聴取の機会の拡大、にまとめることができる。まずは、①の就学先を決定する仕組みの改正について説明し、認定就学者制度がどのように改められたのかを見ていくことにしよう。

就学先決定の仕組みについては、主に施行令第 5 条に記されている。当該条文は、「市町村の教育委員会は、就学予定者（法17条第 1 項又は第 2 項の規定により、翌学年の初めから小学校、中学校、中等教育学校又は特別支援

コラム8-1　インクルーシブ教育と区域外就学

　2013（平成25）年の学校教育法施行令改正の３つの特徴のうち、就学先を決定する仕組みの改正と保護者および専門家からの意見聴取の機会の拡大については本文で説明した。ここでは、視覚障害者等による区域外就学（学教施行令９条）の問題について考えてみたい。障害者権利条約に規定されているように、インクルーシブ教育とは、完全なインクルージョンという目標の下、障害者が他の者と平等に、自己の生活する地域社会において教育を受けることを目的とするものである。障害のある子供が、障害の程度に応じた効果的な教育を受けるために、特別支援学校の存在は不可欠であるが、インクルーシブ教育の理念を前提にした場合、区域外就学をも肯定的に捉えることはできるのであろうか。

　今回の施行令の改正は、積極的に区域外就学を推進する目的で行われたものではないが、特別支援学校の在籍者数は年々増加する傾向にあり、地域によっては越境通学を認めざるを得ないケースが以前よりあったという事実問題が背景にある。

　そもそも、学教80条が特別支援学校の設置義務を都道府県に課していることから、特別支援学校に在籍する児童が、自己の生活する地域社会から離れた学校に通学せざるを得ないケースは多い。また、都道府県立の特別支援学校は郊外に設置されるものが多く、小・中学校との交流及び共同学習（障害基14条等）を効果的に行うことが、物理的に困難であるケースも見受けられる。このように区域外就学ならずとも、特別支援学校は物理的な面でインクルーシブ教育の理念にそぐわない問題を抱えており、これらも今後の検討課題といえよう。

学校に就学させるべき者をいう。）のうち、**認定特別支援学校就学者**（視覚障害者、聴覚障害者、知的障害者、肢体不自由者又は病弱者（身体虚弱者を含む。）で、その障害が、第22条３の表に規定する程度のもののうち、当該市町村の教育委員会が、その者の障害の状態、その者の教育上必要な支援の

内容、地域における教育の体制の整備の状況その他の事情を勘案して、その住所の存する都道府県の設置する特別支援学校に就学させることが適当であると認める者をいう。）以外の者について、その保護者に対し、翌学年の初めから２月前までに、小学校又は中学校の入学期日を通知しなければならない」と規定している。本規定は、視覚障害等を有する児童生徒の中でも、特別支援学校に就学することが適当と認められ、認定特別支援学校就学者となった者が、例外的に特別支援学校に在籍するのであり、それ以外の児童生徒らは、原則小中学校に就学するとしている。

　認定特別支援学校就学者制度は、その該当性の判断の際に、個々の児童生徒等について、市町村の教育委員会が、総合的な観点から就学先を決定する仕組みとなっている。総合的な観点から判断するための基準として、本規定は具体的に勘案事項を示しているが（上記アンダーライン部分）、これは、視覚障害等を有する児童生徒等が、認定特別支援学校就学者となることを希望しなかったとしても、そのニーズに対する支援体制が小中学校において整わないのであれば、認定特別支援学校就学者として特別支援学校に就学せざるを得ないということがおこり得ることを意味している。個々の児童生徒が抱えるニーズに対応できる教育支援体制の整備は各地方公共団体に委ねられているのであるが、支援体制の不備のために、通常学級への在籍を希望する障害のある子供が、認定特別支援学校就学者とならざるを得ないという事態を防ぐためにも、より一層の法整備が必要であると考えられる。

コラム8-2　アメリカ合衆国障害者教育法(IDEA)における「関連サービス」について

　自治体間の格差もあるが、近年では特別支援学校に通学するためのスクールバスの整備が進み、重度の障害を抱える生徒であっても、バスに乗車することができれば、保護者の付き添いがなくとも通学することが可能となった。もっとも、特別支援教育において保障されるのは、バス停と学校の間の移動であり、バス停と自宅との距離が離れている場合、あるいは距離が離れていなくとも、障害の程度によっては、バス停までの保護者の送迎が不可欠となるケースが多い。また、障害のある子供が、特別支援学校ではなく普通学校に通学する

場合、スクールバス等のサービスを受けることはできず、保護者の付き添いが必要となる。

　アメリカ合衆国の障害者教育法（IDEA: Individuals with Disabilities Education Act）は、障害のある子供に「無償かつ適切な公教育」を提供することを目的としているが、その具体的内容は、「関連サービス（related service）」を併用しながら特別支援教育を提供することとなっている。「関連サービス」とは、移動に際しての乗り物や付添い等、適切な教育を受けるにあたって必要となる補助サービスを意味する。具体的な補助サービスとしては、脊髄損傷により首から下が麻痺している生徒が通常学級に在籍するために、看護師による付き添いを提供することや、てんかんの発作を抱える生徒に対して、看護師が同乗するタクシーによる通学を提供すること等があげられる。教育に関連するサービスをいかに保障するかということも、今後の特別支援教育の重大な課題であると考えられる。

(2)　就学先決定の際の手続制度

　上記(1)において、改正施行令の趣旨を3つにまとめたが、③の保護者及び専門家からの**意見聴取の機会**の拡大についても、就学先決定の仕組みに関わる重要な論点である。

　2002（平成14）年の施行令改正において認定就学者制度を導入した際に、文部科学省は「保護者の意見を聴いたうえで就学先について総合的な見地から判断することが大切である……」として、学校・学級選択において保護者を手続的に保護する内容の通知を出している（平14・5・27文科初第291号初等中等教育局長通知）。従来から、障害の種類、程度等の判断について、専門的立場から調査・審議を行うために就学指導委員会を設置することが一般化されていたが、2002（平成14）年の改正は、適切な就学指導を行うために、市町村の教育委員会が教育学、医学、心理学そのほかの障害のある子供の就学に関する専門的知識を有する者の意見を聴くことを義務付けた。さらに、2006（平成18）年の施行令改正の際には、保護者からの意見聴取も義務付け

られた（学教施行令18の２）。2013（平成25）年の施行令改正は、市町村教育委員会による保護者及び専門家からの意見聴取について、旧施行令が小学校又は特別支援学校小学部へ新入学する場合等に行うと規定していたところを、小学校から特別支援学校中学部への進学時等にも行うこととするよう改正したものであり、具体的な手続上の整備を行ったわけではない。もっとも、文科省は通知のなかで、「市町村教育委員会が、本人・保護者の意見を最大限尊重し、本人・保護者と市町村教育委員会、学校等が教育的ニーズと必要な支援について合意形成を行うことを原則とし、最終的には市町村教育委員会が決定することが適当である」という中教審「報告」の指摘を前提として、保護者らの意見表明の機会を保障するにとどまらず、当事者間の合意形成の重要性についても述べている（25文化初第655号）。これは、手続上注目に値する視点であるが、法制度上、学校・学級選択の決定権限が教育委員会にあることを前提にした場合、合意形成の過程において、障害のある子供や保護者への手続的な権利を保障する制度は十分に整備されているといえるだろうか。

　たとえば、人工呼吸器をつけた児童の小学校就学が争われた事例（横浜地判令２・３・18判例集未登載〈LEX/DB25565872〉）では、就学先決定の過程において、保護者は適切な情報の提供を受けることができなかったために、時宜にかなった意見表明を行うことができなかった。市教育委員会との間で、合意形成のための十分な話し合いがなされないままに、特別支援学校への就学が決定されたのであるが、裁判所は、保護者の意見の尊重、合意形成の重要性に十分な配慮を行うことなく、市教育委員会の判断に手続、実体上の違法性を認めなかった。

2-3　就学先決定の仕組みについての検討

　本節においては、現行法令上の就学先決定の仕組みについて概観したが、最後に手続、実体的側面から当該仕組みについて検討することにする。

　まず、手続面についてであるが、障害のある子供の場合、いずれの学校・学級に在籍するかによって教育の内容が大きく異なり、その選択は子供の将

来に非常に大きな影響を及ぼすものであるから、結果の重大性から、適正な手続が保障されるべきと考えられる 。既述のように、法令上保護者の**意見表明の権利**は認められているのであるが、それ以外の手続的権利が認められる余地はあるのであろうか。**1-4**で紹介した肢体不自由の生徒が中学校への就学を求めて認められた事例（奈良地決平21・6・26賃社1504号47頁）は、障害児の学校選択決定に際し、生徒及び保護者の意向を反映させることを認め、法令に従い意見表明の手続を明確に保障しているが、適正手続の観点からいえば、ただ、意見表明の手続を保障するだけでは手続的保護の有効性に欠け、告知や情報提供等の手続についても考察する必要があると考えられる。手続的保護は、告知・聴聞・メディエーション（調停）等、一連の手続が保障されて初めて有効に機能するものであり、学校・学級の選択については行政手続法も適用除外となっているので、より一層の法的整備が進められることが求められよう。

　次に実体面についてであるが、判例上障害のある子供の学校・学級選択を含む学習権の内容については、立法政策に委ねるというスタンスがとられている。学校選択をめぐる実体的な論点としては、本人や保護者が希望する就学先において提供されるべき合理的配慮の判断が重要となる。

　教育領域における合理的配慮の法的根拠は、障害者権利条約、障害者差別解消法、障害者基本法の一般的な規定をベースに、障害者権利条約第24条のインクルーシブ教育システムの規定、教育基本法第4条第2項、障害者基本法第16条第1項から導かれる。

　実際に合理的配慮を検討する際には、2012（平成24）年の「報告」や、「文部科学省所管事業分野における障害を理由とする差別の解消の推進に関する対応指針（2015年11月9日告示：以下対応指針）」がガイドラインとなり、独立行政法人国立特別支援教育総合研究所が運営する「インクルーシブ教育システム構築支援データベース」や「特別支援教材ポータルサイト」には具体的な参照事例が掲載されている。合理的配慮を判断するに当たっては、完全なインクルージョンという目標のもとに、人間の多様性の尊重等の強化、障害者が精神的及び身体的な能力等を可能な最大限度まで発達させ、自由な社

会に効果的に参加することを可能とするといった目的（24①(a)(b)(c)）に合致するかどうかの観点から検討が行われることが重要である。

3　障害者差別解消法と高等教育

　特別支援学校高等部学習指導要領については2019（令和元）年に公示され、一部教科を除いて2022（令和4）年度入学生から年次進行で実施される。基本的には、小学部・中学部と同様に、学びの連続性を重視した対応や、自立と社会参加に向けた教育の充実などが改善事項として挙げられている。また、2018（平成30）年の学校教育法施行規則改定により、高等学校等における通級による指導の制度化がなされ、またそれまで学習指導要領レベルで記載がなされていた特別支援学校における個別の教育支援計画の作成について、施行規則への記載がなされている。

　近年の高校段階に関する判例として、視覚障害のある原告が、高等学校の教科書を使用しそれに準じた授業を行う市立の視覚特別支援学校高等部の普通科A類型への入学を志願し、学力検査を受験したが、同校校長が、学力検査の成績を根拠に、生徒の実態に応じてその進度に合わせた授業を行う普通科B類型での入学を認める旨の決定を行ったため、本人と父母が、決定は違法であると訴えた例がある（大阪地判平29・4・20判例集未登載〈LLI/DB 07251537〉）。本判決では、前述の神戸地裁判決と比較しても憲法論に触れるわけでもなく、また、障害者権利条約や障害者差別解消法についての踏み込んだ解釈はなされていない。条約では教育について「人格、才能及び創造力並びに精神的及び身体的な能力をその可能な最大限度まで発達させる」（24条1(b)）ことを目的と掲げ、また、支援を一般的な教育制度の下で受けることも強調されている（同2(d)）。今後条約批准や関連する法改正などが、同種の裁判にどのような影響を及ぼすのか注目される。

　高等教育については、障害者差別解消法の施行や障害者基本法に社会的障壁の除去や合理的な配慮の提供について文言が追加されたことの影響を注視する必要がある。これらの法律は、大学などの教育機関に対しても適用され

る。2021（令和3）年の障害者差別解消法の改正によって、国公立大学など
の国公立の高等教育機関のみならず、私立大学など私立の高等教育機関につ
いても「必要かつ合理的な配慮」の提供義務が課せられるようになった。

　文部科学省「障害のある学生の修学支援に関する検討会」では2017（平成
29）年に「第二次まとめ」を公表している。そこでは、不当な差別的取扱い
を防ぎ，必要な合理的配慮をできる限り円滑かつ迅速・適切に決定・提供す
るためには，それぞれの大学等の状況を踏まえた体制整備が不可欠であると
し、施設・設備のバリアフリー化や、学内規定、組織の整備などの事前的改
善措置の必要性、合理的配慮の内容の決定の手順、紛争解決のための第三者
組織の必要性などが説明されている。

参 考 文 献

　学校教育法令の解釈については、鈴木勲編著『逐条 学校教育法第8次改訂
判』（学陽書房、2016年）、西原博史他編『新基本法コンメンタール教育関係
法』（日本評論社、2015年）、米沢広一『憲法と教育15講［第4版］』（北樹出
版、2016年）を参照。特別支援教育、インクルーシブ教育の動向については、
渡部昭男編『日本型インクルーシブ教育システムへの道』（三学出版、2012年）、
日本教育法学会編『教育法の現代的争点』（法律文化社、2014年）文部科学省
HP、「特別支援教育」（http://www.mext.go.jp/a_menu/01_m.htm、2021年8
月5日筆者確認）を参照。中教審「報告」や特別支援教育関連通知、資料等も
上記ウェブサイトで閲覧することが可能である。

（いまがわ・なお／おりはら・やすひさ）

第9章　障害と社会保障法

福　島　　豪・永　野　仁　美

━━━━━ 本章のねらい ━━━━━

　本章では、障害者が対象となっている社会保障制度について取り上げる。社会保障法は、例えば年を取ることで所得を失ったり介護を必要としたりする「生活上のニーズ」を有する人に対し、国家が中心となって社会保険料や公費を財源として給付を行う諸制度を対象とする。その意味で社会保障法は、当初から生活を営む上で様々なニーズを抱える障害者に関心を寄せてきた。

　確かに、戦後に形成された社会保障制度は、身体障害者を更生と保護の対象とする1949（昭和24）年の身体障害者福祉法のように、障害者を「保護の客体」と捉えてきたことは否めない。しかし、21世紀に入り、戦後半世紀の福祉サービス提供システムが「措置から契約へ」と転換し、社会保障制度においても、障害者が「保護の客体」から「権利の主体」と捉えられるに至った（**第2章**）。もっとも、現代的な障害法の観点（**第1章**）からすると、現行の社会保障制度は、心身の機能障害に着目するあまり、就労により十分な所得が得られないとか、地域で自立生活を営むためには介護が必要だといった障害者のニーズを十分考慮していないように見える。

　本章では、このような視角から、障害者に対し福祉サービスを提供する制度（１）と所得保障を行う制度（２）について概観した後、それぞれの課題（３）について確認することで、読者に障害者を対象とする社会保障制度について理解を深めるための手がかりを提供したい。

1　障害者への福祉サービス

1-1　障害者のニーズ

　障害を持っている人は、どのようなニーズを有しているのだろうか。例えば、肢体不自由の人は、手足や胴体の運動機能の障害により、身の回りのことや外出を一人ですることが難しい。自立した日常生活を可能にするためには、他人による世話（介護）や車いす（補装具）が必要となる。また、統合失調症の人は、妄想や幻覚等により、対人関係能力や作業能力が制限され、

就労を継続することが難しい。社会生活への参加を可能にするためには、就労支援が必要となり、就労により十分な所得が得られない場合には、経済的な自立を可能にするため、所得保障が必要となる。

　これらのニーズのうち、福祉サービスに対するニーズは、基本的には公費助成によって保障されている。ただし、要介護・要支援状態にある65歳以上の者と、加齢に伴う特定疾病（末期がん、若年性認知症、脳血管疾患等の16疾病。介保令2条）により要介護・要支援状態にある40歳以上65歳未満の医療保険加入者は、市町村による認定を受ければ、介護保険の給付を受けることになる（介保7条3、4項、19条）。ここでは、公費助成の仕組みとしての障害者福祉を取り上げ、障害者手帳（1-2）、福祉サービスを保障する仕組み（1-3）、福祉サービスを利用する過程（1-4）の順で紹介したい。

　障害者福祉法制は、障害者総合支援法が中心となり、これを身体障害者福祉法、知的障害者福祉法、精神保健福祉法が補完するという全体像になっている（障害者福祉法制の沿革については、**第2章1**）。

1-2　障害者手帳

　障害を持っている人が福祉サービスの給付を受けるためには、身体障害者福祉法に規定する身体障害者、知的障害者福祉法にいう知的障害者、又は精神保健福祉法に規定する精神障害者に該当する必要がある（障害総合支援4条1項、障害福祉4条）。これらの障害者であることの確認は、基本的には障害者手帳によって行われている。**障害者手帳**は、障害の存在とその程度を公証するとともに、各種の援助措置を受けられる地位を設定するために設けられている。援助措置には、福祉サービスの給付に限られず、税の減免や鉄道・バスの運賃割引等も含まれる。運賃割引は、障害者の介護者にも認められる（介護者の運賃割引に関する市町村の情報提供義務が認められた裁判例として、東京高判平21・9・30判時2059号68頁）。

　なお、手帳の対象となる障害者は、目的の相違から、障害年金の対象となる障害者とは異なる（本章2）。しかし、いずれの認定も行政が等級表や認定基準に基づき画一的に判定するという意味で、両者は共通している。この

点で、司法が個別の事案に即して障害の有無を審査する差別禁止の対象となる障害（者）とは区別される（**第6章3**）。

(1)　身体障害者手帳

　身体障害者福祉法上の**身体障害者**とは、身体障害者福祉法別表に掲げる①視覚障害、②聴覚又は平衡機能の障害、③音声機能、言語機能又はそしゃく機能の障害、④肢体不自由、⑤心臓、じん臓又は呼吸器の機能の障害その他政令で定める障害がある18歳以上の者であって、都道府県知事から身体障害者手帳の交付を受けたものである（障害福祉4条）。「政令で定める障害」とは、⑥ぼうこう又は直腸の機能の障害、⑦小腸の機能の障害、⑧ヒト免疫不全ウイルスによる免疫の機能の障害、⑨肝臓の機能の障害を指す（障害福祉令36条）。

　このように、身体障害者福祉法は、身体の機能障害をその類別ごとに列挙することによって身体障害者の範囲を画している。したがって、尿道狭窄による排尿障害が「ぼうこうの機能の障害」に該当するかどうかが争われた裁判例では、ぼうこうと尿道は別個の臓器であり、また、別表に掲げられた障害は社会的要請に応じて徐々に追加されてきた経緯をも考えると、政令で尿道の機能障害が定められていないのに、同障害をぼうこうの機能障害に含ませるような解釈をすることはできないと判断されている（広島高判平7・3・23行集46巻2＝3号309頁）。このことから、身体障害者福祉法が主に機能障害に着目しており、その結果として生ずる活動制限や参加制約が十分に考慮されていないことがわかる。

　身体障害者福祉法上の身体障害者に該当するためには、都道府県知事から**身体障害者手帳**の交付を受けることが必要である（障害福祉4条）。それゆえ、身体に障害のある者が、身体障害者福祉法上の身体障害者として福祉サービスの給付を受けるためには、身体障害者手帳を取得しなければならない。身体障害者手帳の交付手続は、身体に障害のある者又はその保護者が医師の診断書と意見書を添えて申請をして、都道府県知事が身体障害者福祉法別表に該当するかどうかを認定する（障害福祉15条）。身体障害の程度は、身体障

者障害程度等級表（障害福祉則別表５号）で定められており、身体障害の類別ごとに重度のものから１級から７級までの７等級に分かれている（障害福祉則５条３項）。７級は、単独では身体障害者手帳の交付対象とならない。

(2)　療育手帳と精神障害者保健福祉手帳

　知的障害者については、法律上の定義規定が存在せず、法定の手帳制度も存在しない。しかし、知的障害者が各種の援助措置を受けやすくするため、国は通知（昭48・9・27発児156号）により**療育手帳**制度を設け、都道府県知事が規則や要綱に基づき療育手帳を交付している。もっとも、知的障害者は、療育手帳を取得しなくても、福祉サービスの給付を受けることができる。手帳の名称は、東京都の愛の手帳のように多様である。

　療育手帳の交付手続は、知的障害者又はその保護者が申請をして、都道府県知事が児童相談所又は更生相談所での判断結果に基づき交付を決定する。知的障害の程度は、Ａ（重度）とＢ（その他）に分かれている。実際には、中度を含めた３等級の都道府県が多い。

　他方、精神保健福祉法上の**精神障害者**とは、統合失調症、精神作用物質による急性中毒又はその依存症、知的障害、精神物質その他の精神疾患を有する者である（精神５条）。この定義規定には「手帳の交付を受けたもの」という要件がないので、精神障害者が福祉サービスの給付を受けるために手帳を取得する必要はない。しかし、精神障害者に各種の支援策が講じられることを促進するため、精神保健福祉法は**精神障害者保健福祉手帳**制度を設けている。ただし、知的障害者は、療育手帳があるので、精神障害者保健福祉手帳の対象にならない。

　精神障害者保健福祉手帳の交付手続は、精神障害者が申請をして、都道府県知事が政令で定める障害の状態にあるかどうかを認定する（精神45条）。「政令で定める障害の状態」とは、重度のものから１級から３級までの障害等級に該当する程度のものを指す（精神令６条）。

　最後に、**発達障害者**（発達障害２条２項）を対象とする独自の手帳制度は存在しない。もっとも、発達障害者が知的障害を伴う場合には、療育手帳の

交付を受けられ、知的障害を伴わない場合には、精神障害者保健福祉手帳の
交付を受けられる場合がある。

1-3　福祉サービス保障の仕組み

⑴　自立支援給付

　福祉サービスを必要とする障害者は、基本的には障害者総合支援法に基づ
き**自立支援給付**の支給を受けることになる。自立支援給付の実施主体は、市
町村である（障害総合支援 2 条 1 項 1 号）。また、自立支援給付の対象者には、
身体障害者、知的障害者、精神障害者（発達障害者を含む）に加えて、一定
の**難病患者**も含まれている（障害総合支援 4 条 1 項〈**コラム9-1**〉）。

　自立支援給付は、「サービス費の支給」をするものである。すなわち、市
町村は、支給決定を受けた障害者が事業者・施設からサービスを受けたとき
に、障害者に対しサービスに要した費用について自立支援給付を支給する
（障害総合支援29条 1 項等）。それゆえ、自立支援給付は、法律上は費用償還
給付（金銭給付）と位置づけられている。しかし、事業者・施設による代理
受領が認められている。すなわち、市町村は、サービスに要した費用につい
て、自立支援給付として障害者に支払うべき額の限度において、障害者に代
わり事業者・施設に支払うことができる（障害総合支援29条 4 項等）。その結
果、自立支援給付は「事実上」現物給付化している。

　自立支援給付の種類（障害総合支援 6 条）は、大きく①福祉サービスに関
する給付、②相談支援に関する給付、③医療サービスに関する給付、④補装
具に関する給付、⑤利用者負担の軽減に関する給付に分けることができる。
このうち①は、**介護給付費と訓練等給付費**を含む。これらは、障害者の多様
なニーズに対応するため、在宅介護・施設入所や機能訓練・生活訓練だけで
なく、同行介護や福祉的就労・就労移行支援も対象とする（障害総合支援28
条。福祉的就労・就労移行支援については、**第 7 章 7**）。②は、**地域相談支援給
付費と計画相談支援給付費**を含む。これらは、地域生活への移行支援やサー
ビス利用計画の作成を対象とする（障害総合支援 5 条18項）。③は、**自立支援
医療費**を含む。これは、腎機能障害者の人工透析や精神障害者の通院医療等

━━━━ コラム9-1 難病患者への支援 ━━━━

　難病とは、原因が不明で治療方法が確立していない希少な疾病を指す。難病は長期の治療が必要で医療費も高額であることから、難病患者の保険診療の自己負担分が高額になる。それゆえ、医療保険の高額療養費（健保115条、国保57条の２）により軽減が図られる以外に、特定の56疾病については、特定疾患治療研究事業（昭48・４・17衛発242号）に基づき都道府県が難病患者に対し医療費の公費助成を行ってきた。しかし、難病患者の間で不公平があったので、難病患者への公平かつ安定的な医療費助成の法制化のため、難病の患者に対する医療等に関する法律が2014（平成26）年に制定された。これにより、厚生労働大臣が指定する難病について、都道府県が指定難病の患者の医療費を公費で助成することになった。指定難病は、2019年で333疾病に拡大された。

　他方、難病患者は、症状が慢性の経過をたどるので、日常生活が著しく制約され、介護を必要とすることがある。ところが、自立支援給付の対象者は、身体障害者、知的障害者、精神障害者とされていたので、症状が変わりやすい難病患者は、永続性を欠くために身体障害者に該当しないとされる場合が多かった。そのため、2012（平成24）年の改正により、難病患者は自立支援給付の対象者に加えられることになった（障害総合支援４条１項）。しかし、給付の範囲を明確にするため、対象は2019年で特定の361疾病となっている（障害総合支援令１条、別表）。難病患者の支援の充実は障害と疾病との間にいかなる相違点と共通点があるのかを考えるきっかけとなる。

の保険診療の自己負担分（原則医療費の３割。健保74条、国保42条）をカバーする（障害総合支援５条24項、障害総合支援令１条の２）。④は、**補装具費**である。これは、車いす等の身体機能を補う補装具の購入や修理に要する費用をカバーする（障害総合支援５条25項。心臓機能障害により歩行に制限を受ける身体障害者の電動車いすの購入費用が補装具費の支援対象になることが認められた裁判例として、福岡地判平27・２・９賃社1632号45頁）。⑤は、高額障害福祉サービス等給付費を含む。これは、利用者負担が著しく高額の場合に支給され

る（障害総合支援76条の2）。

　障害者が65歳以上の人や40歳以上65歳未満の加齢に伴う特定疾病の人で、介護保険給付の対象となるサービスを利用できる場合には、原則として介護保険給付が優先し（障害総合支援7条）、介護保険給付の対象とならない横出しサービス（例えば、同行介護や福祉的就労）やその支給限度額（介保43条）を超える上乗せサービスが自立支援給付の対象となる。介護保険給付は誰もが遭遇し得る要介護リスクに対して定型的な給付を行うのに対し、自立支援給付は個々の障害の状態に応じて個別的な給付を行うからである。ただし、一律に介護保険給付が優先するのではなく、要介護状態以前の障害によりどのようなサービスが必要なのか、介護保険給付の自己負担分を支払うことが障害によりどの程度負担なのか等を考慮して、自立支援給付を選択することが相当である場合がある（広島高岡山支判平30・12・13賃社1726号8頁）。

　自立支援給付の額は、厚生労働大臣の定める報酬基準に基づき算定したサービス費から、利用者負担を控除した額である。**利用者負担**は、障害者の家計の負担能力をしん酌して政令で定める額（所得に応じた4段階の負担上限額。障害総合支援令17条等）であるが、負担上限額がサービス費の1割を超えるときには、サービス費の1割である（障害総合支援29条3項等）。これが、自立支援給付の自己負担分に相当する。

　自立支援給付の支給に要する費用は、公費で賄われる。すなわち、自立支援給付の費用は、基本的には国が50％、都道府県と市町村がそれぞれ25％を負担する（障害総合支援92条、94条、95条）。

(2)　利用者負担

　自立支援給付には、基本的に自己負担が存在する。これは、利用者負担と言われるが、2005（平成17）年の障害者自立支援法の制定によって、負担能力（税額等による18の階層区分）に応じた応能負担から、福祉サービスの利用に応じた**応益負担**に改められた。すなわち、障害者自立支援法の施行当初は、自立支援給付の額はサービス費の9割であったから、残りの1割が原則的な利用者負担となった。ただし、サービス費の1割が障害者の所得に応じ

た４段階の負担上限額を超えるときには、負担上限額が利用者負担であった。利用者負担が見直された理由は、2003（平成15）年の支援費制度の実施によりサービス利用者が急増し、財源不足が生じたことを背景に、障害者にも「公平な」負担を求めたことにある。

　しかしながら、福祉サービスは障害者の日常生活と社会参加にとって必要不可欠なものであり、そうしたサービスを「利益」とみなす考え方は誤りだとして、応益負担は障害者から強い批判を受けた。これを受けて、低所得者の負担上限額が引き下げられた結果、低所得者の利用者負担は無料となった。そして、2010（平成22）年の改正により、政府は負担上限額を利用者負担の原則とすることで、**応能負担**が原則になったとしている。条文の構成を見ると（障害総合支援29条３項２号等）、負担上限額が原則、サービス費の１割が例外と解するのが素直な読み方なので、応能負担が原則という解釈が一般的である。

　その一方、医療保険や介護保険では負担上限額が設けられているからといって応能負担が原則とは考えられていないこと、2010（平成22）年の改正により利用者負担の仕組みに実質的な変更が加えられていないことから、応益負担の原則が維持されていると解する立場もありうる。この立場は、低所得者以外の障害者に利用者負担がなお残っていることを重視している。というのも、福祉サービスの利用にかかる費用は、障害者個人に負担させるべきではなく、社会全体で支えるべきと考えているからである（本章３）。

⑶　地域生活支援事業と措置

　市町村と都道府県は、自立支援給付の対象とならない福祉サービス（例えば、コミュニケーション支援や移動支援）について、障害者総合支援法に基づき**地域生活支援事業**を行う（障害総合支援77条、78条）。これは、障害者の個別のニーズに対応する給付ではなく、地域の実情や利用者の状況に応じて柔軟な形態で実施することが可能な事業である。地域生活支援事業に要する費用は、国と都道府県がそれぞれ一定割合を補助する（障害総合支援94条２項、95条２項）。

　他方、福祉サービスを必要とする障害者が、家族から虐待を受けている等のやむを得ない事由により、自立支援給付の支給を受けることが著しく困難である場合には、市町村は、身体障害者福祉法と知的障害者福祉法に基づき**措置**（サービスの提供又は市町村以外の者への委託）を行う（障害福祉18条、知的障害15条の４、16条１項２号）。その限りで、「措置から契約へ」（**コラム2-1**）移行した後も、障害者が契約制度を利用できない場合に備えて措置制度が残されている。措置に要する費用は、利用者からの負担能力に応じた費用徴収を除き、国、都道府県、市町村が分担する（障害福祉35条、37条〜38条、知的障害22条、25条〜27条）。

1-4　福祉サービス利用の過程

⑴　支 給 決 定

　福祉サービスを利用しようとする障害者は、自立支援給付の介護給付費又は訓練等給付費の支給決定を受けなければならない（障害総合支援19条１項）。

　支給決定の過程は、次の通りである。①障害者は、市町村に申請を行う。②原則として市町村の職員が、障害者と面接をし、その心身の状況や置かれている環境等について調査をする（障害総合支援20条）。③市町村は、市町村審査会での審査判定の結果に基づき、障害支援区分の認定を行う（障害総合支援21条）。**障害支援区分**とは、障害者の多様な特性その他の心身の状態に応じて必要とされる標準的な支援の度合を総合的に示す区分であり（障害総合支援４条４項）、重度のものから区分１から区分６までの６段階に分かれている。④市町村は、障害者からサービス利用意向を聴取するとともに、障害者にサービス利用計画案の提出を求める。⑤市町村は、障害者の障害支援区分等の心身の状況、介護者の状況、障害者の置かれている環境、障害者のサービス利用意向、サービス利用計画案、サービス提供体制の整備状況等（**勘案事項**）を勘案して支給の要否と支給量を決定し、障害者に受給者証を交付する（障害総合支援22条、障害総合支援則12条）。

　支給量は、１ヶ月間に介護給付費又は訓練等給付費を支給する福祉サービスの量である（障害総合支援22条７項）。これは、障害支援区分ごとに上限額

が設定されているわけでないので、勘案事項を踏まえて障害者ごとに個別に決定される。それゆえ、支給量の決定は行政裁量に委ねられる部分が大きい。そうすると、市町村は、例えば重度の障害者で常に介護を必要とする人が地域での一人暮らしを望んで1日24時間の在宅介護と移動介護（重度訪問介護。障害総合支援5条3項）を求めた場合に、財政状況を勘案して障害者の希望を下回る支給量を決定することがある。このような事例で、裁判所はいかなる場合に市町村による支給決定を違法と判断し得るのかという問題がある。

　この点につき、下級審裁判例では次のような判断枠組みが採られている。すなわち、支給量の決定に至る判断の過程において考慮すべき事項を考慮しないこと等によりその内容が社会通念に照らし妥当性を欠くものと認められる場合に、障害者自立支援法が市町村に与えた裁量権の範囲を超え、又は濫用したものとして違法になるとしている（例えば、東京地判平22・7・28判タ1356号98頁）。その上で、大阪高判平23・12・14判例地方自治366号31頁（石田訴訟）は、支給決定が障害者の個別具体的な事情に照らして障害者自立支援法の目的に反しないかどうかという観点から検討し、原告の介護時間が1ヶ月558時間必要であり、それを下回る支給量の決定を違法と判断している。他方、札幌地判平24・7・23判例地方自治407号71頁は、被告の定めた審査基準を適法とした上で、原告の具体的な生活状況からすると審査基準の定める1日24時間介護の要件に該当せず、支給量を1ヶ月330時間とした支給決定を適法と判断している。

　支給量の決定について裁判所が積極的な判断を示していることは、裁判所が憲法25条（生存権）の趣旨を踏まえて障害者の多様なニーズに配慮していると見ることができる（第4章2）。もっとも、この要請は、市町村による支給決定の過程においてこそ求められる。すなわち、自立支援給付が個々の障害の状態に即して内容形成されるものである以上、支給決定の際に障害者の正当な希望が考慮されなければならない。障害者の健康状態と社会参加に精通しているのは、障害者自身だからである。それゆえ、支給決定の過程に障害者が関与する機会を確保することが必要である。これにより、給付の実効性と受容性が高まる。

⑵　サービス利用計画の作成とサービスの利用

支給決定は、福祉サービスの利用についての公費の支給を決定するものであり、特定の事業者・施設からサービスを受けることを決定するものではない。したがって、障害者のニーズに合致したサービス利用を支援する**ケアマネジメント**、すなわちサービス利用計画の作成が必要となる。

市町村は、障害者が相談支援事業者からサービス利用計画の作成を受けた場合には、それに要した費用を計画相談支援給付費として支給する。その額はサービス利用計画作成費の10割である（障害総合支援51条の17）ので、自己負担はない。

サービス利用計画作成の過程は、次の通りである。①相談支援事業者は、支給決定前に、利用する福祉サービスの種類と内容を定めたサービス利用計画案を作成する。②相談支援事業者は、支給決定後に、サービス提供者と連絡調整を行い、サービス担当者を記載したサービス利用計画を作成する（障害総合支援5条22項）。③相談支援事業者は、サービス利用後に、福祉サービスの利用状況を検証し、サービス利用計画を見直す（障害総合支援5条23項）。

支給決定を受けた障害者は、サービス利用計画に基づき、事業者・施設に受給者証を提示して（障害総合支援29条2項）契約を締結し、福祉サービスを利用することになる。事業者・施設は、正当な理由がない限り契約締結を拒絶することができない（大阪地堺地判平26・5・8判時2231号68頁）。知的・精神障害者の契約締結を支援するために、成年後見制度が重要な役割を果たしている（**第5章2**）。また、日常的な金銭管理や各種の手続等を援助するために、社会福祉協議会により福祉サービス利用援助事業が行われている（社福2条3項12号）。

2　障害者への所得保障

障害を持っている人の中には、その労働能力が低減又は喪失しているがゆえに、就労所得を得ることが困難な人もいる。また、障害を持っている人の中には、介護サービス等の福祉サービスにかかる費用を負担しなければなら

ない人もいる。そうした人たちのために、社会保障制度は、就労所得に代わる所得保障の給付を行ったり、障害ゆえに生じる特別な費用負担を軽減・保障する給付を行ったりもしている。

　次に、こうした社会保障の仕組みとして、障害年金（**2-1**）、特別障害者手当（**2-2**）、そして、生活保護（**2-3**）の各仕組みを紹介したい。

2-1　障害年金

　日本では、障害は、老齢や（働き手の）死亡と並ぶ**所得喪失リスク**の一つとされている。障害を有する人には、これらの所得喪失リスクに備えることを目的とする公的年金制度から、障害年金が支給される。

　障害年金の仕組みは、戦前の船員保険法（1931〈昭和6〉年）や労働者年金保険法（1941〈昭和16〉年）によって、まず、船員や労働者を対象として始まった。そして、第2次世界大戦後、国民年金法（1959〈昭和34〉年）の制定によって、すべての国民を対象とする障害年金制度が整えられ、1985（昭和60）年の年金制度改革によって、現行制度が確立されるに至っている。

　現在の障害年金制度は、すべての20歳以上の障害者を対象とする**基礎年金**部分と、厚生年金の加入者（＝被用者や公務員）に上乗せして支給される**厚生年金**部分とで構成されており、重層的な作りとなっている。

(1)　障害基礎年金

　すべての20歳以上の障害者を対象とする**障害基礎年金**には、2つの種類がある。障害の原因となった疾病や負傷で初めて診察を受けた日（＝初診日）（国年30条1項）に20歳に達していた者を対象とする拠出制の障害基礎年金と、初診日に20歳未満であった者を対象とする無拠出制の障害基礎年金である。

　前者の拠出制の障害基礎年金には、①初診日に被保険者であること（60歳以上65歳未満の場合は、被保険者であったこと）（**被保険者要件**）、②一定の障害の状態（1級又は2級）にあること（**障害要件**）、③初診日の前日における保険料の滞納期間が被保険者期間の3分の1を超えないこと（**保険料納付要件**）

という 3 つの支給要件が課せられている（国年30条 1 項。現在は、特例措置として、初診日の属する月の前々月までの 1 年間について保険料の滞納期間がなければ良い。1985（昭和60）年改正法附則20条 1 項）。初診日に20歳に達している者については、初診日より前に国民年金に加入することが可能であり、また、これへの加入が義務付けられていることから、保険料納付要件が課せられている。したがって、保険料の未納がある場合には、障害基礎年金を受給できず、無年金状態に置かれる可能性がある。

　他方、後者の無拠出制の障害基礎年金については、①初診日に20歳未満であること（**20歳未満要件**）、及び、②一定の障害の状態（ 1 級又は 2 級）にあること（障害要件）のみが、支給要件として課せられている（国年30条の 4 ）。初診日に20歳未満であった者は、初診日において国民年金に加入することができないことを考慮して、保険料の納付を前提としない無拠出制の給付がなされることとなっている。この無拠出制の障害基礎年金の存在により、理論上は、すべての20歳以上の障害者（障害要件を満たす者）に、障害基礎年金が支給される。

　なお、拠出制か無拠出制かを分ける**初診日**に関しては、これを発症日に拡張して解釈すべきではないかという議論があった。20歳より前に統合失調を発症した者で、受診が遅れ、初診日が20歳以上となったことにより、拠出制障害基礎年金の支給要件（上記①や③）を満たさず、無年金となってしまった者の救済を図る観点から、このような解釈の余地が議論されたのである。ただ、この点に関して、最高裁は、初診日の拡張解釈を認めず、文言通り解釈する立場をとった（最二判平20・10・10集民229号75頁）。その理由として、最高裁は、①個々の傷病の発症日を的確に認定する資料がないこと、②医学的見地から認定判断の客観性を担保する必要があること、③認定判断を画一的かつ公平なものとする必要があることを挙げている。

(2)　障害厚生年金

　以上の障害基礎年金に加えて、厚生年金の被保険者（民間企業に勤める者等）が一定の障害の状態になったときには、**障害厚生年金**が支給される。障

害厚生年金は、障害基礎年金に上乗せされる報酬比例年金として位置づけられている。

　障害厚生年金の支給要件は、①初診日において厚生年金保険の被保険者であること（被保険者要件）、②一定の障害の状態（1級ないし3級）にあること（障害要件）、③保険料納付要件を満たしていること（保険料納付要件）の3つである。③の要件は、障害基礎年金の場合と同じであり、障害厚生年金も、初診日の前日における国民年金の保険料の滞納期間が被保険者期間の3分の1を超えていると、支給されないこととなる（厚年47条1項）。

(3)　障害認定基準

　障害基礎年金・厚生年金は、その支給の要件として、一定の障害の状態にあること（障害要件）を求めている。一定の障害の状態にあるとは、1級若しくは2級（基礎年金・厚生年金共通）、又は3級（厚生年金のみ）に該当する障害を有していることを指す。

　1級又は2級の障害の程度は、基礎年金と厚生年金に共通で、国民年金法施行令の別表に定められている（国年30条2項、国年令4条の6）。障害の程度は、「日常生活の制限の度合い」という観点から定められており、1級は、「日常生活の用を弁ずることを不能ならしめる程度のもの」、2級は、「日常生活が著しい制限を受けるか、又は日常生活に著しい制限を加えることを必要とする程度のもの」とされている。

　他方、3級は、厚生年金にのみ存在しており、その障害の程度は、厚生年金保険法施行令で定められている（厚年47条2項、厚年令3条の8）。1級及び2級とは異なり、3級の障害の程度は、「労働能力の制限の度合い」という観点から定められている。

　しかしながら、国民年金法施行令における認定基準も、厚生年金保険法施行令における認定基準も、実際には、医学的に判定される**機能障害**をその認定の基準としているとの指摘を受けている。何故なら、例えば、1級の障害は、①両目の視力の和が0.04以下のもの、②両耳の聴力レベルが100デシベル以上のもの、③両上肢の機能に著しい障害を有するもの、④両上肢のすべ

ての指を欠くもの、等々と定められているからである。また、施行令が定める基準に該当するか否かを具体的に判断するために定められている「国民年金・厚生年金保険 障害認定基準」も、総じて医学的な観点から作成されているといえる。それゆえ、障害認定は、機能障害に偏重した形で実施されているとの指摘がしばしばなされることとなっている。

　なお、障害基礎年金の裁定は、従来、各都道府県に置かれた日本年金機構の事務センターで行われていたが、2017年度以降は、機構本部（東京）の障害年金センターで厚生年金と合わせて一元的に行われることとなった。その背景には、医師によっても判断が異なりうる精神・知的障害に係る障害の認定に地域差が生じていたことがある。また、精神・知的障害に関しては、「国民年金・厚生年金保険 精神の障害に係る等級判定ガイドライン」が策定され、2016年9月より実施されてもいる。

　このほか、障害年金における等級は、前掲の障害者手帳における等級とは別のものであることも指摘しておきたい。したがって、身体障害者手帳において2級の認定を受けた者（1級から6級まである身体障害者手帳では重度の分類となり、1級の年金を受給できる可能性が高い）が、ただちに、障害年金において1級の認定を受けることになるとは限らない（東京高判平15・11・26判タ1223号135頁）。各障害等級は、制度の趣旨・目的を異にしているからである（なお、近年、障害年金の障害認定をめぐって数多くの訴訟が提起されている。東京地判平30・3・14判時2387号3頁（知的障害）、大阪地判平31・4・11判時2430号17頁（一型糖尿病）等）。

⑷　支　給　額

　障害基礎年金2級の支給額は、老齢基礎年金の満額と同じ額（2021〈令和3〉年4月時点で、月額6万5,075円）であり、1級の支給額は、2級の1.25倍の額である（国年33条）。25％の加算の意味は、必ずしも明らかではないが、介護料のための加算との説明がなされている。生計を維持している子がいる場合には、子の数に応じて**加算**がある（国年33条の2〈**コラム9-2**〉）。また、2019年10月より「年金生活者支援給付金制度」が始まり、障害基礎年金受給

者で所得が一定額以下の者に対しては、「障害年金生活者支援給付金」も支給されている。その額は、1級で月額6,288円、2級で月額5,030円である（2021（令和3）年4月時点）。

コラム9-2　子・配偶者加算の見直し

　障害年金制度に見られる加算は、従来、受給権者が障害基礎年金・厚生年金の受給権を取得したときに、その者によって生計を維持していた子又は胎児であった子がいる場合、あるいは、65歳未満の配偶者がいる場合にしか認められていなかった。加算にこうした限定が付されていることについては、1990（平成2）年の段階で既に批判があったが、なかなか見直しはなされなかった。しかし、2000年代の後半に入って漸く、議員立法により、障害年金の受給権の取得後に子や配偶者を扶養することになった場合にも加算が認められるよう、国民年金法等の改正が目指されることとなった。改正案は、最終的に2010（平成22）年4月参院本会議で可決・成立し、2011（平成23）年4月より施行されている。

　障害者が結婚し、子を持つことを否定するかのような加算制度を改善し、障害年金受給者の結婚や子の出産による生活状況の変化に対応可能な加算制度に生まれ変わらせたこの改正は、私たちに、優生保護法（この法律に基づき障害者の不妊手術等が行われた）等によって侵害されてきた障害者の結婚の自由、子を持つ自由について考えさせてくれる。

　他方、障害厚生年金の支給額は、標準報酬（月）額と被保険者期間の月数により決まる（報酬比例）。2級と3級は、同じ額であり、1級の者には、2級及び3級の1.25倍の障害厚生年金が支給される。障害厚生年金の額は、被保険者期間の長さにより変わるが、期間が300月に満たない場合には、被保険者期間は300月で計算される。また、3級の者には、障害基礎年金が支給されないことから、最低保障額（障害基礎年金の4分の3）も定められている（厚年50条）。そして、1級及び2級の障害厚生年金受給者に、その者に

よって生計を維持している65歳未満の配偶者がいる場合には、加算もある（厚年50条の 2 ）。

⑸　所 得 制 限

　拠出制障害基礎年金及び障害厚生年金には、その支給に際して、**所得制限**は課せられていない。したがって、初診日に20歳に達していた拠出制障害基礎年金の支給対象となる障害者や厚生年金に加入していた障害者は、所得の多寡にかかわらず、障害基礎年金・厚生年金を受給することができる。

　他方、無拠出制の障害基礎年金には、所得制限が設けられている。したがって、初診日に20歳未満であった障害者は、その所得が一定額を超えてしまうと、障害基礎年金の全部又は半分について、支給を停止されることになる（国年36条の 3 ）。所得制限が設けられている理由は、20歳前障害者本人が保険料拠出をしていないことにある。

2-2　特別障害者手当

　障害年金の他に、日本には、特別障害者手当という名称の金銭給付がある。これは、特別児童扶養手当法が定めている社会手当で、精神又は身体に著しく重度の障害を有し、日常生活において常時特別の介護を必要としている20歳以上の者（特別障害者）を支給対象とする（特別児童扶養手当 2 条 3 項）。その支給目的は、重度の障害のために必要となる特別な介護費用等の軽減を図ることにある。

　なお、この手当は、在宅で生活している特別障害者に限って支給される（特別児童扶養手当26条の 2 ）。支給額は、月額 2 万7,350円（2021〈令和 3 〉年 4 月時点）で、障害基礎年金等と同時に受給することができる（特別児童扶養手当26条の 3 、26条の 4 ）。ただし、特別障害者手当の支給には、所得制限がある。障害者本人、又は、その配偶者若しくは扶養義務者の前年の所得が一定額以上であるときには、特別障害者手当は支給されない。扶養義務者の範囲は、民法877条 1 項に定める扶養義務者（直系血族及び兄弟姉妹）で受給資格者の生計を維持する者に限定されている（特別児童扶養手当20条、21条、

26条の5）。

2-3 生活保護

　以上のように、障害者に対しては、障害年金や特別障害者手当により、一定の所得保障がなされている。しかし、これらのみでは、最低生活を営むことが困難な障害者も存在する。そうした場合に最低生活保障を行うのが、**生活保護**の仕組みである。

　生活保護は、生活困窮に陥った理由を問わず、広く生活困窮者に最低生活保障を行うものである。障害基礎年金の額は、それのみで最低生活を維持できる水準にはないことから、生活保護を受けている障害者は多く、生活保護受給世帯に占める障害・傷病者世帯の割合は、2018（平成30）年度の数字で25.3％となっている。

⑴　生活保護の目的・基本原理

　生活保護は、生活に困窮するすべての国民に対して**最低生活保障**をすると同時に、その**自立**を助長することを目的とする制度である（生活保護1条）。これらの目的を達成するために、生活保護は、生活に困窮する者に対して、生活扶助や医療扶助等の給付を行っている（生活保護11条）。

　生活保護は、無差別平等の原理（生活保護2条）、最低生活保障の原理（生活保護3条）、**補足性の原理**（生活保護4条）等の基本原理に基づいて実施されている。最後の補足性の原理は、生活保護を受給する前提条件として、生活困窮者に、その利用し得る資産・能力・その他あらゆるものの活用を求めるものである。また、補足性の原理は、保護に優先して、親族による扶養も求める（私的扶養の優先）。そのため、生活保護は、資産や能力を活用し、親族による扶養を求めてもなお、最低生活を営めない場合でなければ利用することはできない。そして、生活保護では、この点を確認するために、その支給に先立って、収入や資産等の調査（ミーンズ・テスト）が実施される。この調査を経て生活保護の支給が認められた場合には、世帯構成や住んでいる地域等を勘案して定められている「最低生活費」からミーンズ・テストによ

り認定された収入や資産を差し引いた額が、生活保護費として支給されることとなる。

⑵　障害に対する配慮

　生活保護は、無差別平等に生活困窮者に対して最低生活を保障する制度である。しかしながら、他方で、生活保護は、障害者のニーズや特別な事情に配慮して、障害者を対象とする特別な制度を設けている。また、障害者の事情に配慮した特別な法令解釈や制度運営も行われている。

　まず、特別の生活需要を持つ者であるとして、障害者には、保護費の加算がある（**障害者加算**：昭38・4・1厚生告158号別表第1）。加算の目的は、障害ゆえに必要となる日常生活上の特別需要に対応することにある。加算額は、障害の程度や居住地等によって異なるが、月額1万5,000円から2万7,000円程度となっている。また、この加算の枠内で、介護人をつけるための費用も別途支給される（上限あり）。

　補足性の原理に関しても、数々の例外が認められている。生活保護を受給している世帯では、原則として自動車の保有は禁止されている。しかし、障害者が、通勤や通院、通所等に自動車を利用する場合には、これを保有することが可能とされている（昭38・4・1社保34号）。また、障害者のいる世帯における普及率が90％程度に達している生活用品は、たとえ一般家庭での普及率が70％を超えていなくても（普及率70％が、保有可能な資産の目安として使われている）、保有して良いとされている（昭38・4・1社保34号）。

　さらに、収入の認定においても、障害に対する配慮は行われている。例えば、①社会生活を営む上で特に社会的な障害を有する者の福祉を図るため、地方公共団体等が条例等に基づき定期的に支給する金銭（上限：月額8,000円）や、②心身障害者扶養共済制度により地方公共団体から支給される年金等は、収入認定の対象から外されている（昭36・4・1発社123号）。

3 課 題

　ここまでのところで、福祉サービスの利用や所得保障を必要とする障害者に対する社会保障の仕組みを概観してきた。以下では、以上で見てきた諸制度が、障害者のニーズを適正に保障しているのかという観点から、その課題を見ていくこととしたい。

3-1　福祉サービスの利用にかかる費用の保障

　障害者には、その障害ゆえに、福祉サービスの利用にかかる費用が生じることがある。そのほとんどは、自立支援給付によって賄われるが、自己負担として残る部分も存在する。この利用者負担に関しては、**応能負担**とすべきか、**応益負担**とすべきかという議論が、かつて活発に展開された。現在は、所得に応じて4段階の負担上限額が設定されており、応能負担が実現されているというのが一般的な理解である。しかしながら、この点に関しては、福祉サービスの利用にかかる費用は、障害者個人に負担させるべきではなく、社会全体で支えるべきではないかという考え方もある。

　なお、現行制度上、利用者負担として残る部分を保障するものと考えられる給付として、1級の障害年金受給者に支給される25％の加算部分がある。この25％の加算の意味は、必ずしも明らかではないが、介護ニーズに対応するものと考えられている。また、こうした介護ニーズを満たすための社会手当として、特別障害者手当もある。

　しかしながら、これらは、必ずしもニーズに応じて支給されているとは言い難い点で、課題を残す。25％の加算部分は、機能障害の程度が1級よりも軽いと、たとえ介護ニーズを有していても、受け取ることができない。また、特別障害者手当については、在宅の重度障害者に支給対象者が限られており、支給に際し所得制限も課せられている。ニーズを有しながら、保障がなされていない状況が生じていると言える。

3-2　無年金障害者の存在

次に、非常に大きな課題として、**無年金障害者**の問題がある。日本の障害年金制度は、初診日に20歳に達していた障害の状態にある者について、無年金障害者を発生させる構造を有している。

(1)　学生無年金障害者訴訟

無年金問題が最も顕著な形で現れたのは、**学生無年金障害者**についてであった。この問題の所在は、1989（平成元）年法改正以前の国民年金法が、学生の国民年金への加入を任意とし、彼らを強制加入の対象としなかったことにある。国民年金に任意加入していなかった20歳以上の学生で在学中に障害を負った者は、初診日に被保険者であるという障害年金の支給要件を満たすことができず、障害年金を受給できないという事態が発生した。

学生無年金障害者の問題は、無年金となった元学生らが訴訟を提起したことで、社会的関心を集めることに成功した。しかし、地裁レベルでは、憲法14条（法の下の平等）との関係で違憲判決が出され、注目されたものの、最高裁では、最終的に合憲判断が示され、訴訟は敗訴に終わった。最高裁（最二判平19・9・28民集61巻6号2345頁、最三判平19・10・9集民226号1頁等）は、学生を任意加入の扱いとしたこと等について、立法府に広範な裁量を認め、憲法25条（生存権）及び14条（法の下の平等）の違反は存しないとの判断を下したからである。

(2)　特別障害給付金制度の創設

学生無年金障害者訴訟では、障害を負った元学生らの救済は図られなかった。しかしながら、これにより無年金障害者に対する関心をかきたてられた国会議員らによって、彼らを救済する新たな制度、すなわち、**特別障害給付金制度**が作られることとなった。

現在では、国民年金への加入が任意とされていた時代に任意加入していなかったことを原因として無年金となっている者については、福祉的措置として、一定の所得制限のもと、1級に相当する障害を持つ者には月額約5万

円、2級に相当する障害を持つ者には、月額約4万円が支給されることとなっている（特定障害者に対する特別障害給付金の支給に関する法律2条、3条、4条、9条）。障害基礎年金の額には満たないものの、一部の無年金障害者に対しては、一定の救済が図られていると言える。

(3) その他の無年金障害者と生活保護

　しかしながら、国民年金への加入が任意だった時代に任意加入をしていなかった者以外の者、すなわち、保険料納付要件を満たさず無年金となっている者等には、特別障害給付金の支給はない。彼らには、現在、生活保護以外に公的な所得保障制度は存しない。

　保険料納付要件を満たさず無年金になっている者については、本人にも責任があると言える。被保険者には保険料の納付が義務付けられており（国年88条1項）、また、保険料の減免制度もあることを勘案すれば、本人に帰責性がまったくないとは言い難いからである。そして、彼らについても、最後のセイフティネットとして生活保護が存在しているのであるから、最低生活保障はなされているとの見方もあろう。

　しかし、生活保護には、**補足性の原理**による制約が存在する。それゆえ、資産があったり、扶養してくれる家族がいたりすると、結果として、障害者が、所得に関して公的に無保障の状態に置かれてしまうことになる。こうした事態は、とりわけ、成人した障害者が、親から独立した生活を営むのを阻害する危険があると言われている。また、障害者の生活保障を障害者のいる家族に押し付けることにもなりかねない。したがって、障害者を所得保障の面で支える仕組みが、障害年金を除くと、生活保護しか存しないことは、問題であると言えないだろうか。

(4) 就労との関係

　この他に、障害年金には、就労との関係が不明確であるという問題もある。日本の障害基礎年金は、「日常生活の制限」に対する給付として位置づけられている上、障害基礎年金・厚生年金の支給が、主として医学的に判定

される**機能障害**を基準としてなされていることが、この問題を発生させている。

　例えば、機能障害の程度が1級や2級よりも軽いと認定されると、障害ゆえに就労できていない場合にも、障害基礎年金は支給されない。すなわち、無年金となる。その一方で、初診日が20歳に達した後にある障害者（拠出制の障害基礎年金の対象となる障害者）については、高額の所得を得ていても、機能障害が1級や2級に該当していれば、障害基礎年金を受給することができる。所得保障の必要に応じて給付がなされているとは必ずしも言えない状況が、発生していると言える。

3-3　今後の社会保障の在り方

　障害者は、障害ゆえに、福祉サービスの利用が必要となったり、あるいは、就労が困難となり、就労所得を得られなかったりすることがある。前者については、**自立支援給付**が対応しているが、利用者負担分として残されている部分が存在する。また、その利用者負担分を軽減するための給付は、必ずしもニーズに応じてなされているとは言い難い状態にある。そして、後者に関しては、主として**障害年金**がその対応をしているが、就労所得に代わる所得保障を必要としている者が、様々な理由（任意加入時代に任意加入していなかった、保険料の未払い、機能障害の程度）により無年金となってしまう可能性が存している。こうした問題点を克服して、必要に応じて給付がなされる制度に再構築することが求められるのではないだろうか。

　まず、福祉サービスの利用にかかる費用については、これを障害者個人に負わせるのは妥当ではなく、社会全体で支えるべきではないかとする前述の見解がある。福祉サービスの費用は、障害に起因する特別な費用であり、衣食住等の通常の生活費とは異なり、障害者だけが負わなくてはならないものだからである。こうした考え方を基礎として、新たな制度の構築を検討することが、一つの選択肢として考えられる。

　次に、障害年金に関しては、障害によって労働・稼得能力を減退・喪失した者が、これを受け取ることができるような制度とすること、すなわち、就

労所得に代わる所得保障を必要とする者が無年金とならないような制度を構築していくことが考えられないだろうか。ただし、現在の年金制度をベースとして残すことを前提とするのであれば、特に、国民年金への加入が可能となる20歳以降に初診日がある者に関しては、保険料を納付していた者との間の公平にも配慮する必要がある。保険料を納めていたことが無になる制度は、好ましくないからである。こうした点に配慮しつつ、新しい障害者への所得保障の在り方を考えても良いのではないだろうか。そして、その際には、現在の特別障害給付金の制度が、一つの参考となるのではないかと思われる。

参 考 文 献

　本章全体については、まず永野仁美『障害者の雇用と所得保障』（信山社、2013年）を参照して欲しい。同書は、日本とフランスの広い意味での障害者への所得保障について、雇用や福祉サービスを含めて包括的に検討している。狭い意味での障害者への所得保障については、百瀬優『障害年金の制度設計』（光生館、2010年）が、アメリカとスウェーデンの障害年金と比較しながら、日本の障害年金の課題と改革の方向性を提示している。障害者への福祉サービスについては、障害者福祉研究会編『逐条解説障害者総合支援法［第2版］』（中央法規、2019年）が、障害者総合支援法の各条文の趣旨と内容を詳細に解説している。

　その他、社会保障法からの障害者へのアプローチを知る上では、日本社会保障法学会編『新・講座社会保障法 第1巻～第3巻』（法律文化社、2012年）、同編『これからの障害者自立支援・高齢者福祉〔社会保障法第25号〕』（法律文化社、2010年）及び同編『現代生活保護の法的課題／障害者の所得保障〔社会保障法第33号〕』（法律文化社、2018年）所収の諸論文が有益である。

（ふくしま・ごう／ながの・ひとみ）

第10章　障害と刑事司法

池 原　毅 和

━━━ **本章のねらい** ━━━

　本章では障害のある人が犯罪の加害者あるいは被害者として刑事法に関わり、また、訴訟関係者として刑事訴訟に関わるときどのような問題が起こるか、また、その問題に対して現行刑事法は適切な対処のあり方を定めているかを検討する。刑事法領域は他の法領域ではほとんど問題にされない社会の感情的、情緒的反応が法のあり方に強く影響を与える領域であり、犯罪という衝撃的な事態よって引き起こされる社会の情動的反応が法のあり方や運用を変えていく現象がみられる。省察を欠いた情動的反応は社会の少数派である障害のある人に対する偏見や固定観念を無意識にその前提に置いている場合もある。刑事法のあり方に影響を与える偏見や固定観念に注意深く省察の目を向けて現行法のあり方を障害法の観点から批判的に検証できる視点を獲得することが本章のねらいである。

1　刑事法制を動かす社会意識

　犯罪現象は社会に不安感や被害感情、応報感情という情緒的な反応を引き起こし、それに対する法的対応としての刑事法はそうした社会心理的要素に強く影響される。しかし、社会的な不安感や被害感情、応報感情には法の創造と執行、適用の前提となる社会的事実の認識を歪める固定観念や偏見などが混在している可能性がある。とりわけ障害のある人に対する固定観念や偏見が、これらの人がかかわった犯罪に対する社会の認識を大きく歪めてしまい、誤った社会的認識に基づく法の創造と法の執行、適用が行われる危険性がある。

　社会一般の人が障害のある人に接する機会が乏しい中で、発達障害や精神障害のある人の犯罪報道に接すると、統計的にはそうした事件の数は一般人より少ないにもかかわらず発達障害や精神障害のある人は危険な人たちであるという社会認識が生まれてしまう（こうした現象を社会心理学では「ヒューリスティクス」という）。障害のある子を殺してしまった親の事件が報道され

ても介護に行き詰ったという親の弁明に同情する人が多く、失われた命に対して同情する意識は少ない。障害のある人が施設や病院に入れられていても、自立できないのだからしかたないと決めつけて彼らが人生の自由を享受できるようにする工夫を考えようとはしない。こうした社会の多くの人の考え方の中に障害のある人の生命や自由の価値を低く見てしまう差別的な意識が隠されていないだろうか。あるいは、多くの人たちは、法制度の創造や執行、適用にかかわる人も含めて、そうした考え方に省察を加えないままに社会一般の常識的な考え方であると思っていないだろうか。

　障害法の観点から、現行刑事法の内容とその執行・適用のあり方を見ていく場合、その背後に隠された障害のある人に対する固定観念や差別的意識が適正な法のあり方を歪めている可能性について批判的に検証していく目を持つことが重要である。

2　障害と刑法

2-1　刑事責任能力の社会モデル化

　刑法39条は刑事責任能力がない場合（心神喪失）には犯罪は成立しないものとし、限定責任能力の場合（心神耗弱）には減刑すべきものと定めている。これに対して障害者権利条約12条2項は、「締約国は、障害者が生活のあらゆる側面において他の者との平等を基礎として法的能力を享有することを認める。」と定めている。この条項が刑事責任能力についても他の者と平等に享有することを求めているのであるとすると、刑事責任能力がない場合や減弱している場合を認める現行刑法は障害者権利条約と矛盾することになるのではないかという疑問を生じる。

　現行刑法の刑事責任能力については、生物学的要素と心理学的要素の二面から検討すべきであるとするのがわが国の古くからの判例（大判昭6・12・3刑集10巻682頁）の立場であり、学説も基本的にこの立場に立っている（「混合的方法」といわれる）。生物学的要素は是非弁別及び行動統制の前提となる精神の状態に関する要素であり、それらに影響を与える精神障害の存否や程

度を意味している。心理学的要素は、そうした精神障害を前提として、実際の行為の際に、その精神障害が是非の弁別を不可能または著しく困難にしていたか、また、行動の統制を不可能または著しく困難にしていたかを問う要素である。生物学的要素における「精神障害」はまさに機能障害としての精神障害である。また、心理学的要素は行為者個人の心理面に焦点を当てたものであり、刑事責任能力に関する従来のわが国の判例・学説の考え方の特徴は行為者個人の内面にのみ着目した「個人モデル」あるいは「医学モデル」の障害観に基づいている。

　これに対して障害者権利条約12条は、法的能力の平等性の前提として法的能力の基盤となる社会的文脈に着目している。障害者権利条約は「障害」の定義を確定させていないが、「障害が、機能障害を有する者とこれらの者に対する態度及び環境による障壁との間の相互作用であって、これらの者が他の者との平等を基礎として社会に完全かつ効果的に参加することを妨げるものによって生ずる」（前文e）とし、「障害者には、長期的な身体的、精神的、知的又は感覚的な機能障害であって、様々な障壁との相互作用により他の者との平等を基礎として社会に完全かつ効果的に参加することを妨げ得るものを有する者を含む。」（同条約1条）としている。この観点から「是非を弁識して、それに従って行動を統制する能力」が損なわれている状態を検討するならば、精神の機能の障害（個人的要素）を有する者とその者に対する態度および環境上のさまざまな障壁（社会的要素）との相互作用を視野に入れて検討する必要がある。

　人間の判断能力は教育や社会的経験の蓄積の上にさまざまな人間関係から得られる情報と対話などを通じた熟慮の機会によって成熟化する。障害のない人は、十分な教育と社会参加の機会を与えられて人間の判断能力の基盤となる社会的な要素を獲得して成熟した判断が可能になっている。これに対して障害のある人は教育においても社会参加においても排除され判断能力の基盤となる社会的な要素から疎外されてきた。障害者権利条約12条3項が「締約国は、障害者がその法的能力の行使に当たって必要とする支援を利用する機会を提供するための適当な措置をとる。」と定めているのは、障害のある

人が置かれてきた人間の判断能力の獲得に必要な社会的要素からの疎外の状況に対して、判断能力の基盤となる社会的要素を障害のない人が得られているのと同水準になるように補償すべきことを求めるためである。

　この観点から刑事責任能力を考えると、犯罪行為を行ってしまった時点で行為者が他の人に比べて人間の判断能力の獲得に必要な社会的要素からどれだけ疎外されていたかが重要な要素になる。これを刑法理論の枠組みに取り込むとすれば、刑事責任能力の中に社会的要素を組み入れた新たな刑事責任能力概念を構築することも可能である。そうした解釈はことさら新奇なものではなく、従来の理論を前提にすれば期待可能性論の一つとして理解することもできる。期待可能性とは、行為者が行為の具体的事情の下で当該犯罪行為ではなく他の適法な行為を行うことができた（その犯罪行為を行わないことができた）と期待しうる可能性を言い、このような可能性（適法行為の期待可能性）がない場合は刑事責任を問うことはできないといとする理論である。

　障害のある人が犯罪行為を行った場合の行為の社会環境的要因を考えると、被差別、排除、孤立、支援の欠如という特徴が見られる場合が少なくない。特に適切なときに適切な医療・福祉的支援が得られていたら危機的な状況に至らずにすんだと考えられる場合が少なからず見られる。わが国の教育、医療、福祉の現状は障害者権利条約12条３項の締約国の義務を果たしているとはいえない状態にある。とりわけ犯罪行為が起こる状況には、自己決定支援、地域支援サービス、教育、保健サービス、ハビリテーション・リハビリテーションの欠如が集約されて現れている場合が多い。国が障害のある人に対して果たすべき義務を果たさないでおいて障害のある人に適法行為を期待し、それを果たさない場合には責任非難を帰するということは公正な態度とはいえないであろう（**コラム10-1**参照）。政策の一般的な普及度そのものを期待可能性の評価の中に持ち込むことはできないとしても、個別的な事例を評価するに当って関係行政機関等が当該行為者に対する各種の支援を十分に行いえていたか、また、そのような支援があれば別の結果を生むことが可能であったかという側面を評価することなしに行為者の個人的要素のみを評価して責任を論定することは不公正である。障害者権利条約の趣旨を敷衍す

┏━━━━━━━━━━━━━━━━━━━━━━━━━━━━━━━━━━━━━━┓

コラム10-1　発達障害者に対する重罰判決

　　大阪地方裁判所刑事2部は、発達障害があって30年間引きこもりでいた男性が実姉を殺害した事件について、検察官の求刑（懲役16年）を超える懲役20年の判決を言い渡した（大阪地判平24・7・30判例集未登載〈LEX/DB25482502〉）。同判決は、「犯行動機の形成過程は通常人には理解に苦しむものがあり……被告人にアスペルガー症候群という精神障害が認められることが影響している」として、被告人の反省の態度が不十分であることについて「通常人と同様の倫理的非難を加えることはできない」と認定したが、「いかに精神障害の影響があるとはいえ、十分な反省のないまま被告人が社会に復帰すれば……被告人が本件と同様の犯行に及ぶことが心配され」、「社会内で被告人のアスペルガー症候群という精神障害に対応できる受け皿が何ら用意されていないし、その見込みもない」ことから、「被告人に対しては、許される限り長期間刑務所に収容することで内省を深めさせる必要があり、そうすることが、社会秩序の維持にも資する」として有期懲役刑の上限にあたる量刑を行った。同判決の問題点としては、アスペルガー症候群と犯罪行為の関連性を精密に分析しているのか、同症候群を有するに至ったことについて本人には何ら帰責性はないのに本人に不利な情状とすることが許されるのか、さらに、社会の側に適切な支援や受け皿がないことを障害のある人に不利な情状と判断することは許されるのかなどの諸点が指摘できる。同事件の控訴審（大阪高判平25・2・26判タ1390号375頁）は、「事件の経緯や動機形成に障害が大きく影響しており、被告人に有利に考慮すべき」であるとして一審判決を破棄して懲役14年の刑を言い渡した。

┗━━━━━━━━━━━━━━━━━━━━━━━━━━━━━━━━━━━━━━┛

れば、責任非難を行う国家の側にその非難を行う前提として国が自らの義務を果たしているかどうかを個別事案の中でも具体的に検討すべきことが求められていると解することも可能であろう。

2-2　虐待、差別からの保護

障害者権利条約16条は締約国に対して障害のある人を搾取、暴力および虐

待から保護するための措置をとることを求め、締約国が「障害者に対する搾
取、暴力及び虐待の事案が特定され、捜査され、及び適当な場合には訴追さ
れることを確保するための効果的な法令及び政策（女子及び児童に重点を置い
た法令及び政策を含む。）を策定する」ことを求めている（同条５項）。

　わが国では障害者虐待防止法が2012（平成24）年10月１日に施行された。
同法は虐待の行為者類型として、①養護者による障害者虐待、②障害者福祉
施設従事者等による障害者虐待、③使用者による障害者虐待を規定し、虐待
の行為類型として、①身体的虐待、②ネグレクト、③心理的虐待、④性的虐
待、⑤経済的虐待の５つの類型を定めている（同法２条６項ないし８項）。養
護者による虐待の場合は、市町村の障害者虐待防止センター（同法32条）が
窓口となって事実確認（立入調査等）を行い、一時保護、後見審判請求など
必要な措置をとることとされている（同法９条ないし14条）。障害者福祉施設
従事者等による虐待の場合は、通報を受けた市町村を通じて都道府県が報告
を受け、施設に対する監督権限を適切に行使し、その取った措置を公表する
ことにしている（同法16条ないし20条）。使用者による虐待の場合は、市町村
または都道府県が窓口になって通報を受けるが、最終的には都道府県から都
道府県労働局に報告し、労働局において監督権限を適切に行使し、その取っ
た措置を公表することとしている（同法23条ないし28条）。

　障害者虐待防止法は障害者に対する虐待について刑事法的に対応するもの
ではなく、虐待の防止と発見およびそれに対する行政的介入を定めた行政取
締法規にとどまっている。そのため同法が障害者権利条約16条５項の「捜
査」および「訴追」の確保という要請を十分に満たすものと認められるか疑
問がないとは言えない。また、同法は学校および医療機関における障害者虐
待を行為者類型から除外している点に大きな問題を残している。

　虐待行為は個別的に見れば、暴行罪、傷害罪、遺棄罪、強要罪、強制わい
せつ罪、横領罪などの伝統的な刑事犯罪に該当する場合が少なくない。しか
し、単純な刑法犯と虐待が異なるのは、虐待は虐待者側が被虐待者に対して
構造的に優越的あるいは権力的地位にあり、また、両者の関係の中に第三者
がかかわる可能性が乏しい閉じられた構造がある点にある。この構造のため

に被虐待者は暴行や傷害などの侵害行為に対して脆弱（vulnerable）な状態に置かれ、抵抗できないままに継続的かつ一方的に侵害行為に曝され、同時にその事実が外部に認識されにくく摘発されにくいという虐待の特質が生まれる。こうした構造下で行われる虐待行為は、単に被虐待者の生命・身体の安全や自由という法益を侵害するだけでなく、被虐待者を孤立無援の状態で虐待者の恣意的で暴力的な支配のもとに組み敷く点で人間の尊厳を傷つける行為となり、単なる傷害等の犯罪行為を超えた深刻さを持っている。障害者権利条約が虐待からの自由の規定（同条約16条）を拷問又は残虐な、非人道的な若しくは品位を傷つける取扱い若しくは刑罰からの自由（同条約15条）に続けて規定しているのは、両者が構造的に人を暴力的支配のもとに置いて人間の尊厳を傷つける行為である点で共通しているからであると考えられる。

　学校における教師と生徒の間あるいは医療機関における医療者と患者の関係においては、教師や医療者に優越的地位があり外部に対して開かれた関係が乏しく、第三者の介入が必ずしも容易ではない構造がある。したがって、これらの機関は虐待の前提となる構造的特色を持っている。実際にもこれらの機関で虐待が行われてきた事例も少なくない。そのため学校と医療機関も障害者虐待防止法の対象に加えることが望まれる。

3　障害と刑事訴訟法

3-1　障害のある人が被疑者・被告人になる場合

(1)　被疑者段階

　障害者権利条約13条1項は「障害者がすべての法的手続（捜査段階その他予備的な段階を含む。）において直接及び間接の参加者（証人を含む。）として効果的な役割を果たすことを容易にするため、手続上の配慮及び年齢に適した配慮が提供されること等により、障害者が他の者との平等を基礎として司法手続を利用する効果的な機会を有することを確保する。」と定めており、これを受けて障害者基本法29条は、「国又は地方公共団体は、障害者が、刑事事件若しくは少年の保護事件に関する手続その他これに準ずる手続の対象

となった場合又は裁判所における民事事件、家事事件若しくは行政事件に関する手続の当事者その他の関係人となった場合において、障害者がその権利を円滑に行使できるようにするため、個々の障害者の特性に応じた意思疎通の手段を確保するよう配慮するとともに、関係職員に対する研修その他必要な施策を講じなければならない。」と定めている。しかし、刑事訴訟法上、障害のある人の司法手続の利用の機会について必要とされる配慮を明示する規定は極めて限られている。

　捜査段階ではとりわけ知的障害のある人や精神障害のある人が被疑者として逮捕・勾留され取り調べを受ける場合にその障害に対する配慮が重要な課題になっている。

　知的障害のある人は質問をされた場合に、質問の内容よりも質問者のほうに意識を集中し、質問者から肯定的な反応を導き出せると質問に対する回答の真偽にかかわらず満足してしまう傾向があり、質問の意味が分からなくても肯定してしまい（黙従反応）、質問の意味を確認したりその誤りを指摘することは難しい。また、誘導に迎合してしまいやすく、同じ質問を繰り返されると前の自分の答えが間違いであったと思ってそれを撤回してしまうこともある。このように知的障害のある人にとっては質問者との関係性や質問者の態度が極めて大きな意味を持つので、取り調べの際にこの特性に応じた配慮をしないと、虚偽の自白を引き出してしまい冤罪を生み出す危険性が高い。このため知的障害のある人の取り調べについては、取り調べの全過程を含む録音・録画の試行が検察庁および警察署で行われるようになり、本人とコミュニケーションがとれる家族などの補助者の立会いを試行する検察庁もある。しかし、全国的な制度化はいまだに十分ではなく、適正な捜査のための障害に対する合理的配慮が十分に果たされることが適正手続（憲法31条）の要請からも求められる。

　また、精神障害のある人については、逮捕・勾留中の服薬などの医療の確保が重要な課題になる。刑事施設処遇法は嘱託医による診療（同法201条）を受けられるようにし、被疑者から申請がある場合は「留置される前にその医師等による診療を受けていたことその他の事情に照らして、その被留置者の

医療上適当であると認めるときは、内閣府令で定めるところにより、留置施設内又は留置業務管理者が適当と認める病院若しくは診療所において、自弁によりその診療を受けることを許すことができる。」（同法202条）と定めている。逮捕・勾留は大きなストレスとなるので精神障害のある人にとって適切な医療を受けられることは重要な配慮事項となる。

⑵　公 判 段 階

　刑事訴訟法において公判段階で障害のある被告人に対する配慮を示す規定はわずかに同法176条が「耳の聞えない者又は口のきけない者に陳述させる場合には，通訳人に通訳をさせることができる。」と定めるのみである。

　知的障害のある人が被告人になった場合、手続の意義を分かりやすく説明しないと手続がどのような意味を持っているのかを理解しないままに手続が進んでしまうことが起こる。黙秘権の告知は、通常、仮定的な表現になる（黙秘することも発言することも自由だが発言した場合にはそれは有利にも不利にも証拠とされる）ので、知的障害のある人に理解できない場合もある。被告人質問が知的障害のある人の特性を理解しないで行われると取り調べ段階と同様の誤りをおかすことになる。こうした課題については裁判官をはじめ訴訟関係者の障害理解のための研修や施策が必要である。

　刑事訴訟法314条１項は「被告人が心神喪失の状態に在るときは、検察官及び弁護人の意見を聴き、決定で、その状態の続いている間公判手続を停止しなければならない。」と定めている。判例は同条項の「心神喪失の状態」とは「訴訟能力すなわち被告人としての重要な利害を弁別し、それに従って相当な防御をすることができる能力を欠く状態」（最三決平７・２・28刑集49巻２号481頁、判時1533号122頁）とし、「重度の聴覚障害及びこれに伴う二次的精神遅滞により、訴訟能力……が著しく制限されてはいるが、これを欠いているものではなく、弁護人及び通訳人からの適切な援助を受け、かつ、裁判所が後見的役割を果たすことにより、これらの能力をなお保持していると認められる」としている。

　障害者権利条約12条および13条の要請に照らすと訴訟能力が十分ではない

と考えられる場合に裁判所の司法アクセス配慮義務などを規定することが望まれる。もっとも、裁判所による被告人に対する懇切な後見機能を高めることは、糾問的で効率・必罰に支配された裁判を生む危険性があることにも注意を払う必要がある。障害者条約の求める司法アクセス配慮義務は被告人の防御が実質的に可能になることを求めるもので、有罪化する方向で裁判所の後見的役割を期待しているわけではない。したがって、当該時点での人間科学を用いても被告人の防御を他の者と同等に保障できないときは、訴訟を打ち切ることも配慮に含まれると解すべきであろう。

　現行刑事訴訟法のもとでは、重度の知的障害や精神障害がある被告人が訴訟能力を欠くとされて公判停止のまま未決拘留の状態が10年ないし20年近くに及んだ事案も出ている（最三決平7・2・28刑集49巻2号481頁、判時1533号122頁は公訴棄却までに19年を経ており、京都地判平8・11・28判時1602号150頁は公判停止が26年間継続し、東京地八王子支判平10・12・24判タ994号290頁は公訴棄却まで10年を要している）。現行法では公判停止が長期にわたる場合、検察官が公訴を取り消すという対処が考えられるが（同法257条）。検察官が公訴の取り消しをせず、訴訟能力回復のための現実的な支援策がなく合理的期間内に訴訟能力回復の見込みがない場合には裁判所による公訴棄却の決定などの合理的配慮を認める規定が求められる。

3-2　障害のある人が被害者になる場合

　障害のある人が犯罪行為の被害者となる場合にとりわけ重要なのは知的障害や精神障害のある人の証言の証拠価値に対する司法機関の評価のあり方である。目撃証言に比べて被害者証言はより信頼される傾向にはあるが、知的障害等のある人のコミュニケーションの一般的特性とともに個々人の特性を司法関係者が理解して適切な尋問をする必要がある。障害者権利条約13条2項は「障害者が司法手続を利用する効果的な機会を有することを確保することに役立てるため、司法に係る分野に携わる者（警察官及び刑務官を含む。）に対する適当な研修を促進する。」と定めており、そのための研修が極めて重要である。知的障害のある女性が性的被害を受けた場合などについては、

捜査上、知的障害と女性であることについて十分な配慮のできる捜査官を育成して捜査に当たることが求められる。

3-3　障害のある人が証人、傍聴人になる場合

公判における障害に配慮した規定は聴覚障害のある人に対する刑事訴訟法176条であり、他は裁判長の訴訟指揮（同法294条）のあり方に委ねられている。したがって、現行法のもとでは障害特性に応じた法廷内での合理的配慮を裁判長が適切な訴訟指揮によって行うことが重要な課題になる。裁判官に障害の理解のための研修を行うことも重要な課題である（障害者権利条約13条2項）。

障害のある訴訟関係人に対する配慮は適正な刑事裁判の実現のために直接的に必要とされるのに対して、傍聴人の中に障害のある人がいる場合の配慮については、公開裁判の要請（憲法89条）のうえで、傍聴人の中にも障害のある人が含まれることをどの程度予定して配慮するべきかが課題になる。最近では傍聴席に車いすスペースを用意する法廷もあるが、聴覚障害のある人のために手話通訳等の手配をすること、知的障害のある傍聴人のために訴訟の理解を助けるための説明を行うことなどは、公開裁判の要請から当然には導き出しえないようにも思われる。しかし、事案が障害のある人に関連する事案である場合で障害のある人が傍聴人になっている場合などには、社会の一員としての障害のある人にとっても進行している裁判の内容が理解できるような配慮を行い、裁判の公開の意義が無にならないようにする工夫がなされるべきであろう。

3-4　障害のある人が裁判員になる場合

裁判員は衆議院の選挙権を有する者の中から選任される（裁判員法13条）が、「心身の故障のため裁判員の職務の遂行に著しい支障がある者」は欠格事由とされる（同法14条3号）。平成25年の公職選挙法の改正により成年被後見人は衆議院の選挙権を認められることになった（公職選挙法11条1項）ので、被後見人となっている精神障害や知的障害のある人も欠格事由に該当し

ない限り裁判員の資格を認められることになる。

　最高裁判所は、聴覚障害のある人には要約筆記者や手話通訳者をつけること、視覚障害のある人には点字翻訳、拡大コピー、盲導犬の同伴を認めるなどの配慮を検討するとしており、裁判所の物理的な構造のバリアフリー化も進んでいるとしている。最高裁判所は障害のある人が欠格事由に該当するかどうかは「事案の内容や障害の程度に応じて個別に判断されることになります。例えば，聴覚に障害がある方であれば，証拠として録音テープが提出されており，録音された音がどのように聞こえるかを直接聴いてみなければ十分に心証を形成することができないような事件，また，視覚に障害のある方であれば，写真や図面（現場の状況，傷口の形状等）を巡る判断が重要な争点になっているような事件では，障害の程度によっては裁判員になることができない場合に当たることがあり得ます。」としている。しかし、知的障害や精神障害のある人については必要な配慮についても欠格事由についても言及していない。これらの人が裁判員となる場合の情報の理解しやすい伝え方やコミュニケーションの工夫などは今後の重要な課題となる。

4　障害と刑事施設処遇法

4-1　刑事施設内での医療

　刑事施設処遇法は、受刑者が疾病にかかっている場合には、速やかに刑事施設の職員である医師等（歯科医師を含む）による診療を行い、その他必要な医療上の措置を執るものとするとし（同法62条1項）、「疾病にかかっている被収容者が、刑事施設の職員でない医師等を指名して、その診療を受けることを申請した場合において、傷病の種類及び程度、刑事施設に収容される前にその医師等による診療を受けていたことその他の事情に照らして、その被収容者の医療上適当であると認めるときは、刑事施設内において、自弁によりその診療を受けることを許すことができる」と定めている（同法63条1項）。精神障害のある受刑者にとって従来からの治療関係を維持することは精神的な安定とともに、出所後の治療の継続のためにも重要であるから、指

名医の制度は合理的配慮として重要な制度となるが、運用の実績は同法が施行されてから約4年間で22件で、精神科の指名医はなかった（「刑事収容施設及び被収容者等の処遇に関する法律の施行状況について」平成23年法務省、警察庁）。自由刑は自由の剥奪を内容とする刑罰であるが、自由の剥奪に純化すべきで他の不利益を伴わせるべきではないこと（自由刑の純化）は刑事政策の基本原則の一つである。したがって、精神障害の人から従前の治療の利益や健康利益を自由刑の名のもとに奪うことは許されるべきではなく、精神障害のある受刑者が受刑前からの治療関係の継続を希望する場合には、指名医制度の活用が積極的に進められることが望まれる。

4-2　刑事施設のバリアフリー化と出所後の社会定着化

刑事施設では刑の執行開始時に処遇調査を行い、身体上の疾病や障害のために主として医療を行う刑事施設に収容する必要があると認める者を符号Mして、精神上の疾病や障害のために主として医療を行う刑事施設に入用する必要があると求める者を符号Pとして収容している。2019（令和元）年段階で全国で医療専門施設は4庁、医療重点施設は9庁あるが障害のある受刑者がすべてこれらの医療施設に収容されるわけではなく、対応施設が十分な状態にはない。

高齢の受刑者は心身の障害を併せ持っているが、これらの者のために軽作業中心の作業を行わせる「養護工場」を設けたり（「養護的処遇」という）、専用の収容区画を設けて手すりの設置、段差の解消などのいわゆるバリアフリー環境を整備している施設もある。また、喜連川社会復帰促進センターでは、精神または身体に障害を有する受刑者を収容する特化ユニットがあり、特化ユニットの収容棟と工場間を結ぶ通路は段差がなく、バリアフリーになっているほか、障害者専用浴室が備え付けられている。さらに，特化ユニットには、庭園型運動場が設置され、高齢受刑者や身体能力の低下により一般の運動ができない受刑者でも軽い運動やリハビリのための散歩ができるスペースが設けられている。広島、高松、大分の各刑務所では手すり，エレベーター等を備えたバリアフリーの専用棟の建設が行われている。

　また、2009（平成21）年 4 月から、法務省は，厚生労働省と連携して、高齢または障害があって、適当な帰住先がない受刑者について、釈放後速やかに適切な医療・福祉等のサービスを受けることができるようにするために矯正施設の長による保護と保護観察所の長による生活環境の調整（特別調整）を実施している。この取組の中心は厚生労働省の地域生活定着促進事業に基づく**地域生活定着支援センター**が担っている。矯正施設にも社会福祉士・精神保健福祉士が配置され、福祉的支援が必要な者のニーズの把握と帰住調整を実施している。

5　障害と精神保健福祉

5-1　他害行為と措置入院

　措置入院は、精神障害のある人について、 2 名の精神保健指定医による診察がいずれも、医療及び保護のために入院させなければその精神障害のために自身を傷つけ又は他人に害を及ぼすおそれがあると認めた場合に、都府県知事の権限によって強制的に入院をさせる制度である（精神保健福祉法29条 1 項、 2 項）。精神保健福祉法は「精神障害者の福祉の増進及び国民の精神保健の向上を図ることを目的とする」（同法 1 条）法律であるから、措置入院制度を犯罪予防の目的で運用することは同法の目的に沿うものではなく、同制度に刑事法としての性格を与えることは適切ではない。しかし、他害のおそれは「刑罰法令に触れる程度の行為を行うおそれ」と解されており、措置入院は他害行為のおそれがある場合に行われることが多く、自殺未遂や自傷行為などのような「自傷のおそれ」がある場合には医療保護入院（精神保健福祉法33条）という別の強制入院が用いられることが多い。このため措置入院は純粋に精神障害のある人のための入院制度というよりも、犯罪や社会的迷惑行為の防止、近隣社会の安心という治安的な動機から運用される実態がある。

　障害者権利条約14条 1 項bは「いかなる場合においても自由の剥奪が障害の存在によって正当化されない」と定めている。同条項は自由の保障の平等

性を定めたものであり、既存社会は障害のある人の自由の保障を障害のない人と同等に保障してこなかったという歴史的社会的経験に立脚してこれを改めることを求めている規定である。この観点から見ると、他害行為のおそれは一般人にも認めることができる場合があるのに、精神障害のある人にだけ自由剥奪制度としての措置入院が定められていることの偏頗性が問題になる。例えば精神障害のない人がバットで復讐の相手を殴ってやろうと思ってバットを買ったら、傷害の予備行為であり傷害行為を行うおそれがあると認めることができるが、傷害罪の予備罪はないから精神障害のない人がそれを理由に自由を奪われることはない。しかし、精神障害のある人が被害妄想からある人に復讐しようと考えてバットを買ったら措置入院によって自由を奪われることがある。

　この取り扱いの違いは差別的だというのが障害者権利条約が指摘するところである。そもそも措置入院の第一の要件が「精神障害者である」ことであるのは、措置入院という自由剥奪制度が精神障害のない人にまで拡散しないようにするための要件にすぎず精神障害のある人の自由を保障するための要件ではない。この差別性を解消するために自傷他害のおそれがある場合は誰でも自由剥奪制度の対象になるとするという制度に措置入院制度を普遍化してしまう方法が考えられるが、そのような制度は自由な市民社会にとって脅威的な制度でありとても受容れられる制度ではないであろう。

　もっとも、措置入院は自傷他害行為の原因になっている精神障害を治療してそのような行為をしないようにするために行われる入院であって、単に復讐心から人に危害を加えようとしている人を「治療」することはできないから、両者を同じに扱うことはできないと考える人もいるかもしれない。しかし、精神科の治療で用いられている認知行動療法やアンガーマネジメント（怒りのコントロール）などの手法は精神障害の存否にかかわらず一般人にも応用可能であり、違法行為に発展してしまうような極端な復讐心や怒りなどの感情を適正に抑制する「治療」方法はありうる。したがって、違法行為抑制の治療的な介入の点で両者は明確に二分されるものではない。

　また、精神障害のない人は刑罰規範を理解しているので違法行為に対する

心理的抑制が働くが、精神障害のある人は刑罰規範を理解できないので心理的抑制が期待できないから、両者を区別する理由があると考える人もいるかもしれない。しかし、措置入院の要件は刑罰規範を理解できるかどうかとは関係がなく、刑罰規範を理解できない精神障害のある人だけを措置入院にしているわけではないから、この考え方は議論の前提が誤っている。また、精神障害のある人が刑罰規範を理解できない場合があるとしても、社会環境的要因を考慮せずに、そのことをその人の自由を剥奪する理由としてよいのかという点については刑事責任能力の社会的要素を検討したときと同じ考慮が必要である。さらに、精神障害のない人について刑罰規範による心理抑制的効果が精神障害のある人と区別できるほど際立って違っていることは実証されていない。したがって、他害行為のおそれに関して精神障害の存否によって自由剥奪の取り扱いを区別する合理的理由は見出し難い。

　以上のように考えると、措置入院は立法論としては廃止の方向が望まれるが、現行法の解釈運用としては、自由の剥奪という不利益を埋め合わせるに足りる入院治療によってもたらされる利益が対象者に与えられることが明らかである場合に限定して謙抑的に運用すべきである。また、「自傷他害のおそれ」の要件は診察時点の症状から直接的に自傷他害行為が発生することが明らかな場合に限定しなければならない。

5-2　他害行為と心神喪失者等医療観察法

(1)　心神喪失者等医療観察法の概要

　心神喪失者等医療観察法は、殺人、傷害、強盗、強姦、強制わいせつ、放火の犯罪行為（未遂罪を含み、これらを「対象行為」という）を行い（同法2条2項）、心神喪失または心神耗弱のために不起訴または無罪、執行猶予等になった場合（そのような立場の者を「対象者」という、同法2条3項）に、同法が創設する裁判官と精神科医である精神保健審判員からなる審判体の審判によって（同法11条）、同法に基づく指定入院医療機関への強制入院または指定通院医療機関への精神保健観察付きの通院を行わせること（同法42条1項）を主な内容とする法律である。

　心神喪失者等医療観察法の手続は検察官の申し立てによって開始される。検察官は対象者について同法による医療を受けさせる必要が明らかにないと認める場合を除いては若干の例外（同法33条１項但書、同条２項、３項）を除いて同法42条１項による通院または入院による医療を受けさせる決定をすることを地方裁判所に申し立てなければならない（同法33条１項）。この申し立てを受けた地方裁判所の裁判官は同法による医療を受けさせる必要が明らかにないと認める場合を除いて同法の審判が下されるまでの間、鑑定のための入院をさせる命令を発しなければならない（同法34条１項、37条）。この入院の期間は原則２カ月とされ１カ月延長が認められる（同法34条３項）。裁判官と精神保健審判員から構成される審判体は鑑定入院中に行われる鑑定を基礎として対象者の生活環境を考慮したうえで入院または通院あるいは不処遇の決定を行う（同法42条１項）。ただし、裁判官が、対象行為を行っていなかったと判断する場合あるいは刑事責任能力が認められると判断する場合は却下の決定をする（同法41条）。この審判手続には弁護士が付添人として付される（同法30条、35条）。入院決定を受けた対象者は同法が定める指定入院医療機関に強制入院させられ、入院による医療を受けなければならない（同法43条１項）。この入院は無期限であるが、上記審判体は６カ月ごとに入院継続確認の審判を行うほか、指定入院医療機関または対象者等の申し立てに基づいて退院許可の審判を行う（同法51条）。通院決定を受けた対象者は同法が定める指定通院医療機関に通院してその医療を受けなければならない（同法43条２項）。通院医療は保護観察所に所属する社会復帰調整官（同法19条、20条）による精神保健観察に付される（同法106条）。通院期間は原則３年であり、２年間延長が認められる（同法44条）。同法による入院医療が必要と判断された時は、保護観察所の長が再入院の決定を求める申し立てを行い（同法59条）、上記審判体が再入院の要否の決定を行う（同法61条）。

⑵　障害者権利条約から見た心神喪失者等医療観察法の問題点

　障害者権利条約は障害を理由とする自由剥奪を禁止し（同条約14条）、また、「他の者と同一の質の医療（例えば、事情を知らされた上での自由な同意を

基礎とした医療）を障害者に提供する」（インフォームド・コンセントに基づく医療）ことを要請し（同条約25条e）、さらに、根本的には「すべての障害者は、他の者との平等を基礎として、その心身がそのままの状態で尊重される権利を有する」（同条約17条）と定めて障害のある人のインテグリティ（Integrity）を保障している。

　心神喪失者等医療観察法の強制入院の要件は「対象行為を行った際の精神障害を改善し、これに伴って同様の行為を行うことなく、社会に復帰することを促進するため、入院をさせてこの法律による医療を受けさせる必要があると認める場合」（同法42条1項1号）と規定されているが、審判体は①疾病性（精神障害の存否・種類など）、②治療反応性（その精神障害を治療改善させられるか）、③社会復帰要因（再犯の危険性が残存しているか）という観点からこの要件の該当性を判断する。したがって、第1に同法の強制入院が精神障害のある人だけをターゲットにしている自由剥奪制度である点では措置入院の場合と同様に障害者権利条約14条の関係で問題が生じる。第2に同法は入院医療にせよ通院医療にせよ対象者にその医療を受けなければならないと定めており（同法43条1項、2項）、これは対象となる精神障害のある人にだけインフォームド・コンセントによる医療を否定することになるので、障害者権利条約25条eに抵触する可能性が高い。もっとも、一般原則として意識喪失などのために必要な治療についての判断能力を失っている場合などに同意に基づかない医療を行う例外を認める余地はある。しかし、同法43条はそうした限定なしにすべての対象者に治療受忍義務を定めているので対象者のインフォームド・コンセントを受ける権利を侵害する可能性が高い。さらに重要なのは同法が強制的に「精神障害の改善」をさせることを内容とする点である。障害者権利条約17条がインテグリティの保障を定めたのは、障害のある心身は望ましくない治療改善されるべき状態であるされ、治療の対象とされてきた医学モデルの世界観を転換するために、障害のある人の心身がそのままの状態で尊重されることが要となると考えたからである。障害のある心身は人間の心身の通常の態様の一つであり障害のない心身の状態と同様に価値のある存在である。障害のある心身は、それを「健常」な状態にしようと

する医療者の「温情」（メディカル・パターナリズム）によって、本人の意向を無視した医学的侵襲に曝されてきた。その「温情」の前提には障害は改善されなければならない異常な状態であるという障害のない人たちの固定観念があり、それは障害のある人の存在価値を貶めてきた。これを転換させて障害のある状態は障害のない状態と同様に人間の通常のあり様の一つであるという地平を拓くために障害のある人の「心身がそのままの状態で尊重される権利」を他の者と平等に保障することがとりわけ重要である。「精神障害の改善」を強制することはインテグリティの保障を定める障害者権利条約17条の観点から検討を加えていくことが重要である。

5-3　刑罰と精神医療の間隙（制度間滲潤；Blurring）

　心神喪失者等医療観察法は、刑罰を受けない代わりに強制治療を受けさせるという側面があるので、その真の目的が対象者本人のために医療を付与することにあるのか、それとも、社会の処罰感情や再犯化の不安に応えることにあるのかが明らかではない。措置入院制度も刑罰法令に触れるような他害行為のおそれを要件とし警察官や検察官の通報（精神保健福祉法23条、24条）によって手続が始まることが多い。したがって、いずれの制度も刑事処罰と隣接した関係を持ち、その運用の実態としての目的が純粋な医療にあるのか治安維持にあるのか不鮮明な面がある。

　米国ではこうした強制入院をMad or Bad？　と揶揄し、治療のための入院なのか懲らしめや再犯防止のための入院なのかを問う論考がある。そうした論考は20世紀後半からの精神医療の特色として刑罰と精神医療の制度間滲潤（Blurring）という現象が出現したと指摘している。医療・福祉法制度は、本来、そのサービスを必要とする人の福利のために構築されるべきものであり、他方、刑罰は犯罪防止と応報という社会的必要性ためにある。しかし、一方で、刑事法の大原則である責任主義を貫きながら、他方で、医療・福祉が本人の自己決定に基づきそのインテグリティを保障して行わなければならないという原則を徹底すると、刑事法では責任無能力とされて処罰を受けない者が、医療・福祉法では自己決定が尊重されるために入院も治療も受けな

いという場合が生じることになる。刑事法と医療・福祉法は目的も対象も手
法も異なる制度であるから、両者の間に間隙があるのは当然なのであるが、
世間を驚愕させるような重大な犯罪行為を行っていながら精神障害のために
刑事責任能力がないとして無罪となり、しかも、入院治療も受けないまま社
会に戻るということを社会はたやすくは受容れられない。ここに両制度の間
隙を許容できない社会心理的な圧力が発生する。しかし、医療・福祉法に刑
事法の要素を取り込むことは、医療・福祉提供者とその利用者の関係を権力
的で監視的な関係に変質させる危険性がある。とりわけこの社会心理的圧力
の前提にある満たされない被害感情、応報感情や再犯化への不安感に医療・
福祉制度が応えようとすれば、強制入院を治療面よりは自由剥奪という側面
で活用する方向に傾斜してしまう点に注意を払う必要がある。精神障害が危
険であるという固定観念はその傾向をいっそう促進することになる。制度間
滲潤という現象には、従来の刑事法でも医療・福祉法でも吸い上げることの
できない社会の情動的要素が大きな影響を与えている。この現象に含まれる
偏見や不合理な要素をどのように排除していくかが今後の刑事法と医療・福
祉法が隣接する領域の重要な課題になる。

コラム10-2　自動車運転死傷行為等処罰法

　2013（平成25）年に成立した自動車運転死傷行為等処罰法は、「自動車の
運転に支障を及ぼすおそれがある病気として政令で定めるものの影響により、
その走行中に正常な運転に支障が生じるおそれがある状態で、自動車を運転
し、よって、その病気の影響により正常な運転が困難な状態に陥り」人を負傷
させたものは12年以下の懲役に処し、死亡させた者は15年以下の懲役に処する
ことを定めている（同法３条）。「自動車の運転に支障を及ぼすおそれがある病
気」には、てんかんや統合失調症、躁うつ病などが含まれうる。同法はてんか
んを持っていた者が車両を運転して重大な死傷事故を起こした事件がきっかけ
となり急速に立法化が進んだ。しかし、てんかん、統合失調症、躁うつ病など
を有する人がそれ以外の人に対比して有意に重大な死傷事故を引き起こすとい
う実証的な資料はない。世間の耳目を集めたセンセーショナルな事件と運転中

に意識障害や幻覚を生じた場合には重大な事故が起こるのではないかという観念的な想定が立法を動かした可能性が高い。立法者の観念的な想定や詳細な事実の分析を抜きにして障害があることが事故を引き起こしたという直観的な判断の中に障害のある人に対する差別的な固定観念がある可能性を注意深く見ていくことが重要である。

参 考 文 献

　障害法への基礎を提供しうる刑事法の教科書として内田博文・佐々木光明『＜市民＞と刑事法』（日本評論社、2012年）、責任能力の問題について東京弁護士会期成会明るい刑事弁護研究会編『責任能力を争う刑事弁護』（現代人文社、2013年）、日本弁護士連合会刑事弁護センター／日本司法精神医学会・精神鑑定と裁判員制度に関する委員会編『ケース研究 刑事責任能力が問題となった裁判員裁判』（現代人文社、2019年）、刑法と精神保健福祉法、心神喪失者等医療観察法を総合的に論じたものとして池原毅和『精神障害法』（三省堂、2010年）、触法精神障害者の問題を多角的に分析した集として「触法精神障害者問題の法的枠組み」法律時報74巻2号（2002年）、精神科医の立場から犯罪と精神医学の関係を分析した論考として中島直『犯罪と司法精神医学』（批評社、2008年）、日本弁護士連合会法制委員会『Q&A心神喪失者等医療観察法解説［第2版増補版］』（三省堂、2020年）。

（いけはら・よしかず）

事 項 索 引

判 例 索 引

編者・執筆者紹介

＊ 川 島　　聡 （かわしま・さとし）　　第1章、第3章
　　　岡山理科大学総合情報学部准教授

＊ 菊 池 馨 実 （きくち・よしみ）　　　第1章
　　　早稲田大学法学学術院教授

＊ 中 川　　純 （なかがわ・じゅん）　　第2章、第7章
　　　東京経済大学現代法学部教授

　 新 田 秀 樹 （にった・ひでき）　　　第2章
　　　中央大学法学部教授

　 尾 形　　健 （おがた・たけし）　　　第4章
　　　学習院大学法務研究科教授

　 上 山　　泰 （かみやま・やすし）　　第5章
　　　新潟大学法学部教授

　 菅 富 美 枝 （すが・ふみえ）　　　　第5章
　　　法政大学経済学部教授

　 長谷川　　聡 （はせがわ　さとし）　　第6章
　　　専修大学法学部教授

　 長谷川 珠 子 （はせがわ・たまこ）　　第6章
　　　福島大学行政政策学類准教授

　 小 西 啓 文 （こにし・ひろふみ）　　第7章
　　　明治大学法学部教授

　 今 川 奈 緒 （いまがわ・なお）　　　第8章
　　　茨城大学人文社会科学部准教授

　 織 原 保 尚 （おりはら・やすひさ）　　第8章
　　　別府大学文学部准教授

　 福 島　　豪 （ふくしま・ごう）　　　第9章
　　　関西大学法学部教授

　 永 野 仁 美 （ながの・ひとみ）　　　第9章
　　　上智大学法学部教授

　 池 原 毅 和 （いけはら・よしかず）　　第10章
　　　弁護士（東京アドヴォカシー法律事務所）

（＊編者、掲載順）

障害法［第2版］

2015年2月10日　初　版第1刷発行
2021年12月20日　第2版第1刷発行

編 著 者	菊	池	馨	実
	中	川		純
	川	島		聡
発 行 者	阿	部	成	一

〒162-0041　東京都新宿区早稲田鶴巻町514番地

発 行 所　株式会社 成 文 堂

電話 03(3203)9201(代)　Fax 03(3203)9206
http://www.seibundoh.co.jp

製版・印刷・製本　恵友印刷
ISBN978-4-7923-2777-4　C3032

定価(本体2,600円＋税)